Arroyo
Das Jupiter-Handbuch

Stephen Arroyo

Das Jupiter-Handbuch

Der astrologische Schlüssel
zu innerem und äußerem Wachstum

Aus dem Englischen von Rolf Schanzenbach

KAILASH

KAILASH

Eine Buchreihe herausgegeben von Hajo Banzhaf

Die Originalausgabe erschien unter dem Titel
Exploring Jupiter. The Astrological Key to Progress, Prosperity and Potential. Drawing on the Source of Self-Confidence and Successful Risk-Taking to Achieve Your Personal Goals
bei CRCS Publications, Sebastopol, USA.

Die Deutsche Bibliothek – CIP-Einheitsaufnahme
Arroyo, Stephen:
Das Jupiter-Handbuch : der astrologische Schlüssel zu innerem und äusserem Wachstum / Stephen Arroyo. – München : Hugendubel, 1997
(Kailash)
Einheitssacht.: Exploring Jupiter <dt.>
ISBN 3-88034-933-9

Umschlaggestaltung: Zembsch' Werkstatt, München
unter Verwendung des Bildes »Jupiter« (BAVARIA Bildagentur, Gauting)
Produktion: Tillmann Roeder, München
Satz: Typodata, München
Druck und Bindung: Spiegel Buch, Ulm/Jungingen
Printed in Germany
ISBN 3-88034-933-9

Inhalt

Danksagung

Ich stehe in der Schuld vieler Menschen, die mir bei der Geburt dieses Buches Beistand leisteten, die mir Unterstützung, Vorschläge und Inspiration zuteil werden ließen und mich bei der Stange hielten, als mein eigener Jupiter mich im Stich gelassen zu haben schien. Ein besonderer Dank geht an Kathe McDonald, die mein kaum zu entzifferndes Manuskript eingetippt hat, an die langjährige Kollegin Jerilyn Marshall, die mit der ihr eigenen Hilfsbereitschaft und Geduld einen Großteil der endgültigen Fassung korrekturgelesen hat, und an Paul Wright, der mir großzügigerweise erlaubte, aus seinem unveröffentlichten Manuskript über Jupiter zu zitieren. Seinen Büchern verdanke ich viele Zitate, Einsichten und Beispiele.

Eine besondere Erwähnung schulde ich der Macht, die wir Jupiter nennen, den spirituellen Meistern, die mir eine Ahnung davon vermittelten, was Großzügigkeit und Würde bedeuten, sowie Cathy Corzine Williams, die mich bestärkte, dieses Buch zu schreiben, als ich machtvolle Jupiter-Transite erlebte.

Weiterhin möchte ich verschiedenen Jupiter-Menschen danken, die immer wieder dazu beitragen, daß das Leben interessant verläuft, daß es für Optimismus und Hoffnungen Raum bietet – und oft einfach Spaß macht. Hier sind zu nennen: der Freund und Kollege Jim Feil (Fische-Sonne und Schütze-Mond), der mir, als ich dieses Buch schrieb, half, zwei teure Reisen nach Spanien (ein Schütze-Land) tatsächlich durchführen zu können. Ich möchte Gail Ford erwähnen, die mir bei einigen Biographien behilflich war, sowie Aina Kemanis, Don Ryan, Lisa Fitzpatrick und Susan Erkel Ryan, die Anteil an der endgültigen Gestalt dieses Buches haben.

Zuletzt gilt es, die entscheidende Rolle meiner Herausgeberin Barbara McEnerney herauszustellen. Ich bin ihrer Hingabe und jungfrauhaften Gründlichkeit einmal mehr zutiefst verpflichtet. Ihre Tätigkeit für dieses Buch umfaßte weit mehr gründliche Forschungsarbeit, als in den zwei Jahrzehnten, die wir nun zusammenarbeiten, jemals nötig war. Das vorliegende Werk wäre viel unklarer und deutlich ärmer an Gehalt, wenn Barbara McEnerney nicht ihren Jupiter am Aszendenten zum Einsatz gebracht hätte, um vieles von dem, was ich schrieb, zu verbessern und weiterzuentwickeln.

Stephen Arroyo

Prolog

Dieses Buch wurde recht überraschend ins Leben gerufen: Ein Freund wies mich darauf hin, daß Pluto bald in den Schützen laufen würde und damit machtvolle Wogen von Schütze- (und Jupiter-)Energien überall und in jedem Individuum zu erwarten wären. Ich konnte zunächst nicht sagen, warum ich auf diese Idee so positiv reagierte – zumal ein neues Projekt für mich bedeutete, daß ich das Buch, an dem ich gerade arbeitete, unterbrechen mußte. Dennoch stellte ich fest, daß jedes Gespräch, das ich über diese Idee mit astrologisch bewanderten Menschen führte, meinen Enthusiasmus, ein Buch über Jupiter zu verfassen, noch verstärkte. Besonders motivierte mich dabei, daß der größte der Planeten – traditionell als »großer Wohltäter« bekannt – im allgemeinen eher kurz und oftmals auch sehr vereinfachend in der astrologischen Literatur abgehandelt wird.

Nachdem ich ein paar Tage lang über dieses Projekt nachgedacht hatte, erkannte ich schließlich, daß meine persönlichen astrologischen Zyklen einen markanten und intensiven Jupiter-Einfluß aufwiesen. Einige, wenn nicht alle, meiner bisherigen Bücher stellen einen starken Ausdruck der essentiellen Energien und Zyklen dar, die ich zu der Zeit ihrer Schöpfung durchmachte. Wenn ich auch zunächst in verschiedener Hinsicht die Idee dieses Projektes als unpraktisch verwarf – nicht zuletzt deshalb, weil sie für mich eine Ablenkung von meinen sorgfältig ausgearbeiteten Plänen darstellte –, machte ich mir doch jeden Tag Notizen dazu. Es hat den Anschein, daß ich jupiterbeeinflußt genug bin, um nicht zu sehen, was direkt vor meiner Nase liegt. Als ich dann schließlich meine planetarischen Zyklen untersuchte, entdeckte ich zunächst, daß ich eine Jupiter-Wiederkehr – die im Abstand von zwölf Jahren stattfindende Erneuerung der persönlichen Jupiter-Energien und -Bedürfnisse – erlebe. Darüber hinaus stellte ich fest, daß der Transit-Jupiter in dem Jahr, in dem ich dieses Buch schreiben würde, dreimal in Konjunktion zum Herrscher meines Horoskops stehen würde.

Schließlich beschäftigte ich mich noch mit meinen Progressionen. Dabei entdeckte ich, daß meine progressive Sonne und mein progressiver Mond im Begriff waren, in den Schützen zu laufen, und daß genau zu der Zeit, die für dieses Projekt in Frage kam, ein progressiver Neumond auf dem ersten Schütze-Grad stattfinden würde. Wie Studenten von Dane Rudhyar, insbesondere seines Werkes *Der Sonne-Mond-Zyklus,* wissen, betrachtete er den progressiven Neumond als eine der wichtigsten zyklischen Erscheinungen im Leben des Menschen. Dieser Zyklus kehrt etwa alle 29,5 Jahre wieder und zeigt den Beginn einer vollständig neuen Wachstumsphase der persönlichen Entfaltung. Achselzuckend räumte ich also ein, daß es wohl nicht ratsam sein könne, mit Jupiter Blitz und Donner auszutauschen, und ergab mich meinem augenfällig jupitergeprägten Schicksal. So kam das Projekt in Gang.

Als ich mich dann damit beschäftigte, Material für das Buch zu sichten, stolperte ich über andere Auffälligkeiten, die ich nicht gesehen hatte, obwohl sie genau vor meiner Nase lagen. Ich fand im letzten von mir publizierten Buch, dem *Handbuch der Horoskop-Deutung,* folgenden Abschnitt:

> Die Bedeutung Jupiters wird in der traditionellen Astrologie und bei der Interpretation unterbewertet. Jupiter führt uns in die Zukunft, er verkörpert potentielles, zukünftiges Wachstum und Weiterentwicklung, insbesondere aufgrund von idealistischen Vorstellungen.
>
> Die tieferen Bedeutungen dieses Planeten werden oft nicht berücksichtigt ... In gewisser Weise stellt Jupiter für eine komplexe Zeit ein zu einfaches Prinzip dar. Er ist zu philosophisch für unsere realistische, materialistische Gesellschaft.

Studenten der Astrologie machen sich für gewöhnlich keine besonderen Gedanken zu Jupiter. Sie nehmen das, was mit ihm verbunden ist, als gegeben hin – so wie Menschen häufig die Gaben und besonderen Eigenschaften, die von der Jupiter-Stellung ihres Horoskops angezeigt sind, als selbstverständlich auffassen.

Als letztes soll noch darauf hingewiesen werden, daß dieses Buch eher eine Erforschung der grenzenlosen und umfassenden

Dimensionen Jupiters sein soll, keine systematische Analyse mit dem Anspruch, astrologisch das letzte Wort über diesen Planeten zu sprechen. Jupiter ist viel dynamischer, als gemeinhin vermutet wird. Mit ihm sind fortwährende Bewegung und Expansion verbunden, immerwährendes Suchen und Erforschen neuer Horizonte. Jupiter zeigt sich niemals zufrieden mit dem Status quo. Er ist darauf aus, den nächsten Gipfel zu erklimmen und sich auf den freien Ausdruck seines Potentials hin weiterzuentwickeln. Wie der brillante Astrologe Charles Carter in seinem vielleicht tiefgründigsten Buch *Essays on the Foundations of Astrology* schrieb: »Jupiter herrscht über die Zukunft und über Bewegungen, die fortschrittliche Veränderungen anstreben.« »Fortschreiten« ist das, was Fortschritt und Verbesserungen zugrunde liegt. Jupiter sucht das, was er ist, immer zu verbessern oder zu vergrößern, er strebt danach, die bestehenden Grenzen zu überschreiten. Insofern kann dieses Buch – wenngleich sein Material nur einen kleinen Teil einer langen Reise darstellt – möglicherweise den Lesern zumindest dabei helfen, ihr astrologisches Verständnis zu erweitern, was vielleicht zu Fortschritten im persönlichen Leben führen könnte.

> Wir sollten nicht zögern zu forschen,
> und das Ende all unser Forschungen wird sein,
> daß wir da ankommen, wo wir anfingen,
> als ob wir den Ort zum ersten Mal sähen.
>
> *S. Eliot*

(Vielleicht der philosophischste aller modernen Dichter, der am 26. September 1888 mit einem Schütze-Jupiter im genauen Sextil zur Sonne und in genauer Opposition zum Neptun geboren wurde. Auch Mars steht in seinem Horoskop im Schützen.)

13

Einleitung

Man wird ohne weiteres erkennen, daß der Stellung von
Jupiter im Horoskop eine tiefe und umfassende Bedeutung
zukommt. Ohne seine Hilfe sind wir dazu verurteilt, materiell
wie intellektuell da zu enden, wo wir angefangen haben.
Charles Carter: *Some Principles of Horoskopic Delineation*

Viele der positivsten Manifestationen Jupiters sind heutzutage
nicht mehr modern. Jupiter-Themen stellen in vielerlei Hinsicht
das Gegenteil der merkurischen, rationalen, analytischen und
detailorientierten Herangehensweise an das Leben dar. (Dies
wird weiterhin erhellt durch die Tierkreis-Polarität der Zeichen
Schütze und Zwillinge, auf die ich in Kapitel 1 noch näher eingehen werde.) Eigenschaften und Begriffe wie Moral, Würde,
Hilfsbereitschaft, Altruismus und Gesinnung haben in unseren
Tagen etwas Wunderliches und Altertümelndes. Das liegt daran,
daß die Medien in Verbindung mit dem Erziehungswesen diese
erhabenen Qualitäten mit Geringschätzung behandeln und sie als
irrelevant für unsere »wissenschaftliche« – richtiger unsere exzentrische – Ära des Individuellen abgetan haben. Dagegen werden in der heutigen Welt viele der negativen Jupiter-Manifestationen propagiert, idealisiert oder gar gefördert: selbstgerechte,
intolerante religiöse Überzeugungen; Neid und der Lebensstil
der Reichen und Berühmten; der Kult der Berühmtheit als Wert
an sich; eine Art zu leben, die von Unmäßigkeit und Verschwendung gekennzeichnet ist, was dazu führt, daß der Mensch den
Kontakt zu seinem Zentrum verliert und sich seinen Pflichten
(zum Beispiel den Kindern gegenüber) entzieht; exzessives
Wachstum und Entwicklung auf Kosten des Lebens, der Atmosphäre, der überlieferten Werte und so weiter. Man könnte über-
spitzt sagen, daß gegenwärtig in der westlichen Gesellschaft der
negative Jupiter-Ausdruck als beispielhaft dargestellt wird. Wie
es meine Verlegerin einmal formulierte: Jetzt, wo wir die negative

15

Seite Jupiters so glänzend zum Ausdruck bringen, ist seine positive Seite zum Schatten unseres Lebens geworden.

Jupiter ist auf das engste mit dem Bedürfnis verknüpft, das Leben in Übereinstimmung mit einem größeren Ideal oder einer erkannten Wahrheit zu sehen, zumindest aber mit dem Bedürfnis, die eigenen Energien mit etwas zu verschmelzen, das größer ist als das individuelle Leben. Diese Verbindung oder Verschmelzung führt zu einem reicheren Verständnis und einer erweiterten Perspektive (das heißt, zu einer verständnisvolleren Perspektive) oder auch zu einer gelassenen Bewußtseinshaltung, Teil einer Realität zu sein, die viel mehr beinhaltet als nur die individuelle Persönlichkeit. Jeder Mensch trägt Jupiter-Energien und Jupiter-Bedürfnisse in sich. In unserem »wissenschaftlichen« Zeitalter neigen wir dazu, alles zu rationalisieren – indem wir das aber tun und die umfassendere Bedeutung des Lebens ignorieren und die ethischen und moralischen Dimensionen unserer Existenz verleugnen, unterdrücken wir nicht nur viele der erhabeneren Aspekte des menschlichen Potentials, sondern führen ein Dasein ohne Sinn für Richtung und Sinn des Lebens.

Ich hörte einmal, wie ein spirituell orientierter Arzt in einem Vortrag sagte: »Wenn man sein Leben nicht nach einem Ideal formt, wird man seine Ideale nach seinem Leben formen.« Meiner Meinung nach kommt in diesem Zitat eine der essentiellen Funktionen Jupiters zum Ausdruck. Indem Jupiter uns mit einem Ideal versieht und uns mit Inspiration für übergeordnete Ziele erfüllt, indem er uns anhält, besser zu werden, als wir sind, vermittelt er uns ein Gefühl für Bedeutung und Richtung im Leben. Nach Charles Carter hat Jupiter eine unmittelbare Verbindung zum persönlichen Lebensziel. Jupiter kann dieses Sinngefühl durch die Anziehung zu einer bestimmten Religion oder Lebensphilosophie bewirken oder auch einfach dadurch, daß der Mensch sich hingebungsvoll einem hochgesteckten visionären Ziel widmet. (Man bedenke, daß der von Jupiter beherrschte Schütze immer schon mit Philosophie und Religion in Verbindung gebracht wurde. Der Schütze muß schließlich eine Zielscheibe für seine Pfeile haben – eine Richtung, etwas, worauf sein Pfeil zielt.) Kurz gesagt, verleiht Jupiter unserem Leben einen Sinn.

Unter keinen Umständen soll die Beziehung zwischen Jupiter und Religion und Philosophie so verstanden werden, daß jupiterbetonte Menschen in bestimmter Hinsicht besonders gläubig sind oder sein sollten. Viele von uns kennen Dutzende von Menschen mit starkem Schütze- oder Fische-Einfluß (die Fische sind das andere Zeichen, das der Tradition nach von Jupiter beherrscht wird), die sich durch eine Art philosophischen Optimismus oder durch ausgeprägte Moralvorstellungen auszeichnen, ohne daß dies mit einem bestimmten Glaubenssystem zu tun hätte. Häufig ist es aber auch so, daß diese Menschen nicht das Verlangen haben, ihre markante philosophische Einstellung zum Leben erkennen zu lassen oder sie sich bewußt vor Augen zu stellen. In der Tat bedeuten das offenherzige Tolerieren der anderen und das selbstverständliche Akzeptieren der Vielfalt der menschlichen Natur, die man hier häufig beobachten kann, einen besseren und erhabeneren Ausdruck von Jupiter. Das ist ohne Zweifel eine »religiösere« Einstellung zum Leben als jene Fälle, in denen wir selbstgerechte Religionsausübung finden, die aus schierer Bigotterie und Intoleranz zu gräßlichen Taten führen kann.

Religion und Philosophie sind anerkanntermaßen Jupiter-Domänen, weil sie Beispiele von inspiriertem Geist darstellen (oder darstellen können). Sie richten sich auf das Ziel der Universalität von Bewußtheit und dem erkennenden Akzeptieren der Wahrheit. Der Mensch kann auf vielerlei Arten durch höhere mentale Aktivitäten seine Lebensperspektive erweitern. Charles Carter schreibt:

Auch die Religion ist korrekterweise Jupiter zuzuordnen, zumindest zum Großteil. Das ist deshalb so, weil religiöse Gedanken sich auf die Mysterien des Raumes und der Zeit beziehen, bis hin zum Ewigen und Unendlichen. Die Metaphysik und die Philosophie werden aus ähnlichen Gründen Jupiter zugeordnet. Auch hier gilt, daß es doch wohl der Planet der Zukunft und des Fortschritts ist, der über das Grab hinausblicken läßt.

Charles Carter: *Essays on the Foundations of Astrology*

Carter betont weiterhin, daß »Vertrauen gleichfalls zu Jupiter gehört. Vertrauen ist das, was den harten Fakten Saturns gegenübersteht – es ist, in gewisser Weise, die Fähigkeit, Chancen beim Schopfe zu packen.« Carter ist einer der wenigen Autoren, die auf die Verbindung von Jupiter und dem Wahrnehmen von Gelegenheiten hinweisen, die unter Umständen Risiken in sich bergen, Dieser Jupiter-Zug kann uns die Interpretation des Horoskops leichter machen. An dieser Stelle wollen wir es damit bewenden lassen, Jupiter in Verbindung mit der transformierenden Erfahrung des Lebens zu sehen, die wir als aus dem Glauben resultierende Energie umschreiben können. Das kann sich in verschiedenen Lebensgebieten zeigen und in vielerlei Hinsicht. Kennzeichnend dabei ist, daß Jupiter immer vom Kleinen zum Großen fortschreiten möchte, vom Detail zum Ganzen.

Der Glaube an etwas, das über die eigene Person hinausgeht, ist keine Wahnvorstellung, wie uns die Skeptiker und Zyniker unserer Zeit weismachen wollen. Offenherziger Glaube ist vielmehr eine Art und Weise, etwas in Erfahrung zu bringen. Einmal mehr sehen wir also, daß Jupiter mit dem Erforschen oder Erkunden zusammenhängt. So wie die geographische Erforschung eines neuen Gebietes der sicherste Weg ist, um es genau kennenzulernen, ist die energetische Erkundung der Möglichkeiten des Lebens und die Bereitschaft, nicht für möglich gehaltene Potentiale Realität werden zu lassen, eine geeignete Methode, etwas über die Dimensionen des Lebens in Erfahrung zu bringen. Diese auf dem Glauben beruhende Entdeckungsmethode erinnert mich an einen Ausspruch des Philosophen Blaise Pascal:

> Irdische Dinge muß man erkennen, um sie zu lieben;
> Göttliche Dinge muß man lieben, um sie zu erkennen.

Jupiter ist, kurz gesagt, ein ebenso legitimes Lernprinzip wie Merkur, der den modernen Geist und die Art und Weise, wie unser Verstand in den Lehranstalten trainiert wird, so sehr dominiert. Wenn wir die Bedeutung Jupiters in einem Horoskop verstehen wollen, sollten wir uns diesen Planeten als Art oder als Weg, wie wir lernen können, vorstellen. Jupiter in seiner besten Manifestation kann erhebend und unterstützend sein. Er verleiht dem Menschen Großmut und die Fähigkeit, sich gegen alle Widerstände zu behaupten. Diese noblen Qualitäten Jupiters sind auch die Ursache des Verlangens, sich über nebensächliche Probleme und triviale zwischenmenschliche Differenzen zu erheben, um den umfassenderen Überblick zu gewinnen, der der Jupiter-Person soviel angenehmer ist. Stark jupitergeprägte Menschen können es nicht ertragen, sich mit Kleinigkeiten auseinandersetzen zu müssen, und sie neigen dazu, die unmittelbar vor ihrer Nase liegenden Details zu übersehen, die jeder andere deutlich wahrnimmt.

In dem Sinne, daß die Astrologie selbst einen Bereich des höheren geistigen Studiums sowie eine Art der Erkundung und des Lernens darstellt, die viele Dimensionen des Lebens umfaßt, ist auch sie ein Teil der Jupiter-Welt. Die Astrologie vermittelt den Menschen ein Wissen um die Sinnhaftigkeit des Lebens. Für viele ist die Astrologie in der Tat eine Lebensphilosophie, und ich wage zu behaupten, daß sie für manche eine Religion ist – auch wenn nicht alle dieser Aussage zustimmen werden. Ohne jeden Zweifel aber vermittelt uns die Astrologie eine umfassendere Lebensperspektive und verschafft uns ein ganzheitliches, erkenntnisreiches und offenes System, durch das wir unser Dasein besser verstehen und würdigen können.

Ein weiterer Beleg für die Prägung der Astrologie durch Jupiter ist der Umstand, daß dieser Planet von jeher mit Prophezeiung und Wahrsagerei in Verbindung gebracht wurde. Es versteht sich von selbst, daß man versucht hat, mit Hilfe der Astrologie die Zukunft vorherzusagen. Dies hat eine große Faszination auf die Massen ausgeübt, wenn auch in einigen Fällen die Astrologie durch den Anspruch, prophetische Kräfte zu besitzen, Kritik auf sich zog und verunglimpft wurde. Jeff Mayo formulierte das so:

> Die Astrologie hat Tausende von Jahren überlebt. Während ihre Wahrheiten mit der Etablierung eines zunehmend wissenschaftlichen Weltbildes und einer materialistischen Grundhaltung über einige Jahrhunderte hinweg – die »dunkle Periode« – als Aberglaube gebrandmarkt wurden, macht sie nun wieder von sich reden. In dem zurückliegenden Zeitraum haben Scharlatane und Wahrsager eine große Wahrheit herabgewürdigt.
>
> Jeff Mayo: *The Planets and Human Behaviour*

19

Auch die Priesterschaft der verschiedenen Religionen wurde häufig in Zusammenhang mit Jupiter gebracht. Eine solche Rolle hat offensichtlich auch einer nicht unerheblichen Anzahl von Astrologen selbst behagt, wenngleich vielen anderen die Priesterrolle beziehungsweise das Projizieren von prophetischen und allmächtigen Kräften seitens der Öffentlichkeit sehr unangenehm war und ist. Glücklicherweise scheint es in letzter Zeit eine zunehmende Anzahl von astrologisch Tätigen zu geben, die berufliche Anerkennung erhalten, weil sie Vorgaben und Ziele formulieren, denen sie auch tatsächlich gerecht werden können. Die *Astrologie* kann vielleicht so expansiv und unbeschränkt wie Jupiter sein – der *Astrologe* selbst aber zeichnet sich durch bestimmte Grenzen und Erfahrungsbereiche aus, in denen es ihm an Erkenntnissen mangelt. Auf der anderen Seite wird es natürlich Gebiete geben, auf denen er ein Experte ist. Joey Crinita sagt dazu:

> Die Pionierin der Astrologie, Isabel M. Hickey, glaubte, daß die Astrologie ohne spirituelle Verbindung hohl sei. Sie sagte, daß man die Person, für die man ein Horoskop erstellt, lieben müßte. Für sie war das Horoskop eine Art Landkarte, die den Menschen ohne Einschränkung zur Verfügung steht, wobei es allerdings nötig sei, die spirituellen Prinzipien zu erkennen, die ihr zugrunde liegen. Während einer Unterhaltung sagte sie einmal, daß man kein guter Astrologe ist, wenn man bei der Interpretation nur auf das Horoskop und nicht in die Augen seines Gegenübers schaut. Um anderen Menschen wirklich von Nutzen sein zu können, muß man von einer Basis der Anteilnahme und Liebe aus tätig werden.
>
> Joey Crinita: *From Chains to Wings*

Wenn die Astrologie tatsächlich, wie von einschlägigen Kreisen behauptet, das menschliche Wachstumspotential anzeigen und enthüllen kann – was der Mensch vielleicht einmal wird und was er in der Gegenwart ist -, sollte Jupiter in der Praxis viel mehr beachtet werden, als es jetzt der Fall ist. Wachsen und Werden schließen die Zukunft mit ein, und in der Tat ist nichts anderes im Horoskop so eng mit zukünftigen Bestrebungen, Richtungen und Plänen verbunden wie Jupiter. Das Zeichen und das Haus sowie die Aspekte, die von Jupiter im Horoskop berührt werden, helfen uns dabei, die Lebensbereiche zu erkennen, auf denen sich weitreichende Entwicklungen, bedeutungsvolle Verbesserungen, erweitertes Verständnis und vielleicht auch große Erfolge ergeben können. Daraus folgt, daß jeder, der sich mit der Astrologie beschäftigt, gut daran täte, Jupiter gebührende Aufmerksamkeit zukommen zu lassen. Die Klienten können nur dann von einer Interpretation profitieren, wenn auf die umfassendere Perspektive, die von Jupiter angezeigt ist, eingegangen wird. Und der therapeutische Effekt, der darin besteht, den Nachdruck auf diese positive, optimistische Energie zu legen, wird dabei helfen, die Ängste, Sorgen und die Fixierung auf die Vergangenheit zu überwinden, welche so viele Menschen als bleibende Erinnerung an den Kontakt mit einem Astrologen bewahren.

Ich habe das Gefühl, daß Jupiter auch in der astrologischen Literatur zuwenig gewürdigt wird, vielleicht deshalb, weil sein unendliches Potential jede Vorhersage unmöglich macht. Jupiters Rolle im Leben wird entweder unterschätzt beziehungsweise zu eng gesehen (vielleicht, weil wir ihn durch die vereinfachende Merkur-Analyse verstehen wollen), oder er wird in einer rein materialistischen Horoskop-Analyse als Schlüssel zu Reichtum, Glück und weltlichem Erfolg überbetont. Ich leugne nicht, daß er für den weltlichen Erfolg eine gewichtige Rolle spielt. Ihn aber auf diese enge Sichtweise zu begrenzen heißt, seinen Bedeutungsreichtum und seine Verbindung mit vielen anderen Dimensionen des Lebens zu verkennen. Manchmal fallen mir in diesem Zusammenhang einige fundamentalistische christliche Prediger ein, die meiner Vermutung nach in der einen oder anderen Weise von Jupiter besessen sein müssen. Sie scheinen zu sagen: »Habe Vertrauen und fordere Gott auf, dir Geld zu geben. Er wird dir zu Wohlstand verhelfen. Erinnere dich dann nur daran, daß du mir einen Teil davon zukommen läßt.« Die durch die Medien weithin bekannten Verkäufer (und Verkäuferinnen) von Selbsthilfetechniken für Erfolg und Wohlstand sind zum großen Teil durch Jupiter geprägt. Wenn ihren Aussagen auch ein Körnchen Wahrheit zugrunde liegen mag, habe ich doch den leisen Verdacht, daß es hier meist bei Versprechungen bleibt. Was wir nicht vergessen dürfen, ist, daß Jupiter den Ausgleich in Form von Saturn nötig hat.

Bei der Untersuchung der Bedeutung des Jupiter-Prinzips können wir auch darauf schauen, welche Besonderheit der Planet Jupiter im Sonnensystem aufweist. Es handelt sich bei ihm nicht nur um den bei weitem größten Planeten des Sonnensystems, er ist fast schon ein kleiner Stern. Dr. Robert Widey vom US-amerikanischen *Geological Survey's Center of Astrogeology* wurde in einer Institutsschrift mit dem Zitat angeführt, daß Jupiter zweieinhalbmal mehr Energie in den Raum ausstrahlt, als er von der Sonne empfängt. Einige Wissenschaftler vermuten, daß in seinem Inneren auch heute noch nukleare Prozesse wie in der Sonne ablaufen, die der Grund der Energiefreisetzung sind. Wenn wir dem Jupiter-Impuls nach Weiterentwicklung unseres Lebens nachkommen, können auch wir etwas »ausstrahlen«. Wir können die Welt an unseren Gaben und weiterentwickelten Fähigkeiten teilhaben lassen.

1. Grundsätzliches zum Verständnis von Jupiter

An etwas zu glauben, das noch nicht bewiesen ist, es mit unserem Leben zu besiegeln, stellt die einzige Möglichkeit dar, uns die Zukunft offenzuhalten ... Den Punkt zu finden, wo sich Hypothese und Sachverhalt begegnen; das delikate Gleichgewicht zwischen Traum und Realität; der Ort, an dem Phantasie und erdhafte Dinge die Metamorphose der Kunst eingehen; die Stunde, in der der Glaube an die Zukunft zum Wissen der Vergangenheit wird ... Davon handelt die Reise des Menschen.
Lilian Smith: *The Journey*
(eine Autorin mit der Sonne im Schützen)

Der größte Planet des Sonnensystems, Jupiter, braucht etwa ein Jahr, um durch ein Tierkreiszeichen zu laufen – sein Umlauf um die Sonne dauert 11 Jahre und 315 Tage. Historisch hat man Jupiter mit den Königen, den Patriarchen und den großen Gottheiten der verschiedenen Pantheons in Verbindung gebracht. Man sah ihn als das Prinzip der göttlichen Errettung und der überreichlichen Vermehrung – bekannt als »großes Glück« oder »großer Wohltäter«, in Abgrenzung zur »weniger wohltätigen« Venus. Lange Zeit galt Jupiter als Patron der Philosophen, Theologen, moralischen Führer und Kreuzritter sowie der spekulativen Denker jeglicher Couleur.

Es ist für uns heute schwer nachzuvollziehen, daß die früheren Menschen derart erhabene Visionen von Jupiter hatten. Und es ist wohl ganz und gar unmöglich, uns vorzustellen, mit welcher Ehrfurcht man dieser kosmischen Kraft (oder Gottheit) gegenübertrat. Theodore Roszak schreibt in *Why Astrology Endures*: »Der Hauptzweck der modernen Astronomie seit Newton war, den Himmel zu entmystifizieren.« Als Folge davon ist das, was Roszak das »organische Gefühl der Natur, in dem Kosmologie und Psychologie miteinander verschmolzen sind«, nennt, im Bewußtsein des modernen, wissenschaftlich geschulten Menschen nicht mehr präsent. Die altertümliche Wahrnehmung der Einheit der menschlichen Seele (Mikrokosmos) und der unermeßlichen Weltseele des Kosmos (Makrokosmos) ist für die meisten heutigen Menschen eine nicht mehr nachvollziehbare Vorstellung. Und die aus alter Zeit stammende Formulierung »Wie oben, so unten« ist heute zum Gerümpel von »überholtem Aberglauben« geworden. Dabei ist das, was Roszak die »spirituelle Kommunion zwischen Mensch und Himmel« nennt, dem Anschein nach etwas Ewiges, das sich immer wieder wie ein Phönix aus der Asche überkommener Konzepte und Überzeugungen erhebt, um es dem Menschen in einer neuen Form zu ermöglichen, transzendente Wahrheiten zu erkennen. In den letzten Jahren hat sich die sogenannte »Neue Physik« in eine Richtung entwickelt, in der die altertümliche Vorstellung des Makrokosmos mit neuem Leben erfüllt und in größerem Rahmen anerkannt wird. Ein anderer Ausdruck der fortwährenden menschlichen Auseinandersetzung mit der ganzheitlichen Natur ist die folgende Beobachtung, die von dem Astronomen Antony Aveni stammt:

Mach das Licht aus und schau auf die wahren Lichter am Himmel. Unsere Ahnen nutzten sie mit ihrem phantasievollen Geist, um wunderschöne poetische Vorstellungen über sich selbst und ihre Beziehung zum Universum zu entwickeln. Vor langer Zeit berührten die Fingerspitzen der Menschheit Erde und Himmel mit sehr viel Empfindsamkeit, und durch diese Empfindungen kam es zu dem Bewußtsein, daß der Mensch untrennbar mit der Natur verbunden ist. Unsere Vorfahren brachten ihr Bewußtsein in einem lebendigen Universum durch einen phantasievollen und angeregten Dialog mit dessen vielfältigen Aspekten zum Ausdruck – mit Bergen, Wasser, Mond und Sonne. Sie stellten das, was die reale Welt für sie bedeutete, durch ihre Kunst, ihre Architektur und das geschriebene wie das gesprochene Wort dar, und sie gaben die Wahrheiten, die sie erkannten, über Generationen hinweg an die Nachkommen weiter, die einiges akzeptierten und manches änderten.

Antony Aveni: *Dialog mit den Sternen*

Beim intensiven Nachdenken über die tiefgründigen Eigenschaften und Hoffnungen, für die Jupiter in der Astrologie steht, kann ich mich des Eindrucks nicht erwehren, daß seine Größe und umfassende Vision untrennbar mit der fortwährenden Suche des Menschen nach der größeren Wahrheit und nach der Erfahrung des Einsseins mit dem Universum verbunden ist. Es gibt vielleicht keinen anderen Planeten (und kein anderes Zeichen als den vom Jupiter regierten Schützen), bei dem wir eine derart natürliche, spontane und auffallende Kombination von Physischem und Nicht-Physischem finden. Der materielle Wunsch, die persönliche Situation zu verbessern, steht in direkter Verbindung mit erhebenden und erlösenden Träumen, Idealen, Hoffnungen und moralischen Vorstellungen. Ein Beleg dafür ist beispielsweise das Symbol des Schützen, der Zentaur. Diese einzigartige Kreatur ist durch ihren animalischen Körper mit der Erde verbunden, was sie aber nicht daran hindert, in der Gestalt ihrer menschlichen Hälfte den Pfeil sorgfältig auf ein fernes Ziel am Horizont zu richten. Es soll an dieser Stelle darauf hingewiesen werden, daß eine große Anzahl von Menschen in aller Welt die Astrologie als effektive Methode entdeckt hat, um das alte überlieferte Gefühl der Einheit mit dem Kosmos aufs neue zu erleben. In diesem Sinn repräsentiert die Astrologie, wenn sie richtig eingesetzt und gewürdigt wird, die jupitergemäße Verbindung mit dem größeren Universum. Sie liefert eine hilfreiche Methode zur Förderung von Wachstum und Selbsterkenntnis. Ich zitiere noch einmal Theodor Roszak:

Für eine wachsende Anzahl von Menschen ist die reiche Bilderwelt dieser alten Traditionen zu einem inspirierenderen Weg geworden, über Emotionen, Werte, Motive und Ziele zu sprechen, als es die konventionelle Psychologie gewesen ist. Das astrologische Universum ist schließlich das Universum der gräko-romanischen Mythen, das von Dante, Chaucer, Shakespeare, Milton und Blake. Aus ihm sprechen Poesie und Philosophie. Wo Freud zum Beispiel nichts als ein farbloses psychisches Sammelsurium von Ich, Es, Über-Ich und verschiedenen Komplexen anbietet, entfaltet die Astrologie die beziehungsreichen Symbole des Tierkreises, die großartigen archetypischen Bilder von Sonne und Mond, den mythologischen Widerhall der Planeten. Von unseren maskulinen und femininen Anteilen mit Bezug auf Venus und Mars zu sprechen verleiht der Psychologie sofort wieder etwas Mythisches und Poetisches.

In Zusammenhang mit den machtvollen altertümlichen Traditionen und Mythen von Jupiter scheint es sinnvoll, zunächst einmal näher auf diese multikulturellen Bilder einzugehen, bevor wir uns den astrologischen Details des Planeten im einzelnen widmen. Wie Jeff Mayo aufgezeigt hat, waren die Jupiter-Gottheiten zum Beispiel als Götter des Donners und Sturms, des Lernens, der Weisheit, der Gerechtigkeit und der prophetischen Visionen bekannt. Ich schulde Jeff Mayo für die im folgenden angeführten Details bezüglich der Jupiter-Gottheiten großen Dank. Er hat das Material in seinem Buch *The Planets and Human Behaviour* näher ausgeführt.

Bussumarus: Ein keltischer Gott, der später von den Römern mit Jupiter gleichgesetzt wurde.

Donar: Der Donnergott der heidnischen Germanen, Vorgänger von Thor. Der dem Jupiter geweihte Tag, der Donnerstag, geht auf diesen Gott zurück.

Indra: Der hinduistische Donner- und Sonnengott. Ihm wurden viele der Eigenschaften Thors zugeschrieben. Zugleich galt er als dessen Gegenspieler.

Jupiter: Eine mächtige römische, ursprünglich elementare Gottheit, der stärkste und höchste aller Götter. Sein Name bedeutet Vater oder Herr des Himmels. In Zusammenhang damit wurde er als Gott des Sturms, des Donners und Blitzes und des Regens verehrt. Die Römer glaubten, daß von ihm alle menschlichen Belange ausgingen. Die großartigen römischen Spiele waren ihm gewidmet. Weiterhin glaubte man, daß Jupiter der Seher war, dem die Zukunft offenstand. Zu Beginn einer jeden Unternehmung wurde ihm gehuldigt. Er galt außerdem als Hüter des Gesetzes und Wahrer der Ordnung und Tugend. Als Herr des Himmels und Prinz des Lichts war ihm die weiße Farbe heilig. Daraus resultierte, daß er seinerseits weiße Tiere als heilig betrachtete. Jupiter ist mit dem griechischen Zeus gleichzusetzen.

Marduk (hebr. Merodach): Babylonischer Gott (beziehungsweise Gott des Euphrats). Jupiter wurde als ein Aspekt von ihm gesehen. Robert Eisler schreibt in *The Royal Art of Astrology*, daß »diese Gottheit eine Personifizierung der Frühlingssonne darstellte, die den Boden nach den Überschwemmungen trocknen ließ, wodurch es nach dem Chaos wieder zu einer Ordnung kam. Auch der Töter des Drachens, der Erschaffer der himmlischen Sphären und der Organisator der Welt. Wenn er seine Waffen gegen die urzeitlichen Ungeheuer sprechen ließ, tobten Stürme über das Land.« Zu späterer Zeit dann wurde der Name Marduk in Verbindung mit der Sonne gesehen.

Thor: Mächtiger skandinavischer Donnergott, dessen Kult in Westeuropa über lange Zeit hinweg Bestand hatte. Sein Symbol war der Hammer. In Verbindung mit der natürlichen Welt war er sowohl Zerstörer als auch Hüter. Seine Gleichsetzung mit dem römischen Herkules legt nahe, daß viele seiner Attribute die Personifizierung von Mars darstellen. Man berief sich auf ihn, um in vielerlei Hinsicht Schutz für das Leben der lokalen Gemeinschaft zu erbitten. Wurde mit dem römischen Jupiter und dem griechischen Zeus gleichgesetzt.

Thunor: Der alte angelsächsische Donnergott, der dem römischen Jupiter gleichgesetzt wurde. Derjenige, der die Welt vor den Ungeheuern beschützte und der über das Wetter – insbesondere über Stürme – herrschte. Als gegen 300 n. Chr. der römische Kalender in Britannien eingeführt wurde, nannten die Briten den fünften Tag der Woche *Thunresdaeg* (Thursday beziehungsweise Donnerstag).

Tinia: Die Hauptgottheit der Etrusker, die mit dem griechischen Zeus und dem römischen Jupiter zu vergleichen ist.

Zeus: Die höchste der olympischen Gottheiten, mit dem römischen Jupiter gleichzusetzen. Zeus herrschte über den Himmel und die höheren Regionen der Welt. Er wurde Vater der Götter und Männer genannt, er bekleidete unter allen Unsterblichen den höchsten und machtvollsten Rang, ihm mußten alle folgen. Der oberste Herrscher, der alles im Fluß hielt und der Recht und Ordnung gewährleistete. Sogar das Schicksal war ihm untergeordnet. Mit Blitz und Donner bewaffnet. Jupiter galt als »Stern des Zeus«.

Ein besonders wichtiger Jupiter-Zug in der Mythologie – und gleichermaßen bei der Interpretation dieses Planeten in der Astrologie – ist seine Verbindung zu dem, was traditionell als höhere geistige Bereiche bezeichnet wird. Dieser Aspekt kann sich auf den »edlen« oder auch den »göttlichen« Geist beziehen (auf diese überbewußte Verbindung werden wir später bei dem Jupiter/ Neptun-Kontakt noch näher eingehen). Über den Begriff des »höheren Geistes« nachzudenken kann eine Erfahrung sein, die demütig macht oder die vielleicht sogar etwas Deprimierendes hat. Bis vor wenigen Dekaden war dieses Höhere etwas Selbstverständliches, jetzt scheint es für alle, die älter als sieben Jahre sind, etwas Befremdliches und Altmodisches an sich zu haben. Es wird kaum noch davon gesprochen, und man muß wohl davon ausgehen, daß dieses Konzept vielen Menschen heutzutage überflüssig vorkommt. Das Studium von Jupiter kann dabei helfen, diese wichtige Dimension der menschlichen Existenz mit neuem Leben zu erfüllen. Jupiters »höherer Geist« hat nichts Irrationales; er folgt einer Logik, die Inspiration beinhaltet. In den zurückliegenden Dekaden hat sich im Westen ein zu enges Verständnis von Rationalität und Lernen ausgebreitet, das von verheerenden Auswirkungen begleitet ist. Wir werden später in diesem Kapitel damit fortfahren, Jupiter als eine umfassendere Art zu denken und zu lernen vorzustellen. Bevor wir aber an dieser Stelle das Thema wechseln, möchte ich ein Zitat aus einem der klassischen Texte der Astrologie von Isabelle Pagan anführen.

Jupiter ist in der klassischen Mythologie der Repräsentant des »Göttlichen Geistes«, und folgerichtig wird er als »Optimus Maximus« verehrt. Von seinem griechischen Gegenstück wird mit ähnlicher Ehrfurcht gesprochen. Der homerische Zeus ist der Größte und Beste, der Gott, dem man die meiste Aufmerksamkeit widmen muß: der Gott des Lichtes, der Gerechtigkeit, der Wahrheit, der Vater aller Götter und aller Menschen. Er beherrscht alle Ebenen, weil seine Gedanken alles umfassen. Eine Vibration seines mächtigen Willens läßt das ganze Universum erzittern. Wenn er seine Augenbrauen runzelt, erbebt der gesamte hohe Olymp mit allen Göttern auf ihrem Thron. Prinzen und Herrscher müssen sich seinen göttlichen Anordnungen unterwerfen, die widerspiegeln, ob er mit den Völkern zufrieden ist oder nicht. Wenn er einmal bekräftigend genickt hat, gibt es nichts, was seine Entscheidung noch rückgängig machen könnte. Mehr als alles andere ist er gutmütig, gütig und wohltätig – immer bereit, den Gebeten seiner Kinder zuzuhören und ihren Bitten zu entsprechen. Die alte griechische Hymne wendet sich an ihn, sie preist seine Göttlichkeit und seine Größe. Man erfleht von ihm Regen nach Trockenheit, lindernde Winde und ganz allgemein gutes Wetter. Die Berggipfel sind seine geheiligten Plätze. In seinem strengeren Aspekt ist er der Gott des Blitzes, der Unwetter und der Wolken. Er hält den Blitzstrahl wie das Zepter, und neben seinem Thron befinden sich zwei randvolle Becher, aus denen er – nach seinem göttlichen Willen – das Gute wie das Böse über die Kinder der Menschheit ausschüttet. Er ist es, der die Richter über die unteren Regionen einsetzt. Der verurteilte Kriminelle galt als angemessenes Opfer auf seinem Altar. Der göttliche Geist wurde in enger Verbindung zu jedem Teil des Universums gesehen. Es führte zu unzähligen verschiedenen Formen der Aktivität.

Isabelle Pagan: *Signs of the Zodiac Analysed*

♃

Das Jupiter-Symbol

Das für Jupiter verwendete Symbol ist für viele Astrologen ein Ausdruck des höheren Geistes. Es geht darum, über das Materielle hinauszugelangen. Für die meisten Autoritäten ist der Halbkreis mit dem Kreuz tatsächlich ein angemessenes Symbol dieses Planeten.

$$) + + = ♃$$

Der Halbkreis, sagt man, repräsentiert die Seele oder den Geist, das Kreuz repräsentiert die Materie. Der Halbkreis im Jupiter-Symbol steht über dem Kreuz beziehungsweise über dem Horizont, anders als beim Saturn-Symbol, bei dem er sich darunter befindet. (Hier ist die Seele oder der Geist, symbolisch gesehen, der Natur und der Materie unterworfen. In der Tat stellt das Symbol Saturns grundsätzlich die Umkehrung des Jupiter-Symbols dar.) Für Jeff Mayo ist das in seinem bereits angeführten Buch der Beleg dafür, daß »die menschliche Seele und der menschliche Geist expandieren und ein neues Bewußtsein und eine höhere Bewußtheit entwickeln müssen, die über das Materielle hinausgehen, die aber doch die Wurzeln in materieller Erfahrung durch die irdische Umgebung haben.« Einmal mehr geht es also um die Verbindung von Spirituellem und Materiellem, auf die ich früher schon hingewiesen habe. Mayo stellt anschaulich dar, daß Jupiter sich eigentlich auf das bezieht, was C. G. Jung unter den Begriff des Individuationsprozesses faßte – das fortgesetzte Wachstum auf eine umfassendere Ganzheit hin. Für Mayo richtet sie sich in Zusammenhang mit Jupiter auf das Lernen durch »eine tiefe und weise Anteilnahme an und Verständnis von weltlichen Erfahrungen«, wobei es gleichzeitig darum geht, das natürliche Recht »auf die Bewahrung der persönlichen Natur« nicht zu kurz kommen zu lassen.

Jupiter und die Herrscher der veränderlichen Zeichen

Die Jupiter/Merkur-Beziehung

Um zu erkennen, welche Art von Verstand und welche Art zu lernen von Jupiter angezeigt ist, müssen wir ihn Merkur – und in gewisser Weise auch Neptun, dem anderen Herrscher der veränderlichen Zeichen – gegenüberstellen. Es ist wichtig, auch die Zeichen des »mentalen Kreuzes«, wie es häufig genannt wird, zu untersuchen (darauf wird auch als veränderliche Quadruplizität Bezug genommen). Alle Zeichen des mentalen Kreuzes sowie ihre Herrscher haben mit der Art und Weise zu tun, wie der Mensch lernt.

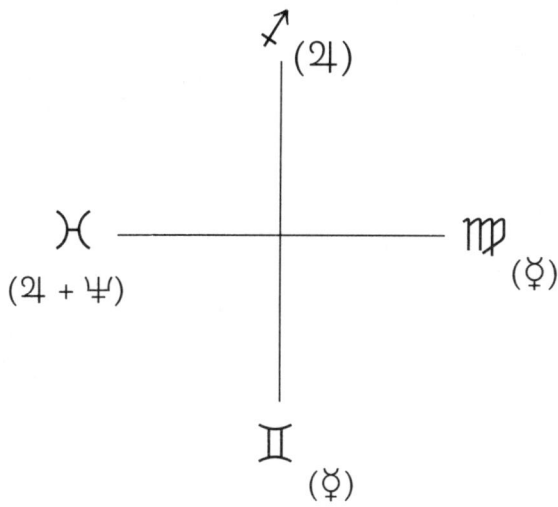

Das umfassende Verständnis dieser Prinzipien führt dazu, daß wir um die verschiedenen Arten zu lernen wissen. Jede hat ihren eigenen Ansatz, jede geht von einer anderen Perspektive aus, und jede komplettiert die anderen. In ihrer Gesamtheit liefern sie das vollständige Bild für das Verständnis des Lebens. Unglücklicherweise ist der merkurische Ansatz der Isolierung und Untersuchung der einzelnen Faktoren (der Zwillinge- und der Jungfrau-Modus) seit mehr als einem Jahrhundert in der westlichen Gesellschaft und im westlichen Ausbildungssystem vorherrschend.

Eine wohlbegründete und vehemente Anklage der zutiefst negativen und geradezu besessenen Ausrichtung auf den analytischen Verstand, wie sie von den westlichen Lehrinstitutionen propagiert wird, mit allen destruktiven Konsequenzen ist von Page Smith, einem erfahrenen Erzieher und Historiker, in seinem Buch *Killing the Spirit: Higher Education in America* formuliert worden. Smith zeigt auf, daß es in der Schule durch die weitgehende Ausgrenzung von Religion und Philosophie sowie von sozialen Tabu-Themen zu einer großen Verarmung und Beschränkung kommt beziehungsweise dazu, daß die Studenten nur einen sehr begrenzten Bereich menschlicher Erfahrungen kennenlernen. Er weist darauf hin, daß die ausschließliche Aufmerksamkeit für die »Forschung« – eine etwas hochtrabende Bezeichnung für das endlose Sammeln von Daten, die für gewöhnlich keine Einsichten oder nützlichen Verbesserungen zur Folge haben – zu einer »Unfruchtbarkeit des Geistes in bezug auf alles, was über das Rechnen hinausgeht«, führt.

> Der Einwand, der an dieser Stelle erhoben werden muß, ist folgender: Die sogenannte Forschung an der modernen Universität hat sich zum großen Teil als wertlos erwiesen. Sie hat keinen nennenswerten Nutzen für irgend jemanden oder irgend etwas. Sie bewirkt nicht, daß die allmächtigen »Grenzen des Wissens« weiter hinausgeschoben werden, wie so zuversichtlich behauptet wird. Sie bringt weder dem gemeinen Volk in seiner Gesamtheit noch einem Teil von ihm mehr Glück oder Gesundheit. Sie stellt nicht mehr als ein geschäftiges Herumwerkeln an einer riesigen und unverständlichen Skala dar. Sie ist geistfeindlich, und sie wirkt bedrückend auf das Unternehmen Schule.
>
> Page Smith: *Killing the Spirit: Higher Education in America*

Professor Smiths Buch zeigt deutlich, daß »der deprimierendste Aspekt der amerikanischen Universität ihre spirituelle Unfruchtbarkeit« ist. Das liegt daran, daß die jupitergemäße Art des Lernens und Sich-Weiterentwickelns in der westlichen Welt in unserem Jahrhundert so sehr vernachlässigt wurde.

Um 1900 hatte die Universität jedes Forschungsgebiet und jedes Fach verbannt, das nicht unter die Überschrift »Forschung« gefaßt werden konnte. Verbleibende Fächer wie Literatur und Philosophie wurden mit dem Anschein der Wissenschaftlichkeit versehen, ausgeschlossen aber wurden solche ursprünglichen und klassischen menschlichen Themen wie Liebe, Glaube, Hoffnung, Mut, Leidenschaft und Mitgefühl, Spiritualität, Religion, Treue. Man ist versucht zu sagen: alles, was junge wißbegierige Menschen eine Richtung erkennen lassen könnte. In den Worten des studentischen Überblickswissens: eine »Lebensphilosophie« zu entwickeln.

Page Smith: *Killing the Spirit: Higher Education in America*

Bei der klassischen Erklärung des Konfliktes zwischen dem, was ich den merkurischen und den jupiterhaften Lernansatz nenne, zitiert Smith im folgenden Robert Lichtman, wie dieser die akademische Welt sieht:

Qualität, Einzigartigkeit, Kreativität und die moralische Dimension der Existenz treten hinter die reduktive Beharrung auf Meßbarkeit, Qualifizierung und ausgrenzende Prozesse von unendlich weitschweifigen und unwichtigen Beobachtungen zurück. Die Sichtweise des Menschen, die daraus resultiert, ist ahistorisch, atomistisch, mechanistisch, ausschließend und, wieder einmal, nur vermeintlich neutral.

Robert Lichtman, zitiert in
Page Smith: *Killing the Spirit: Higher Education in America*

Den Sichtweisen von menschlicher Natur und menschlichem Leben, die daraus hervorgehen, mangelt es vollständig an der ganzheitlichen Perspektive, die Jupiter beisteuern könnte. Sir Richard Livingston, ehemaliger Vizekanzler der Oxford-Universität, wird gleichfalls ausführlich zitiert. Das, was er sagt, zeugt von brillanten Einsichten in die Probleme der modernen Zeit, die mit dem »Merkur/Jupiter-Konflikt« in Verbindung stehen, auf den ich bereits hinwies. Merkur repräsentiert die Mittel, Jupiter das Ziel. Livingston nennt unsere Zeit

> eine Zivilisation der Mittel ohne Ziel, reicher an Mitteln als jede andere Epoche, fast über alle menschlichen Bedürfnisse hinaus. Und doch kommt es zu deren Verschwendung und mißbräuchlichem Einsatz, weil es keine übergeordneten Ideale gibt. Ein reicher Körper mit einer armen Seele ... Das Brechen mit unserer Philosophie ist das große Problem unserer Zeit, dem alle kleineren untergeordnet sind: In letzter Instanz hängt das Verhalten der Menschen von ihren Überzeugungen ab.
>
> Richard Livingston, zitiert in
> Page Smith: *Killing the Spirit: Higher Education in America*

Page Smith schreibt kommentierend dazu: »Diese Überzeugungen sind heutzutage nicht mehr auszumachen.«

Es dürfte klar sein, daß im Idealfall zwischen Merkur und Jupiter eine Ausgewogenheit herrscht, die sich in den verschiedensten Lebensbereichen positiv auswirkt. Wie dem auch sein mag: Der Überbetonung von Merkur muß entgegengetreten werden. Schließlich liegt dem Jupiter-Modus zugrunde, daß wir für neue Erfahrungen offen sind und daß wir uns danach sehnen, neue Lebensbereiche zu erkunden. In Verbindung damit muß die jupiterhafte Art zu lernen so eingesetzt werden, daß wir die neuen Fakten und Beobachtungen auch tatsächlich aufnehmen – bevor Merkur sie dann später analysiert. Jupiters Aufgeschlossenheit und Zuversicht werden dafür sorgen, daß es zu neuen Entdeckungen kommt; seine Theorien sind offen für alles und jeden. Das ist sehr wichtig. Albert Einstein sagte: »Die Theorie entscheidet darüber, was wir sehen.« Möglicherweise wird der Lauf von Pluto durch den Schützen die expansiven, hoffnungsvollen, offenen und lebensbereichernden Facetten des jupiterbeeinflußten Lernens wieder in Erscheinung treten lassen.

Wir können uns der Erforschung der veränderlichen Zeichen und ihrer Herrscher von vielen Blickwinkeln aus nähern. Wir wollen aber damit fortfahren, den Kontrast zwischen Jupiter und Merkur weiter herauszuarbeiten. Charles Carter bringt diesen Unterschied auf den Punkt.

Jupiter ist ein konstruktiver und progressiver Merkur. Letzterer bezieht sich auf die Dinge, wie sie sind; er untersucht lediglich, er spekuliert nicht und macht keine Pläne für die Zukunft. Jupiter scheint dagegen dem Typus des Entdeckers und Erforschers zu entsprechen, der bereit ist, den Blick auf neue Horizonte zu richten – seien diese nun mentaler oder physischer Art. Er war schon immer als der Planet des Wachstums bekannt. Wachstum bezieht sich nicht nur auf die rein körperliche Ausdehnung, sondern auf die fortwährende Entfaltung neuer Variationen und Verbindungen. In der Natur in ihrer Gesamtheit wird dieser Jupiter-Aspekt beispielhaft dargestellt: Evolution ist die typisch joviale Manifestation und eine der wichtigsten, die es gibt. Es ist Jupiter, der für die Entfaltung des menschlichen Potentials sorgt und der das, was in uns latent angelegt ist, zum vollständigen Ausdruck bringt. Und in der Tat ist dieser Selbstausdruck der Zweck des Lebens. Deshalb ist Jupiter – bezeichnenderweise der größte Himmelskörper des Sonnensystems nach der Sonne – das Symbol dieses Zwecks. Die drei ersten Planeten (Merkur, Venus, Mars) stellen Prinzipien dar, die Voraussetzungen für diesen Zweck sind.

Charles Carter: *Some Principles of Horoskopic Delineation*

Paul Wright hat in einem Vortrag auf den Unterschied zwischen den merkurischen und den jupiterhaften Denkweisen hingewiesen. In seinem Besten kann Jupiter ohne weiteres für inspiriertes Denken stehen – allerdings, wie Wright darlegt, ist Jupiter für gewöhnlich recht unvernünftig:

Jupiter argumentiert vom Prinzip aus, mit Meinungen, die aus Überzeugungen oder aus religiösen Ansichten erwachsen, die Argumenten nicht zugänglich sind. Die Jupiter-Wahrheit ist absolut. Sie kennt keine Bedingungen, und sie steht nicht zur Diskussion. Das Argumentieren in dem Sinne einer logischen Überprüfung oder auch die Vernunft, die für andere Sichtweisen offen ist, stellt einen merkurischen Zug dar.

Paul Wright: *The A to Z of Jupiter*

Im besten Fall ist Jupiter offenherzig und tolerant für andere Sichtweisen. Jupiterhafte Menschen lieben das Diskutieren um des Diskutierens willen. Wie aber Wright festgestellt hat, ist Jupiter nicht leicht von anderen und ihren Meinungen zu beeinflussen – im Gegensatz zu Merkur, der schnell seine Meinung ändern kann. Auch bei der Horoskop-Interpretation steht Jupiter für sich. Er wird durch andere Faktoren nicht besonders modifiziert, im Gegensatz zu Merkur, der von allem, was mit ihm in Verbindung steht, beeinflußt und geprägt wird. Wie das Quecksilber im Thermometer reagiert der astrologische Merkur sofort auf äußere Veränderungen.

Vor der Entdeckung Neptuns galt Jupiter als einziger Herrscher der Fische. Insofern herrschten in jener Zeit Merkur und Jupiter über alle vier veränderlichen oder »mentalen« Zeichen. Wir werden bald erkunden, wie sich Neptun in das mentale Kreuz einfügt. An dieser Stelle soll der Hinweis genügen, daß die von Jupiter regierten Zeichen Schütze und Fische den Zeichen Zwillinge und Jungfrau gegenüberliegen, die von Merkur beherrscht werden. Um einen Aspekt des Unterschieds zwischen ihnen darzustellen, wollen wir noch einmal Charles Carter zitieren.

> Jupiter manifestiert sich vor einem breiteren Hintergrund als Merkur ... Die Vision der Zwillinge ist eine normale, die der Jungfrau eine mikroskopische ..., die von Jupiter dagegen ist teleskopisch. Sie ist auf die Erforschung ferner Horizonte gerichtet. Merkur bedeutet das Studium von Plänen und Karten der unmittelbaren Umgebung – er ist eine Autorität, was U-Bahn- und Busfahrpläne betrifft. Jupiter fragt nach Landkarten für Kontinente und nach Atlanten.
>
> Das gleiche gilt auch für das Intellektuelle. Jupiter sucht nach den allgemeinen Prinzipien und universellen Ideen, während Merkur kritisiert und kommentiert und an Einzelheiten anknüpft.
>
> Charles Carter: *Essays on the Foundations of Astrology*

Ein anderer Vater der modernen Astrologie, Dane Rudhyar, führt in einem bahnbrechenden Werk weitere Erkenntnisse über den Unterschied zwischen Merkur und Jupiter an:

Jupiter ist das Symbol von Wohlbefinden und Gesundheit, von innerer Integration und erfolgreicher Lebensart. Er macht das Leben ganzheitlich und stellt das Gegengewicht zu den über-individualistischen und trennenden Tendenzen des Ego mit-samt seinem Werkzeug, dem analytischen Verstand (Merkur), dar.

Dane Rudhyar: *An Astrological Study of Psychological Complexes*

Rudhyar geht noch weiter und weist auf einen Punkt hin, der in der astrologischen Literatur oder bei astrologischen Diskussionen kaum je Erwähnung findet: daß zwischen Jupiter und Merkur eine ausgewogene Beziehung herrschen muß, wenn psychisches und physisches Wohlbefinden gewahrt sein soll. Auch hinsicht-lich der Kommunikation und gesellschaftlichen Kontakte ist das wichtig. Die Überbetonung von Merkur führt durch die unend-liche Anzahl von Details, die keine Bedeutung haben oder kein Bestandteil einer Struktur sind, zur Überlastung des Verstandes. Nervensystem und Verstand werden durch ständige Konfronta-tion mit trivialen und unzusammenhängenden Details aufs äußer-ste gespannt. Ein solcher Mensch erweckt vielleicht den Anschein, alles zu wissen, er versteht aber nichts. Eine derartige Unausge-wogenheit könnte sich als Nervenschwäche oder vielleicht auch als Gewichtsproblem äußern, weil der betreffende Mensch durch das kleinste Erlebnis sein mentales oder emotionales Gleichge-wicht verliert und große Schwierigkeiten hat, nicht von seinem Weg abzukommen. Die Überbetonung von Jupiter dagegen kann sich darin äußern, daß die Person viele Pläne hat und die verschie-densten Überzeugungen vertritt, aber nicht das notwendige Wis-sen besitzt, um diese tatsächlich zu einer Realität zu machen. Ein solcher Geist leidet an Unterernährung, was die konkreten Details und Fakten betrifft. Damit könnte die Tendenz zu körperlichem Übergewicht einhergehen, was zum Verlust an Flexibilität und dynamischer Energie führen würde.

In ihrem innovativen Buch *Astrologie der Selbst-Entdeckung* (München 1997, Hugendubel) beschreibt Tracy Marks verschie-dene Zwillinge/Schütze-Polaritäten, die wir in unserem Zusam-menhang auf den Jupiter/Merkur-Vergleich übertragen können:

♊   ♐

Wissen	Verständnis
Logik	Intuition
Konkretes	Abstraktes
Mittel	Ziel
Mannigfaltigkeit	Einheit
Gegenwart	Zukunft
Hier und Jetzt	Weit Entferntes

In demselben Kapitel führt Tracy Marks auch eine Liste von Schlüsselbegriffen an, die beschreiben, wie es zur Integration von Merkur- und Jupiter-Prinzipien kommen kann (sowie zu einer ausgewogenen Beziehung zwischen den Zeichen Zwillinge und Schütze).

♊ ♐

Praktische Weisheit
Ausgeweitete Gegenwart
Inspiriertes Denken
Bedeutungsvolle Mannigfaltigkeit
Verbreitung von Weisheit
Zielgerichtete Kommunikation

Die Jupiter-Position im Geburtshoroskop und die Art und Weise des Lernens

Der Erzieher David Hamblin hat im *Astrological Journal* (herausgegeben von der *British Astrological Association*, Sommer 1978 und Sommer 1981) über einige außerordentlich interessante und originelle Beobachtungen berichtet. Hamblin beobachtete, wie sich Jupiter aufgrund der Zeichen-Stellung bei den Teilnehmern seiner verschiedenen Kurse auswirkte. Jupiters Spur zu verfolgen war insofern nicht weiter schwierig, da es sich pro Kurs nur um ein oder zwei Jupiter-Zeichen handelte (weil dieser Planet sich durchschnittlich ein Jahr lang in jedem Zeichen aufhält). Jede Jupiterzeichen-Gruppe, so seine Schlußfolgerung, reagiert auf Lernaufgaben entsprechend der Art ihres Jupiter. Hamblin ist sogar der Ansicht, daß selbst das Verhalten im Unterrichtsraum von dem Zeichen, in dem Jupiter stand, beherrscht wird. Er weist darauf hin, daß diese Beobachtungen weitreichende Konsequenzen für Lehrer und Professoren haben können, weil sie Rückschlüsse auf das Verhalten bestimmter Gruppen zulassen und es ermöglichen, die Lehrpläne darauf abzustimmen.

Auch wenn Hamblin in den beiden Artikeln noch nicht alle Zeichen vorgestellt hat, lassen doch die folgenden Auszüge deutlich erkennen, welcher Art seine Entdeckungen sind. Mit ihnen dürften Astrologen neue Interpretationsansätze zu den verschiedenen Jupiter-Stellungen erhalten.

Jupiter in den Zwillingen. Diese Gruppe antwortete sehr bereitwillig mit freien und lebhaften Diskussionen über verschiedene Themen und mit großer Offenheit für Neues.

Jupiter im Krebs. Diese Gruppe reagierte verhaltener. Sie zog einen autoritäreren Lehrstil vor, der ihnen mehr Anhaltspunkte bot, dabei aber weniger Freiraum ließ.

Jupiter im Löwen. Eine Gruppe, die gut antwortete, allerdings auf glühendere und »theatralischere« Weise als die beiden zuvor angeführten Zeichen.

Jupiter in der Waage. Diese Gruppe zeigte sich hinsichtlich der Aufgaben, die man ihr gab, nicht allzu kooperativ. Bemerkenswert war, daß sie viel mehr an ihren eigenen zwischenmenschlichen Beziehungen innerhalb der Gruppe als an dem Inhalt der Aufgaben interessiert war. Ihr Ziel bestand darin, Gruppenharmonie um ihrer selbst willen zu erzeugen (nicht, um dadurch bessere Leistungen zu erzielen; die Aufgaben, die man ihr gab, interessierten einfach nicht besonders).

Jupiter im Skorpion. Eine Gruppe, die sich besser hielt als erwartet. Die meisten Mitglieder widmeten sich den Aufgaben mit Bestimmtheit und Enthusiasmus. Es gab allerdings zwei

Untergruppen, die die Aufgaben mit einer gewissen Lethargie erledigten. Sie brachten ihnen gegenüber weder ein Gefühl der Verpflichtung noch der Feindseligkeit zum Ausdruck, sondern nur Teilnahmslosigkeit. Insofern wurde auch die skorpionische Neigung, zwischen extremer Anteilnahme und extremer Gleichgültigkeit zu schwanken, bestätigt.

Jupiter im Schützen. Diese Gruppe zeigte weniger positive Resultate, als vielleicht vorherzusehen war. Für sie war sehr viel Temperament und die Neigung zur Weitschweifigkeit kennzeichnend. Ihr Problem war, daß die Aufgaben sie nicht genug fesseln konnten. Es zeigte sich eine Tendenz, auf unwichtige Nebenaspekte anzusprechen oder auch einfach herumzutrödeln. Die Neigung zum Abschweifen war größer als bei jeder anderen Gruppe. Allerdings waren die Präsentationen, die gezeigt wurden, ungemein witzig. Sie wurden nur noch übertroffen von denen der Gruppe mit dem Löwe-Jupiter.

Ich habe gewisse Erfahrungen mit der Mischung von **Jupiter im Steinbock** und **Jupiter im Wassermann**. Hier scheint es so zu sein, daß die Steinbock-Charakteristiken dominieren. Diese Studenten arbeiten hart, und ihre schriftlichen Arbeiten sind meist sehr gut. Es scheint auch so zu sein, daß ihnen das Diskutieren viel Spaß macht (vielleicht wegen des Wassermann-Elementes). Die Einstellung zur Arbeit ist allerdings zweckbetont. Kennzeichnend ist eine fast schon besessen zu nennende Ausrichtung auf Bewertungen und Zensuren. Sie haben sich häufiger als alle anderen beim Lehrpersonal über geringfügige Mängel des »Systems« beklagt (mit Ausnahme von Jupiter in der Jungfrau).

David Hamblin: *Jupiter in the Classroom*

♊ ♐

Die Zwillinge/Schütze-Polarität

Es ist meine Aufgabe, meine Hoffnungen zu lehren, sich an den Tatsachen auszurichten – und nicht zu versuchen, die Tatsachen an meine Hoffnungen anzupassen.

Thomas Huxley

Wir wollen nun unsere Erkundungen auf die Polarität des Zwillinge- und Schütze-Zeichens ausdehnen, auf die geistige Spannung, die sehr schön durch die obigen beiden Zitate illustriert wird, welche von Tracy Marks für ihr Buch *Astrologie der Selbst-Entdeckung* ausgewählt wurden. Die Zeichen Zwillinge und Schütze haben vieles gemeinsam. Viele Menschen mit der Betonung dieses Gegensatzpaares kommen auch gut zurecht und finden diese Polarität durchaus stimulierend. Die Unterschiede zwischen Zwillinge und Schütze sind sehr erhellend. Charles Carter schreibt zum Beispiel:

Der Schütze kontrastiert mit dem Zwilling hinsichtlich seiner Unbekümmertheit und seines Verschwendungsdranges, beides Feuer-Charakteristiken. Der Zwilling ist der Lehrer der Fakten und Zahlen, des Exakten und Genauen. Der Schütze lehrt Ideen und Theorien. Letzterer strebt danach, über das Bekannte und Bestätigte – das dem Zwilling durchaus genügt – hinauszugehen, hin zum Unbekannten und Unerforschten. Das muß nicht in jedem Fall auf den oft zitierten Forschungsreisenden hinauslaufen. Es geht vielmehr darum, daß dieses Zeichen, in *geistiger* Hinsicht fortwährend damit beschäftigt ist, neue Horizonte zu erkunden. Die harten Fakten sind dabei eher hinderlich, weil sie beschränkend wirken. Und der Schütze haßt Beschränkungen.

Charles Carter: *Essays on the Foundations of Astrology**

---

* Ich zitiere Charles Carter nicht nur deshalb so häufig, weil er bemerkenswerte Beobachtungen prägnant und treffend darstellt, sondern auch, weil viele seiner besten Arbeiten heute vergriffen und insofern unzugänglich für die kommende Generation von Astrologen sind.

Bevor ich nun auf weitere Kontraste zwischen Zwillinge und Schütze eingehe, will ich für die Studenten der Astrologie, denen die Gemeinsamkeiten dieser beiden Zeichen noch nicht deutlich sind, kurz auf Parallelen hinweisen. Wie alle Zeichen des Tierkreises, die einander gegenüberliegen, haben auch Schütze und Zwillinge vieles gemeinsam. Sie komplettieren einander in vielerlei Hinsicht, wenngleich sie in ihren Methoden gegensätzlich sind. Schütze und Zwillinge sind die beiden »positiven« oder aktiven, außengerichteten mentalen (veränderlichen) Zeichen. Eines steht im Element Luft (Zwillinge), das andere im Element Feuer (Schütze). Mit beiden ist eine große Neugier verbunden, ungewöhnliche Offenheit, Aufgeschlossenheit und das fortwährende Bedürfnis nach geistiger Anregung. Beide haben viel mit Kommunikation zu tun. Insofern verwundert es nicht, wenn meinen Beobachtungen nach diese beiden Zeichen in den Horoskopen von Menschen, die mit Erfolg auf dem Gebiet des Verkaufens tätig sind – die Spaß daran haben, im Austausch mit anderen zu stehen –, eine besondere Betonung aufweisen. Beiden bereitet es Vergnügen, sich an andere zu wenden und in die Welt hinauszutreten, um neue Ideen kennenzulernen und neue Erfahrungen zu machen. Der Freiraum, dies tatsächlich tun zu können, ist für sie sehr wichtig. Stimulation ist entscheidend für sie. Wenn eine Person oder eine bestimmte Erfahrung sie nicht mehr anregen kann, fühlen sie sich schnell gelangweilt. Was Beständigkeit, Konstanz und dauerhafte Verpflichtungen betrifft, haben diese beiden Zeichen große Probleme.

Einen enthüllenden Vergleich von Zwillinge und Schütze hat Paul Wright in einem brillanten Buch angeführt.

Der Schütze ... neigt dazu, über das reale Objekt hinauszuschauen, um in der spirituellen Basis des Daseins den zugrundeliegenden Sinn zu erkennen. Die Zwillinge auf der anderen Seite sind ein Zeichen, das zur Entmystifizierung tendiert ... Der Zwilling stellt das Reale über das Abstrakte, und er steht noch für weitere Variationen innerhalb dieser Polarität: Der Teil ist ihm wichtiger als das Ganze, das Besondere gilt ihm mehr als das Allgemeine, die Fakten mehr als die Prinzipien und so weiter. In diesem Sinn ist der Zwilling eher konkret-menschlich und weniger auf das Göttliche bezogen. Zumindest stellt er natürliche oder pragmatische Religionen über die vielfältigen Erscheinungen des Übernatürlichen. Er ist eher objektiv, empirisch und rational als subjektiv oder intuitiv.

Paul Wright: *The Literary Zodiac*

Ich habe häufig die Erfahrung gemacht, daß es den Zwillingen (wie auch den Jungfrauen, dem anderen von Merkur beherrschten Zeichen) großes Vergnügen bereitet, die eine Ausnahme der Regel, der Überzeugung oder des Prinzips zu finden, die oder das dem Jupiter-Menschen vollständige Befriedigung und Inspiration bedeutet.

Die einander vervollständigenden Eigenschaften dieser beiden Zeichen kommen in dem umfang- und inhaltsreichen Buch von Marcia Moore und Mark Douglas *Astrology, the Divine Science* deutlich zum Ausdruck, auch, was das Physiologische betrifft. Moore und Douglas zeigen, daß die Zwillinge Verbindungen herstellen, während der Schütze koordiniert: »Der Zwilling verbindet die einzelnen Teile des Systems miteinander, während der Schütze den Organismus in seiner Gesamtheit lenkt.« Der Überlieferung nach herrschen die Zwillinge über die Arme, Schultern und Hände, während der Schütze als Regent der Hüften und Oberschenkel betrachtet wird. Die Autoren des angeführten Buches weisen auf eine physiologische Tatsache hin, die ein erweitertes Verständnis dieser beiden Zeichen zur Folge haben kann: »Die Zwillings-Arme und -Hände bewegen sich häufig, ohne damit einen bestimmten Zweck zu verfolgen, während die Schütze-Hüften und -Oberschenkel den Körper zielgerichtet zu etwas tragen.« Die Hände können natürlich wiederum in Verbindung mit subtileren Fertigkeiten eingesetzt werden.

Wer sich mit der Polaritäts-Therapie oder mit der Somatik (ein anderes System, bei dem es um ein ausgewogenes Verhältnis der Energien geht) beschäftigt, kann von den gegensätzlichen und einander kompensierenden Energieflüssen zwischen Arm/Schulter und Hüfte/Bein lernen. In der Tat wird jeder, der sich aufmerksam beobachtet, registrieren, wie beim Gehen die genannten Körperteile flüssig und mühelos zusammenwirken. Die Zwillinge herrschen der Tradition nach auch über die Lungen und Nervenenden, während der Schütze Regent des unteren Rückgrates mit seinen Nerven ist. Letzterer herrscht auch über die längste Nervenbahn des Körpers, den Ischiasnerv, und über die Leber, das größte Organ des Körpers. Moore und Douglas erklären die wichtige Beziehung zu anderen physischen Prozessen, die mit diesen stark mental ausgerichteten Zeichen zusammenhängen:

> Die Verbindung zwischen Atem, Nerven und Denkprozessen ist die Ursache dafür, daß von Atemübungen eine so beruhigende Wirkung ausgeht. Die Kontrolle des Atems ist ein wichtiger Bestandteil verschiedener spiritueller Disziplinen, um das Denken zu schärfen und das Bewußtsein auszuweiten. Dehnübungen dagegen sind ein Jupiter-Element, weil sie sich darauf beziehen, daß der Mensch über sich hinausgeht. Ihr beruhigender Effekt ist insbesondere für nervöse oder flatterhafte Zwillinge günstig. Schützen mit ihrer Liebe zum Sport erkennen instinktiv, daß physische Aktivität die Lungen stärkt und den Körper dazu bringt, Sauerstoff zu verbrennen, was für das mentale und körperliche Wohlbefinden notwendig ist. Die zwillingshafte *Inspiration* ist buchstäblich nichts anderes als das Einatmen, während die Schütze-Inspiration den Geist erhebt. Beides steht in enger Verbindung miteinander.
>
> Marcia Moore und Mark Douglas: *Astrology, the Divine Science*

In Paul Wrights *The Literary Zodiac* ist eine Reihe von Schützen angeführt, die sich als Kritiker sozialer Mißstände hervorgetan haben. Die Kritik ist durch Humor (Mark Twain und Woody Allen), durch Poesie (William Blake), durch kontroverse Bemerkungen oder Zeitungsartikel (William F. Buckley Jr.) oder durch andere Stilmittel geprägt.

Die zweite wichtige Variation des Themas der idealen Realität wird von den Schützen zum Ausdruck gebracht, die sich als Sozialkritiker einen Namen gemacht haben. Schriftsteller neigen immer dazu, die Mängel der Gesellschaft zu beklagen, egal welche Sonnen-Stellung sie aufweisen. Die Schützen aber zeichnen sich in dieser Hinsicht durch ein besonderes Talent zu Hohn und Spott aus. Noch charakteristischer ist für dieses Zeichen, daß die Kritik häufig auf einer Gegenüberstellung von Realem und Irrealem beruht. Das wiederum kann auf zwei Arten geschehen: indem auf zuviel »Ideales« hingewiesen wird oder auf zuwenig. Schütze-Schriftsteller tendieren oft dazu, sich ausufernden Träumen hinzugeben – oder dazu, radikal mit dem Zauber und der Romantik zu brechen, die die Menschen über sich und ihre Welt gelegt haben.

Ein anderer Schütze, Jonathan Swift (der Autor von *Gullivers Reisen*), hat ebenfalls den falschen Schein der menschlichen Wesensart unterhaltsam aufs Korn genommen. In beispielhafter Form enthüllte er oft zu beobachtende närrische und selbstzerstörerische Tendenzen in der Gesellschaft, indem er beschreibt, wie die Liliputaner über die Frage, wie ein Ei richtig geöffnet wird, in einen Bürgerkrieg geraten.

♐ ♍

Schütze/Jungfrau-Kontraste

Da auch die Jungfrau ein von Merkur regiertes Zeichen ist, gelten hier viele der Merkmale, die wir unter Jupiter/Merkur angeführt haben. Die Jungfrau neigt – wie Paul Wright schon für die Zwillinge geschrieben hat – zur Entmystifizierung des Lebens. Die Jungfrau steht zum Schützen im Quadrat und zu den Fischen in Opposition. Die Fische sind das Zeichen, das am engsten mit der Mystik verbunden ist und am meisten dazu neigt, die Aspekte des Lebens zu mystifizieren. In der Tat ist die Jungfrau ziemlich »inkompatibel« zum Schützen. Sie hebt sich deutlich mehr von ihm ab als die Zwillinge. Wie ich bereits sagte, haben die einander gegenüberliegenden Zeichen unweigerlich vieles gemeinsam. Mit dem Schützen dagegen verbindet die Jungfrau sehr wenig, vielleicht nur die Tendenz der Scharfzüngigkeit, des Zynismus und die Neigung, schwache Punkte in der Argumentation zu erkennen oder falschen Ansprüchen entgegenzutreten.

Man könnte seitenlang über die Unterschiede zwischen Schütze und Jungfrau schreiben. Ich will mich auf wenige Beobachtungen beschränken. Die Jungfrau ist für gewöhnlich bescheidener als der Schütze. Sie kennzeichnet meist auch eine einfachere und spezifischere Art zu denken sowie eine konventionellere und beschränktere Lebensweise. Der Schütze weigert sich, eine Tatsache oder eine Idee als das zu akzeptieren, was sie ist. Er zieht es vor, lange darüber zu diskutieren, einfach aus Lust am Diskutieren. Die Jungfrau gibt häufig vor, anderen auf die Art zu helfen, die sie für die richtige hält. Allerdings muß hier gesagt werden, daß sie ihre kritischen Fähigkeiten oft so anwendet, daß andere keinen Nutzen davon haben und daß kein Zusammenhang mehr zu dem ursprünglichen Problem besteht. Der Schütze ist hilfsbereit. Er ist großzügig und imstande, inspirierend und aufmunternd zu wirken. Wie die Jungfrau kann er seine »Hilfe« auf eine Art zum Ausdruck bringen, die von seinem Gegenüber nicht besonders geschätzt wird. So ist er als Verfechter seines Standpunktes bestrebt, anderen nach seinen ganz persönlichen Vorstellungen zu helfen. Er möchte andere zu etwas Besserem machen, die doch gar nicht zu etwas Besserem werden wollen und die insofern nicht offen für die Schütze-Vorschläge sind.

Weil die Jungfrau-Sicht des Lebens mikroskopisch und die Schütze-Sicht teleskopisch ist, haben beide Zeichen unterschiedliche Perspektiven. Keines von beiden ist besonders empfänglich für die unmittelbaren Bedürfnisse und Emotionen der Menschen in seiner Umgebung. Für gewöhnlich sind Personen mit einer Betonung von Jungfrau oder Schütze im Horoskop mental ausgerichtet, mit einer scharfen Zunge und mit der Neigung, streitsüchtig und unsensibel auf andere zu reagieren.

Wenn die Energien dieser beiden Zeichen harmonieren, können wir Qualitäten und Fertigkeiten sehen, die einander ergänzen, zum Beispiel: Die Jungfrau behält die Details im Blick, während der Schütze die ganzheitliche Perspektive nicht aus dem Auge verliert. Die Jungfrau hilft dabei, den Schütze-Hoffnungen Ausdruck zu verleihen. Da die Jungfrau das Risiko scheut, kann sie den Schützen dazu bringen, erst nach Berücksichtigung der nötigen Details aktiv zu werden. (Der Schütze neigt dazu, sich von den unbegrenzten Möglichkeiten überwältigen zu lassen und dabei die praktischen Details zu übersehen.) Jungfrau und Schütze haben mit Weiterentwicklung zu tun, die Jungfrau allerdings aus einer direkteren und begrenzteren Sichtweise.

Dem Schützen steigen seine vermeintlich noblen Ansichten manchmal zu Kopfe, was in gewisser Weise zu einer Ego-Inflation führt (zugegebenermaßen gilt das mehr oder weniger für alle Feuer-Zeichen). Auf der anderen Seite verfügt die Jungfrau über einen derart perfekten Fehlersuchmechanismus, der vor nichts und niemandem einschließlich ihrer eigenen Person haltmacht, daß diese Ego-Inflation kein großes Problem für sie bedeutet. Sie neigt nicht dazu, auf Schmeicheleien hereinzufallen, die eine Gefahr für den Schützen darstellen (wenn auch der Schütze bei allem Behagen wegen der Schmeicheleien sein Entzücken nicht so deutlich wie der kindliche Löwe erkennen läßt).

Ebenso kann der Schütze Kritik bei weitem nicht so gut wie die Jungfrau vertragen, die in dieser Hinsicht quasi immer auf der Suche nach mehr ist (Jungfrauen scheinen oft Vergnügen daran zu finden, vielerlei Mängel an sich und an anderen zu entdecken). Dieser Kontrast in den Persönlichkeiten ist bei der Stellung des Mondes in der Jungfrau und im Schützen am deutlichsten, weil der Mond für die instinktive, spontane Reaktionsweise steht, die kaum zu unterdrücken ist. Während Menschen mit einem Jungfrau-Mond ein »gut entwickeltes Schuldgefühl« besitzen – wie es einer von ihnen mir gegenüber einmal formulierte –, wodurch sie häufig jede Kritik als berechtigt ansehen, hat die Person mit einem Schütze-Mond instinktiv das Bedürfnis, sich über die Niederungen der Details zu erheben und Einzelheiten geflissentlich zu übersehen. Insofern wirken sich die harten und rauhen Fakten häufig so aus, daß diese Menschen mit ihrer flammenden Überzeugungskraft die Kritik gewissermaßen in Schutt und Asche legen.

Mit dem Mond in einem Feuer-Zeichen ist allgemein die Tendenz verbunden, unmittelbar und aggressiv in die Defensive zu gehen und später das Geschehene zu bereuen. Doch diese Zurückweisung von Kritik bewahrt den Betreffenden davor, in Depressionen zu verfallen. So gesehen handelt es sich um eine Stellung, die dazu beiträgt, daß der Mensch sich seinen Elan bewahrt.

♃ ♆

Jupiter und Neptun

Wahres Glück erwächst daraus, sich selbst für ein Ziel zu opfern.
John Mason Brown

Menschen mit einem starken Jupiter oder mit einer Betonung von Neptun im Horoskop werden diesem Zitat gefühlsmäßig zustimmen. Eine der faszinierendsten und überraschendsten Erkenntnisse in meinen Forschungen für dieses Buch war die Entdeckung, wieviel Jupiter und Neptun gemeinsam haben. Schon bald nachdem Neptun entdeckt worden war, bezeichnete man ihn als Regenten der »höheren Oktave« der Fische. Ich stimme an und für sich dieser Zuschreibung zu, möchte aber nicht – im Gegensatz zu den meisten anderen heutigen Astrologen – die Regentschaft ausschließlich auf Neptun begrenzen. Für Menschen mit starken Fische-Faktoren ist Jupiter immer noch außerordentlich bedeutungsvoll. In der Zeichen-Stellung von Jupiter sehe ich einen außerordentlich wichtigen Energiefaktor und ein starkes Persönlichkeitsmoment für all diejenigen, die die Sonne, den Mond, den Aszendenten oder ein wichtiges Stellium in den Fischen haben. Natürlich gilt das auch für diese Positionen im Zeichen Schütze.

Zunächst einmal stehen Jupiter und Neptun für die persönliche Weiterentwicklung und Transformation auf neue, höhere Ebenen der Bewußtheit. Beide repräsentieren – auf ihre eigene Art – die überbewußten Bedürfnisse des Menschen, beide stehen für die höhere geistige Sehnsucht nach einem Ideal. Beide können das Leben des Menschen durch ihren transzendenten Sinn inspirieren und sein Dasein mit Bedeutung erfüllen, indem sie ihm erlauben, seine Träume und Ziele mit einer größeren Macht, Kraft oder Wahrheit zu verschmelzen. Beide Planeten legen eine religiöse, metaphysische oder philosophisch geprägte Interpretation des Lebens nahe, wenn auch die Fische mystischer veranlagt sind und der Schütze mehr auf die orthodoxen Religionen mit den überlieferten Gebräuchen und Institutionen ausgerichtet ist. Beide Planeten haben das Bedürfnis, von sich zu geben, und sind für ihre Großzügigkeit bekannt. Für beide ist der Wunsch und der Glaube charakteristisch, sich auf die eine oder andere Weise eins mit der Menschheit zu fühlen. Beide sehen über Kleinigkeiten und persönliche Fehler der Mitmenschen hinweg. Und beide stehen für die Neigung, den Menschen zu hochgesteckten Zielen anzuspornen, welche aus Vorstellungen erwachsen, die in der Realität noch nicht verwurzelt sind und die nicht logisch bewiesen werden können.

Des weiteren kann man sagen, daß Jupiter und Neptun für die Sehnsucht nach Freiheit stehen. Kurioserweise versuchen sie diese Freiheit zu erreichen, indem sie sich einem höheren Gesetz unterwerfen. Es ist bekannt, daß Neptun-Menschen zur Unterwerfung neigen und danach streben, durch die Verbindung mit einer anderen Person oder einer Gruppe oder durch Dienstbereitschaft ihre Isolation zu überwinden. Wie Paul Wright in seinem Buch *Astrology in Action* deutlich macht, hat Jupiter ganz ähnliche Auswirkungen. Er kann uns die Augen dafür öffnen, was Freiheit wirklich bedeutet, im Gegensatz zu der Freiheit, die unter der Haltung »Ich-ziehe-mein-Ding-durch« verbreitet ist und die von den westlichen Medien so nachdrücklich propagiert wird.

Er (Jupiter) steht für Universalität, insbesondere für die Ausbildung von Überzeugungen oder Glaubenssystemen. Er symbolisiert Vertrauen im weitesten Sinn sowie Religion als ein kollektives Phänomen. Das Jupiter-Prinzip ist nicht, wie allgemein angenommen wird, auf Freiheit gerichtet, sondern auf Unterordnung und Dienst für das, was als höhere Autorität erkannt wurde: religiöse, soziale oder moralische Prinzipien. Man könnte argumentieren, daß diese Unterwerfung als solche schon eine Art der Freiheit darstellt – die sich allerdings deutlich von den aktuellen westlichen Freiheitsvorstellungen unterscheidet. Gleichermaßen könnte man sagen, daß das westliche Konzept von Freiheit des Wortes und des Denkens (Merkur) – die Freiheit, anders zu sein als andere – illusorisch und irrelevant ist. Paul Wright: *Astrology in Action*

Für den Poeten Robert Frost ist Freiheit durch Unterwerfung folgendermaßen charakterisiert: »Man hat Freiheit erlangt, wenn man sich in seinen Pflichten wohlfühlt.«

Das vielleicht Überraschendste, was sich bei meiner Forschung über Jupiter ergab, war, daß er für mich immer ungreifbarer wurde, je länger ich mich mit ihm beschäftigte. Jupiter kann – wie Neptun auch – weder in enge Begrifflichkeiten noch in die »Logik« eines Verstandes gefaßt werden, der ein perfekt durchstrukturiertes Buch schreiben möchte. In der Tat haben alle Herrscher der veränderlichen Zeichen etwas Ungreifbares. Selbst Merkur verblüfft mit seiner Unfaßbarkeit, wenn man einmal versucht hat, Quecksilber aufzulesen. Es teilt sich und verläuft in alle Ecken. Kurz gesagt: Jupiter ist bei weitem nicht so einfach, wie ich mir gedacht hatte, sondern viel dynamischer, als ich je für möglich gehalten hatte.

Um den Unterschied zwischen Neptun und Jupiter herauszuarbeiten, beziehen wir uns am besten auf die Zeichen Schütze und Fische. Die Parallelen wie die Differenzen treten zwischen diesen Zeichen deutlich zutage. Ich muß aber noch darauf hinweisen, daß Neptun stärker als Jupiter für eine subtilere Wahrnehmung und ein subtileres Wissen steht. Neptun ist unwägbarer und unfaßbarer, und seine Wahrnehmungen sind – wenn man sie zum Ausdruck bringen kann – nur durch Musik und Poesie, durch Kunst oder hingebungsvolle Äußerungen darzustellen. Auf der anderen Seite ist Jupiter zwar nur schwer oder auch gar nicht in beschränkende logische Parameter zu fassen, hat aber doch einen Bezug zu konzeptuellem Wissen aus philosophischen beziehungsweise höheren mentalen oder theoretischen Bereichen.

Beide Planeten können zu einer Aufblähung des Ego führen, zu Wahnvorstellungen oder auch zu Größenwahn, zum Mißbrauch von Idealismus und zu der Neigung, auf leeren Glanz und Schein reinzufallen. Die Tendenz bei Jupiter ist, Wachstum und Expansion in Begriffen des Ego und der Persönlichkeit zu fördern, während Neptun häufig die Auflösung von Ego und Persönlichkeit mit sich bringt oder zumindest deren Verfeinerung, woraus sich der Kontakt zu einer subtileren Realität ergeben könnte. Für Jupiter ist ein Moment der Extraversion kennzeichnend, das auf Expansion und Ausdruck in der äußeren Welt zielt und bei dem die innere Überzeugung zu äußeren Aktivitäten führt. Neptun steht für die Ausrichtung auf das Innere, auf die subtileren

Dimensionen des Lebens und auf höhere Bewußtseinsebenen. Mit anderen Worten: Beide Planeten haben eine Beziehung zum Idealismus, wobei Jupiter eher dazu neigt, dies in Form von äußerer Aktivität mit einem nennenswerten Einfluß auf die Gesellschaft deutlich werden zu lassen. Selbst wenn Neptun seine Ideale in Verbindung mit Dienstbereitschaft anderen gegenüber in der Welt zum Ausdruck bringt, ist damit eine Form von Selbstopferung und eine Tätigkeit im Hintergrund angezeigt.

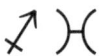

Schütze und Fische – Parallelen und Unterschiede

Häufig kann man in alten Astrologie-Büchern Textstellen wie die folgende finden: »Jupiter ist im Schützen aktiv und passiv in den Fischen.« Es steckt ein Körnchen Wahrheit in solchen Aussagen. Doch wenn wir diesen Vergleich weiterführen, kommt es zu wahrhaft enthüllenden Resultaten. Die Jupiter-Prägung wirkt sich in beiden Zeichen mental aus, in den Fischen jedoch mit viel mehr Emotion, Mitleid und Mitgefühl. Der Schütze wird es irgendwann leid, den Problemen anderer zuzuhören – für die Fische trifft das so gut wie nie zu. Beide Zeichen neigen dazu, sich auf intellektuelle Spekulationen und geistige Auseinandersetzungen einzulassen. Als ich auf dem College war und mich mit Astrologie zu beschäftigen begann, überraschte mich die Entdeckung, daß viele der angehenden Akademiker eine Fische-Sonne hatten. In gewisser Weise hat die Arbeit, die an der Universität verrichtet wird, etwas von einem Phantasieland mit eigenen Regeln, Gesetzen, mit einer eigenen Realität und Sprache. Ich kann mir nicht helfen – nach meinem Gefühl stellt dies einen besonderen Reiz für fischegeprägte Menschen dar. Vielleicht fühlen sie sich auch in dem abgeschiedenen Elfenbeinturm-Dasein gut aufgehoben. Man kann an dieser Stelle vielleicht daran erinnern, daß die ersten Universitäten aus Klöstern hervorgingen, aus Institutionen also, zu denen die Fische traditionell eine enge Beziehung haben.

Grant Lewi, der außerordentlich talentierte Autor solcher Bestseller wie *Astrology for the Millions* und *Heaven Knows*

What, der eine Zwillings-Sonne im Horoskop hat, beschreibt in einem weniger bekannten Buch eine wichtige Beobachtung zum Schützen:

> Die größte Schütze-Schwäche ist die Unfähigkeit, Motive zu erkennen, die weniger erhaben als seine eigenen sind, ein Wunschdenken, das zu einem zuckersüßen Optimismus werden kann, ein blindes Vertrauen in alle Menschen, eine Tendenz zur Leichtgläubigkeit: die Neigung, das zu glauben, was er glauben will, bezüglich der eigenen Person sowie der Mitmenschen. Grant Lewi: *Your Greatest Strength*

Wenn der Leser den Begriff Schütze durch Fische ersetzt und den Text dann noch einmal liest, wird er ihn wahrscheinlich genauso richtig finden. In der Tat habe ich in meinem Buch *Astrologie, Karma und Transformation* insbesondere den Planeten Neptun mit der Tendenz in Verbindung gebracht, zu glauben, was man glauben will, was häufig zu Selbsttäuschungen führen kann. Ich denke, daß folgendes festgehalten werden kann: Jeder, der eine starke Betonung von Neptun oder Jupiter, Schütze oder Fische in seinem Horoskop hat, neigt in der einen oder anderen Form zur Leichtgläubigkeit. Man könnte sagen, daß die Leichtgläubigkeit daraus resultiert, daß diese Menschen zu sehr an andere glauben und zuviel Vertrauen haben.

Ich habe oft beobachtet, daß Menschen mit einem stark besetzten Zeichen Schütze oder Fische (oder auch mit einem prominenten Jupiter oder Neptun – ohne daß in den angeführten Zeichen ein Planet stand) dieser Tendenz zum Opfer gefallen sind. Solche Personen neigen dazu, die eigenen Tugenden auf andere zu projizieren, und sie vertrauen der Ehrlichkeit und Aufrichtigkeit ihres Gegenübers voll und ganz. Sie gehen wie selbstverständlich davon aus, daß andere die gleichen hohen Moralbegriffe wie sie selbst haben und ihr Wort halten werden. Man könnte auch sagen, daß Menschen mit einem der beiden Jupiter-Zeichen am Aszendenten jeden Preis für Leichtgläubigkeit gewinnen würden. Gerade letzte Woche habe ich beispielsweise einen Brief von einem Freund mit einem Schütze-Aszendenten (der also »von Jupiter regiert« ist) erhalten, aus dem hervorgeht, daß seine ewigen finanziellen

Probleme nun einen Höhepunkt erreicht haben. Er hatte seinem Buchhalter die Aufgabe anvertraut, seinen Betrieb finanziell am Laufen zu halten und ihn darüber hinaus auch finanziell zu beraten. Nun stellte sich heraus, daß die Ratschläge nutzlos gewesen waren und daß der Buchhalter außerdem über Jahre hinweg Firmengelder veruntreut hatte.

Ein anderer Mann mit einem Schütze-Aszendenten war voller Enthusiasmus jahrzehntelang über zwei Dutzend Geschäftsverbindungen eingegangen, ohne jemals die Qualifikationen oder Referenzen seiner Partner zu überprüfen. Und in fast jedem Fall führte ihn die Verbindung schließlich vor Gericht: Entweder verklagte er den Partner oder der Partner verklagte ihn, oder er wurde von einer dritten Partei wegen der kriminellen Machenschaften seines Kompagnons angeklagt, in den er so großes Vertrauen gesetzt hatte. Zumindest in drei Fällen kam es tatsächlich zu Verurteilungen, und einige weitere können wohl noch folgen. Natürlich war es nicht gerade hilfreich für diesen Mann, Pluto – den Planeten, der über die Unterwelt herrscht – im 7. Haus zu haben.

Paul Wright weist in *Astrology in Action* darauf hin, daß sich der Schütze wie die Fische häufig durch hochgesteckte Visionen oder ein offenes Denken auszeichnen, daß es beiden aber an Unterscheidungsvermögen mangelt (Merkur). Der Abschnitt über den Vergleich dieser beiden Zeichen ist so gelungen, daß diesem Kapitel etwas fehlen würde, wenn ich ihn hier nicht in voller Länge anführte.

Der Schütze kann ausgesprochen unflexibel und eigensinnig sein. Jupiter und seine Zeichen sind insofern intuitiv veranlagt, als daß sie das Potential einer Idee erkennen, bevor sie tatsächlich zur Entfaltung gekommen ist. Kennzeichnend ist ihre Zuversicht, das Potential tatsächlich zu einer Realität machen zu können. Gleichermaßen stecken Menschen, bei denen diese Horoskop-Einflüsse betont sind, voller grandioser Ideen und unrealisierbarer Vorstellungen.

Beide Zeichen unterliegen Stimmungsschwankungen, und besonders die Fische weisen die Tendenz zu emotionalen Extremen auf. Fische-Menschen können sich selbst herabwürdigen, sie können in Selbstmitleid versinken oder einen aufopferungsvollen Märtyrer aus sich machen. Sie empfinden viel Mitgefühl mit Außenseitern und Randexistenzen. Es ist ein Zeichen, das immer wieder verzeiht. Die Fische können auf eine schüchterne, passive oder zum Rückzug neigende Natur schließen lassen. Die Einsamkeit schätzen sie mehr als alle anderen Zeichen. Mit ihnen können auch Trägheit, Lethargie oder sogar eine Art Willenslähmung verbunden sein.

Der Schütze ist wahrscheinlich das freimütigste aller Tierkreiszeichen, allerdings auch das dogmatischste und belehrendste, das auf moralisierende und selbstgerechte Weise in Erscheinung treten kann. Aufrichtigkeit und hohe Gesinnung sind seine typischen Merkmale sowie das Bestreben, sich über das Niedere zu erheben und das Leben nach den Vorgaben des Bewußtseins zu führen. Bei beiden Zeichen gibt es das Bedürfnis, nicht auf die gewöhnliche, arbeitsorientierte Welt festgelegt zu sein. Beide sehnen sich nach Aufregung, nach Höherem, nach dem Heldenhaften, nach Abenteuern, Glanz oder Verfeinerung. Infolgedessen geht von allen Bereichen, die damit zusammenhängen, eine große Faszination aus (allgemeiner gesprochen: von allem, wo die Grenzen zwischen Realität und Phantasie verschwimmen).

Fluchttendenzen sind in den Fischen stark ausgeprägt. Diese Menschen sehnen sich nach einer strahlenderen Zukunft und bauen ihr Leben auf dieser Hoffnung auf. Jupiter mit seinen beiden Zeichen steht für Optimismus – oder auch nur für Wunschdenken. Enttäuschung ist eine der Facetten des Jupiter-Prinzips, die in den Fischen am deutlichsten zum Ausdruck kommt. Der Schütze bedeutet zunächst einmal einen aufrichtigen Einfluß, wenngleich mit ihm die Tendenz, nicht klar zu sehen, oder die Neigung zum Größenwahn verbunden sein kann. Es kann durch ihn zu einer Aufblähung des Ego kommen und dazu, daß man sich für größer oder interessanter hält, als man tatsächlich ist.

Jupiter und seine Zeichen haben eine Neigung zu Sprachen. Reisen und Aufenthalte in fremden Ländern üben einen stimulierenden Einfluß aus, wenngleich dieser Aspekt in der Vergangenheit sicher etwas überbetont wurde. Ein starker Jupiter-Einfluß läßt für gewöhnlich auf einen lebhaften Geist, auf ein enthusiastisches Verhalten oder auch auf das, was man allgemein Temperament oder Leidenschaft zu nennen pflegt, schließen. Man kann hier auch joviale, großherzige Seiten beobachten. Der Schütze kann den Menschen zu einem guten Erzähler machen, der weiß, wann er sich an die Fakten zu halten hat und wann er übertreiben darf. Sowohl für den Schützen als auch für die Fische könnte die Tendenz zur Extravaganz bestehen – das Leben über die persönlichen Mittel hinaus. Beide Zeichen geben gern, beide sind grundsätzlich menschenfreundlich eingestellt. Vielleicht nehmen sie aber zuviel als gegeben hin und verkennen, daß es Grenzen gibt.

Paul Wright: *Astrology in Action*

Wir sollten uns noch einmal daran erinnern, daß alle veränderlichen Zeichen viel mit dem Lernen zu tun haben. Für die Auseinandersetzung mit den unermeßlichen Bereichen des Lebens sind fortwährend Veränderung und Bewegung notwendig. Das gilt besonders für die Verarbeitung von Erfahrungen, was damit zu tun hat, daß das Lernen für diese Zeichen so wichtig ist. Der bereits genannte Charles Carter sagte: »Der Schütze ist der ewige Reisende auf unerforschten Meeren.« Ich denke, diese Äußerung gilt gleichermaßen für das Wasser-Zeichen Fische. Carter führt noch den weitgereisten Autor Robert Louis Stevenson an, der *Die Schatzinsel* sowie viele andere populäre Werke geschrieben hat: »Hoffnungsvoll unterwegs zu sein ist besser als anzukommen.« Ganz bestimmt handelt es sich hier um ein Schütze-Gefühl. (Noch eine Bemerkung zu Stevensons Horoskop: Jupiter im Trigon zum Aszendenten, Neptun und Mond im 1. Haus in den Fischen, Sonne und Mars im 9. Haus.) Carter geht soweit zu sagen, daß Unvollständigkeit das charakteristische Merkmal der Jupiter-Zeichen ist. Und da Jupiter das Symbol des kosmischen Fortschritts darstellt, ist das auch in Ordnung. Carter schließt mit den poetischen Worten:

Luft und Erde können ihre Aufgabe in der Erschaffung des Perfekten sehen, bezeugt von dem Triumph der griechischen

55

Statuen. Doch das Wasser ist Ebbe und Flut unterworfen, selbst dann, wenn es den Fische-Ozean erreicht hat. Und im Schützen sehen wir das ewige Flackern und Aufflammen des höher strebenden Feuers.

Charles Carter: *Essays on the Foundations of Astrology*

2. Jupiter im Horoskop – Schlüsselkonzepte und Interpretationshinweise

Betrachte die dich umkreisenden Sterne, als ob du dich in ihrer
Mitte befändest. Vergegenwärtige dir immer aufs neue den
sich fortwährend verändernden Tanz der Elemente. Visionen
dieser Art machen dich vom Unrat deiner erdgebundenen
Existenz frei.
Mark Aurel: *Selbstbetrachtungen**

Neben der Tatsache, daß der römische Herrscher Mark Aurel ein gutes Beispiel für die saturnische Verankerung einer jupiterbetonten Philosophie liefert, ist mir dieses Zitat besonders wichtig, weil es das erhebende, inspirierende Element Jupiters und seinen ideal-typischen Einfluß auf unser Leben zum Ausdruck bringt. (Astrologen könnten das als weiteres Argument dafür anführen, daß es überaus nützlich ist, Astrologie zu studieren.)

Bevor wir im einzelnen untersuchen, was es mit den verschiedenen Jupiter-Stellungen auf sich hat und wie es um mögliche Auswirkungen im Horoskop bestellt ist, sind ein paar allgemeine Anmerkungen notwendig. Was von astrologischen Praktikern und in Fachbüchern nicht genügend herausgestellt wird, ist, daß tatsächlich alle astrologischen Theorien über das, was geschehen oder nicht geschehen wird, nur zweitrangig gegenüber den äußerlichen, nichtastrologischen Einflußfaktoren sind. Die Astrologie kann nur dann zuverlässig eingesetzt werden, wenn sie in der richtigen Perspektive gesehen wird: als ein fundamentaler – allerdings nicht *der* fundamentale – Faktor, der auf die menschliche Persönlichkeit, auf das Bewußtsein, das Verhalten und die Motive einwirkt. Wird die Astrologie benutzt, um das Leben eines Men-

---

* Mark Aurel hat eine Opposition zwischen dem Skorpion-Jupiter und dem Stier-Merkur im Horoskop – ein passendes Symbol für »Visionen, die den Menschen von dem Unrat seiner erdgebundenen Existenz« befreien.

schen zu untersuchen, sollten die astrologischen Theorien als eine Art Arbeitshypothese verstanden werden, also nur als grobe Richtlinie, die das Verständnis fördert. Sie können dabei helfen, eine Ausgangsbasis für eine detailliertere Erkundung und Interpretation zu schaffen, sie sind aber nicht der Endpunkt der Reise zu einem vertieften Verständnis.

Es spielt keine Rolle, wo Jupiter im Horoskop steht oder an welchen Aspekten er beteiligt ist: Der Einfluß, den die Gesellschaft, die Umgebung und insbesondere die Eltern auf den heranwachsenden Menschen ausüben, verändert, färbt, unterdrückt oder fördert unweigerlich das Potential Jupiters. Wenn äußere Faktoren die angeborenen Tendenzen unterstützen, kommt es zur Verstärkung der entsprechenden Eigenschaften, zu ihrem deutlichen und intensiven Ausdruck. Doch wenn äußerliche Faktoren im Widerspruch zu den angeborenen Eigenschaften stehen, könnten letztere vollständig verdrängt werden oder dazu gezwungen sein, durch andere Kanäle zum Ausdruck zu kommen – durch Kanäle, die womöglich zu eng sind für den expansiven Jupiter. Vor allem wenn das Horoskop der Mutter oder des Vaters mit dem des Heranwachsenden harmoniert, werden die Fähigkeiten und Neigungen, die von Jupiter angezeigt sind, deutlich in Erscheinung treten, wahrscheinlich schon in jungen Jahren. Wenn das Gegenteil zutrifft, wenn Reibung herrscht oder das Kind hinsichtlich einer Jupiter-Eigenschaft oder eines Jupiter-Ausdrucks entmutigt oder übermäßig kritisiert wird, dann könnte diese essentielle Energie entweder blockiert sein oder – was häufiger der Fall ist – zu anderen, anerkannteren oder aber geheimeren Kanälen gelenkt werden.

♃ ♄
Die Balance zwischen Jupiter und Saturn

Im Idealfall stellt Jupiter – wie das berühmte Medium Edgar Cayce in seinen *Life Readings* häufig zum Ausdruck bringt – einen veredelnden Einfluß dar.

> Bei Jupiter finden wir die markanten veredelnden Einflüsse: Großherzigkeit, Rücksichtnahme auf andere, universelles Bewußtsein. Das alles stellt einen Teil der Entfaltung der Wesenheit dar.
>
> Edgar Cayce: *Life Readings*

Cayce bezieht sich auch mehrfach auf Jupiter als »Wohltäter« und als »wohltätigen Einfluß« hinsichtlich des Seelenlebens der meisten Menschen. Um die wohltätigen und veredelnden Schwingungen Jupiters auch tatsächlich zur einer konkreten Manifestation zu machen – was das eigene Innere wie auch die wohltätige Beeinflussung und Förderung anderer angeht –, ist eine ausgewogene Beziehung zwischen dem enthusiastischen Ansatz Jupiters und der vorsichtigeren, zögernderen Haltung Saturns nötig. Mit anderen Worten: Es ist wichtig, die persönliche Vision der unbegrenzten Möglichkeiten mit dem in Übereinstimmung zu bringen, was aufgrund der Erfahrungen als realistisch und möglich erscheint. Gleichermaßen ist es von großer Bedeutung, das persönliche Potential anhand dessen, was man schon erreicht hat, zu ergründen und auf die Probe zu stellen (sowie den Glauben in die eigenen Fähigkeiten). Jeder weiß, wie ermüdend es ist, einem weitschweifigen Aufschneider zuzuhören, der sich endlos über seine großen Pläne und seine vielfältigen Talente ausläßt und der doch nichts erreicht hat, worauf er verweisen könnte.

Die Bedeutung Saturns als Gegengewicht zu Jupiter ist ein wichtiges Thema der Schriften vieler großer Astrologen des 20. Jahrhunderts. Zum Beispiel schrieb Dane Rudhyar:

> Die Leidenschaft, mit der versucht wird, sich selbst zu erhöhen, ist der typische Ausdruck einer überaktiven Jupiter-Funktion.

Sie kann die Kompensation eines schwachen Saturn darstellen, ... aber auch einen Mangel an Ausgewogenheit anzeigen.

Dane Rudhyar: *An Astrological Study of Psychological Complexes*

Grant Lewi führt ein Problem an, unter dem viele Jupiter-Menschen zu leiden haben – vor allem junge Menschen mit einem starken Jupiter oder einer Betonung des Schütze- oder des Fische-Zeichens. Auch hier geht es um den Mangel an saturnischer Verwurzelung, wenn er von einer Person schreibt, die

das Gefühl hat, ihr Leben nur zu träumen – die vielleicht meint, einer anderen Welt anzugehören, die sich Idealen und schrulligen Ideen verbunden fühlt, hochfliegenden Vorstellungen und umfassenden philosophischen Modellen, welche sie davon abhalten, jemals auf der harten Erde Schritte zur Verwirklichung eines Zieles zu unternehmen.

Grant Lewi: *Your Greatest Strength*

Weiterhin beschreibt Lewi, indem er eine bestimmte politische Führungspersönlichkeit porträtiert, eine verbreitete Schwäche von Menschen, bei denen einem starken Jupiter kein ausgleichender Saturn gegenübersteht:

In seinem Glauben an Gott mangelte es ihm am Bewußtsein für die Kräfte, die ihn umgaben; es mangelte ihm an der Erkenntnis, daß bestimmte praktische Schritte notwendig sind, um Glauben tatsächlich konkret zu manifestieren.

Grant Lewi: *Your Greatest Strength*

Charles Carter betont an vielen Stellen seiner Schriften, daß ein Saturn-Ausgleich für die Jupiter-Eigenschaften unverzichtbar ist. Er schreibt, daß die Jupiter-Person

weder geduldig noch besonders gründlich ist. Wenn ein Thema oder eine Sache ihrer Meinung nach nichts mehr hergibt, verliert sie das Interesse daran. Insofern können wir immer wieder die Erfahrung machen, daß Jupiter ohne die Kooperation seines Gegenspielers Saturn ineffektiv ist – brillant, aber unzuverlässig, einen Tag bei der Sache und am nächsten Tag verschwunden.

Charles Carter: *Essays on the Foundations of Astrology*

Weiterhin gibt Carter ein deutliches Beispiel, inwiefern Jupiter auf Saturn geradezu angewiesen ist:

> Jupiter herrscht über Pferde und über motorisierte Fahrzeuge. Ersteres braucht die Zügel. Letzteres ohne Bremsen zu benutzen ist ein Unternehmen, das den Fahrer selbst und seine Umgebung in ernste Gefahr bringt.
>
> Charles Carter: *Essays on the Foundations of Astrology*

In Carters Buch *Some Principles of Horoskopic Delineation* findet sich die These, daß es Jupiters Bestimmung ist, innerhalb der Domänen Saturns zum Ausdruck zu kommen (in Verbindung mit der Tatsache, daß sich die Jupiter-Umlaufbahn innerhalb der Saturn-Bahn befindet). Jupiter braucht die Saturn-Disziplin, so sehr er sie verabscheuen oder ablehnen mag. Jupiter ist unendliches Potential, Saturn ist endliche Beschränkung. Die Notwendigkeit von Ausgewogenheit ist in beiden Richtungen wirksam. Während Jupiter für die Entfaltung des Lebens spricht, kann Saturn, ins Extrem gesteigert, laut Carter zum »Lebensfeind« werden, wenn er sich von vornherein allen Möglichkeiten, die das Leben bietet, verschließt.

Ein vollkommenes Beispiel der idealen Jupiter/Saturn-Beziehung findet sich in vielen klassischen Werken der chinesischen Philosophie, unter anderem im *I Ging* oder im *Tao Te King*. Die komplementären Qualitäten der einander entgegengesetzten universellen Kräfte – die unter den Begriffen Yin und Yang zum Ausdruck kommen – sind in diesen großen Schriften überall auszumachen. So finden wir zum Beispiel im *Tao Te King* einen Abschnitt mit einer Empfehlung von Lao-tse:

> Die fünf Farben blenden das Auge.
> Die fünf Töne betäuben das Ohr.
> Die fünf Würzen trüben den Geschmack.
> Hetzen und Jagen machen den Verstand verrückt.
> Kostbare Dinge führen in die Irre.
>
> Die Weisen lassen sich vom Bauch leiten,
> nicht von den Augen.
> Sie wählen dieses, anstatt jenes.
>
> *Tao Te King*

Eine andere Methode, den komplementären Gehalt von Jupiter und Saturn zu verdeutlichen, ist, die Schwere Saturns der jupiterhaften Leichtfertigkeit gegenüberzustellen. Saturn ist immer schwer und ernsthaft, mit der Tendenz zur Langeweile. Er verankert uns, bringt uns in Kontakt mit der Erde und zwingt zur Auseinandersetzung mit der Realität des Hier und Jetzt. Jupiter ist leicht, verspielt und lebhaft. Er muntert uns auf und hilft dabei, alles wegstecken zu können. Er verleiht uns eine Perspektive, die Humor und Idealismus enthält.

Die Tatsache, daß sich Jupiter innerhalb der Umlaufbahn von Saturn befindet, hat Carter zur Schlußfolgerung veranlaßt, daß Jupiter bei aller Lust an der Veränderung doch »überraschend konventionell« ist. Jupiter kann große Forschungsreisen anzeigen und unzugängliche und weit entfernte Ziele ansteuern, allerdings nur im Rahmen der herrschenden Konvention. »Jupiter ist Wachstum«, schreibt Carter, »Wachstum nach gegebenen und anerkannten Mustern«. Insofern liegen Welten zwischen den pionierhaften und kreativen Aktivitäten von Jupiter und Uranus. Uranus ist origineller. Er gibt nichts auf gesellschaftliche Konventionen und bricht häufig mit sozialen Werten und Normen. Jupiter dagegen neigt eher zu Fortschritten und Verbesserungen im Rahmen dessen, was bereits existiert. Die uranische Energie macht sich als radikaler Bruch mit vorhergegangenen Mustern und gesellschaftlichen Traditionen bemerkbar.

Jupiter – Spiel und Glück beim Schopfe packen

Wenn im Wesen einer Person Saturn nicht stark genug zum Ausdruck kommt und es somit bei der Herangehensweise an das Leben an Vorsicht mangelt, besteht häufig die Tendenz, blindlings auf sein Glück zu vertrauen. Ich bezeichne ein solches Verhalten bei vielen mir bekannten Menschen als »sein Schicksal in Versuchung führen«. Gleichgültig, ob sie damit bislang Glück gehabt haben oder nicht und unabhängig davon, wie großzügig sich Gott oder das Schicksal ihnen gegenüber erwiesen hat – kennzeichnend ist das Bedürfnis, immer neue Risiken einzugehen und alles aufs Spiel zu setzen, was bisher erreicht wurde. In gewisser Weise stellt dies eine expansive Besessenheit dar. Die Menschen haben niemals genug. Von der Weisheit, die von Lao-tse im obigen Zitat zum Ausdruck gebracht wurde, ist hier nicht das geringste zu spüren. Donna Cunningham führt in ihrem exzellenten Buch *An Astrological Guide to Self-Awareness* im Kapitel über Jupiter einen Abschnitt an, in dem es unter der Überschrift »Das Glück auf die Spitze treiben« um eine negative Jupiter-Manifestation geht: »Um einen dummen Optimismus oder um übermäßige Zuversicht«.

In ähnlicher Weise beschreibt Charles Carter den extrem jupitergeprägten Menschen, der mehr auf sein Glück oder Schicksal setzt als auf Anstrengung und Fleiß. Er ist ein Spieler, der stets davon überzeugt ist, daß sich das Glück zu seinen Gunsten wenden wird, gleich, wieviel er schon verloren haben mag. In seinem grundlegenden Werk *Some Principles of Horoskopic Delineation* ist Carter der Zusammenhang von Jupiter und Glück wichtig genug, um ihm einen langen Abschnitt zu widmen (dies in einem einführenden Buch, das sich an jene wendet, die sich mit der Astrologie zu beschäftigen beginnen).

In der Tat ist Jupiter – wenn er nicht schlecht aspektiert wird – der Planet des Glücks – eines Glücks, das dem Anschein nach nicht oder kaum auf Verdiensten beruht. Menschen, die Jupiter

in einem Eckhaus und in einem geistesverwandten Zeichen aufweisen, haben für gewöhnlich mehr Glück als der Durch-
schnitt, vor allem, wenn sie über einen gesunden Menschenverstand und über Bescheidenheit verfügen. Ansonsten befinden
sie sich in der Gefahr, es mit ihrem Glück zu weit zu treiben. In
gewisser Weise ist es wie mit Sonne und Mars (wenn auch eher
in geistiger Auswirkung). Durch Spannungen kommt es bei
Mars ebenfalls zu Energie und Optimismus in exzessiver Form
und zur Zügellosigkeit. Der Glaube wird zur festen Überzeugung, daß man schon Glück haben wird und führt zu tollküh-
nem Mißachten möglicher Konsequenzen. Solcherart ruinieren
sich diese Menschen, obwohl sie nur selten einen anderen Feind
als sich selbst haben; sie setzen nur auf ihr Glück und auf un-
sinnige Zufälle, auf das Spiel. Sie verschwenden Zeit, Geld und
Energie.

Charles Carter: Some Principles of Horoskopic Delineation

Zusammenfassend gesagt geht es bei der umfassenden Beurteilung
des Horoskops darum, die Stärken von Saturn und von Jupiter
miteinander zu vergleichen. Ich möchte hier nichts Simplifizie-
rendes anführen wie »Sehen Sie nach, ob Aspekte zwischen Jupiter und Saturn vorhanden sind!« – wenngleich solche Aspekte
natürlich bedeutsam sind. Man sollte sich eher ein Bild davon machen, wie sehr der Mensch auf das Jupiter- und Saturn-Prinzip
eingestimmt ist: Für ein effektives Wirken in der Welt muß der
Mensch beides zum Ausdruck bringen. Es ist beispielsweise kein
Zufall, daß viele Menschen mit einer Jupiter/Saturn-Konjunktion
außerordentlich erfolgreich in ihrem Beruf sind. Ein ähnlicher
weltlicher Erfolg kann auch bei denen zu verzeichnen sein, die
zwar keine Konjunktion von Jupiter und Saturn haben, die aber
andere der zahlreichen Horoskop-Merkmale besitzen, die in die
gleiche Richtung deuten: vielleicht Saturn in engem Aspekt zum
Mond und Jupiter im Aspekt zur Sonne oder zum Mond oder einen starken Jupiter, dem ein enger, dabei aber nicht hemmender
Saturn-Aspekt zum Aszendenten, zum MC oder zu Mars oder
dem Mond gegenübersteht. Der Kombinationen gibt es viele, und
ein Astrologe sollte sich ins Gedächtnis rufen, daß es darum geht,

bei der Erforschung der persönlichen Wahrheit mittels des Horoskops Offenheit zu beweisen. Man darf nicht der Neigung nachgeben, ein vermeintlich vorherbestimmtes Schicksal oder starre Theorien über vermeintlich gottgegebene Potentiale zu verkünden.

Um auf finanziellem Gebiet und bei Investitionen Erfolg zu haben, kommt es auf Ausgewogenheit zwischen jupitergemäßem Optimismus und umsichtigem und praktischem Realismus an. Wie der bekannte Investor und Autor Al Frank schrieb, ist für den Erfolg von Investitionen Glaube an die Zukunft des betreffenden Unternehmens sowie Geduld (Saturn) nötig. Die Faktoren, die die Jupiter-Tendenz zur Extravaganz machen, können durch Saturn-Einflüsse allein nicht im Zaum gehalten werden. Jupiter-Energien können sich mit den verschiedensten Horoskop-Faktoren verbünden, woraus dann vielleicht Unterstützung und vollständiges Gedeihen resultieren. Dagegen können der Scharfsinn des Skorpions oder der Geiz (welcher vielleicht vom Krebs oder vom Stier ausgeht) dem Jupiter-Impuls der Verschwendung und extremen Risikobereitschaft Einhalt bieten. Die Klugheit und Umsicht der Jungfrau oder des Steinbocks könnten gleichfalls ein Gegengewicht zur Expansivität Jupiters darstellen.

Ein gutes Beispiel eines jupitergeprägten Menschen, dessen expansive Eigenschaften durch andere Faktoren im Zaum gehalten werden, ist John Templeton, der Gründer des *Templeton Mutual Fonds*. Am 29. November 1912 in Tennessee geboren, hat er eine Merkur/Jupiter-Konjunktion im Sonnen-Zeichen Schütze in seinem Horoskop – ganz bestimmt das vollkommene Sinnbild eines positiven Denkers. Der Löwe-Mond trägt zu seinem unerschütterlichen Optimismus noch bei, und in der Tat stellt Templeton für viele seiner Verehrer einen der optimistischsten und positivsten Menschen der Wirtschaftswelt dar. Allerdings mangelt es ihm auch nicht am Sinn für das Praktische, was auf die Stellung der Venus im Steinbock (einem Geld-Zeichen) und des Saturn in Opposition zur Sonne und zum Skorpion-Mars zurückgeht.

Seine Bekanntheit verdankt Templeton in erster Linie seinen Pioniertaten auf dem Gebiet der internationalen Investitionen. Auch ist er ein tief religiöser Mensch, der Millionen von Dollars für wohltätige Zwecke gespendet hat. Für ihn gehen religiöse Prinzipien und seine Investitions-Philosophie Hand in Hand. Das Magazin *Forbes* schrieb über ihn:

> Wo doch alle Menschen grundsätzlich Brüder sind, kann es kein falscher Gedanke sein, in Lateinamerika oder in Japan statt in den USA zu investieren. Dieses ultimative Gefühl von Menschlichkeit machte Templeton zu einem Pionier auf dem Gebiet der weltweiten wirtschaftlichen Verflechtungen... Templeton wies schon sehr früh die Fähigkeit auf, die Welt als Ganzes und nicht als ein Sammelsurium von Teilen zu sehen.
>
> Magazin *Forbes*

Templeton selbst spricht freimütig über seine ganzheitliche Sicht des Lebens, in der sich spirituelle und materielle Aspekte nicht gegenseitig ausschließen.

> Wahrscheinlich hat der Mensch, der sich auf spirituelle Prinzipien stützt, im Umgang mit Geld mehr Erfolg. Und je intensiver man Spiritualität praktiziert, desto mehr lernt man. Ich denke, daß jeder Mensch Erfolg hat und Erfüllung findet, wenn er spirituellen Prinzipien folgt. Mir ist da keine einzige Ausnahme bekannt.
>
> Magazin *Forbes*

In seiner philantropischen Beschäftigung räumt Templeton keiner Religion einen Vorzug ein. Allerdings beurteilt er die »Institution« Kirche eher skeptisch: »Keine Kirche ist wirklich am Fortschritt interessiert. Ihre Interessen richten sich auf das Vergangene.« In der Tat stellt Templeton den vollendeten Optimisten dar, der an den Fortschritt glaubt – in materieller wie in religiöser Hinsicht. Allerdings ist er beunruhigt darüber, daß der materielle Erfolg dem spirituellen Fortschritt im Augenblick so weit voraus zu sein scheint. Das ist der Grund dafür, daß er sich so stark für die Religionen einsetzte – mit mehr als 10 Millionen Dollar allein im Jahr 1994. Seine Projekte umfassen auch den *Templeton Prize in Religion* und Preise für Teenager, die Essays über spirituelle Erfahrungen verfaßten, welche ihnen im Leben geholfen haben.

♃ ♀
Unterschiede zwischen Jupiter und Venus

Jupiter stellt eine erhebende und fördernde, ausweitende und
bereichernde Energie dar. Es ist eine bedächtigere Kraft als
Merkur, die auch mit anderen Themenbereichen zu tun hat:
gesellschaftliche Macht, Selbstwertgefühl und Glaube an sich
selbst, Fortschritt und Großherzigkeit. Ein stark entwickelter
Jupiter treibt uns dazu an, über die großen Wasser zu segeln,
weiterzuschreiten, die Hand auszustrecken und uns in der
Außenwelt zum Ausdruck zu bringen. Er stimuliert Aktivität,
Mut, Zuversicht, und er bedeutet die Intensivierung von
sozialer Energie.
John Palden: *Living in Time*

»Intensivierung von sozialer Energie« – das ist meiner Ansicht
nach eine sehr passende Bezeichnung für Jupiter. Wir können
Jupiters Wesen nicht näher erforschen, ohne darauf hinzuweisen,
welche interessanten Ähnlichkeiten und Unterschiede zwischen
der sozialen Aktivität der Venus und der von Jupiter bestehen.
Was die Ebene des archetypischen Symbols betrifft, ist Jupiter
offensichtlich unpersönlicher als Venus. Jupiter ist universal,
während Venus in einem persönlicheren und unmittelbareren
Sinn auf die Mitmenschen gerichtet ist. Wenn man Venus und Jupiter in bestimmten Zeichen miteinander vergleicht, ergeben sich
einige bemerkenswerte Resultate, die uns eine neue Perspektive
auf diese beiden Planeten vermitteln können. Eine solche Übung
zeigt, daß Jupiter umfassender als Venus zum Ausdruck kommt –
was vielleicht der Grund dafür ist, daß Jupiter das «große» und die
Venus das »kleine« Glück genannt worden ist.

Venus wägt alles ab und ist eher auf sich selbst gerichtet. Sie liebt
den Spaß und ist auf ein vergleichsweise kleines Aktionsfeld beschränkt. Sie ist häufig besitzergreifend – was bei der Stier-Venus
(ein Venus-Zeichen) sehr deutlich in Erscheinung tritt, mit dem
Schlüsselwort: »Ich habe ...« Jupiter ist großzügiger, er steht dem
Wunsch nach Freiheit der anderen tolerant gegenüber. Jupiter akzeptiert vieles, hat wenig Vorurteile und neigt nicht dazu, andere

auszuschließen. Außerdem ist er vertrauensvoller als die Venus. Venus dagegen ist, was Beziehungen angeht, sehr viel fordernder als Jupiter, weil sie dazu neigt, sich auf die persönlichen Bedürfnisse und Vorlieben zu konzentrieren. Mit der Stellung der Venus in einem der zwei Jupiter-Zeichen (Fische und Schütze) kommen die erhabeneren und edleren Eigenschaften zum Vorschein.

Was mich bei der Arbeit an diesem Buch vielleicht am meisten überrascht hat, war die Entdeckung, daß fast alle der begabtesten astrologischen Schriftsteller eingehend über die Venus/Jupiter-Verbindung geschrieben haben. Mir selbst war diese Verbindung bislang nicht besonders erwähnenswert erschienen, mit Ausnahme der altbekannten Einstufung von Venus und Jupiter als den beiden »Wohltätern«, die der Überlieferung nach das Leben leichter machen und den Weg zum Erfolg glätten, die Wohlstand, Freude und Überfluß bescheren. Die Beziehung zwischen Venus und Jupiter aber geht viel tiefer. Sie prägt unsere Einstellung dem Leben und der Gesellschaft gegenüber.

Wieder einmal ist es Charles Carter, der einige interessante Beobachtungen für uns bereithält:

> Jupiter ist vor allem der Planet der neuen Kontakte und des Anknüpfens von Beziehungen. Die Venus ist auf das Soziale gerichtet, allerdings wohnt ihr ein statisches Element inne, sie ist nicht unbedingt an neuartigen Erfahrungen interessiert.*
> Dies ist der Bereich Jupiters. Bei einem stark gestellten Jupiter kann man allgemein die Feststellung machen, daß der Betreffende über viele fruchtbare Kontakte verfügt, die nicht zuletzt deshalb so nützlich sind, weil Jupiter genug Freiraum läßt und fortwährend die Karten der Freundschaften und Interessen neu mischt. *Charles Carter*

---

* Das ist genau beobachtet und von großer Wichtigkeit. Allerdings wird auf diesen Aspekt der Venus nur selten eingegangen. Mit Venus im Stier oder in der Waage – und speziell dann, wenn es noch weitere verstärkende Faktoren gibt – ist eine bemerkenswerte Passivität bezüglich aller Arten von menschlichen Beziehungen verbunden, eine deutlich erkennbare Abneigung gegenüber dynamischer Aktivität.

Landis Knight Green erforscht ebenfalls die Verbindung von Jupiter, Liebe und der Romantik:

> Jupiter neigt dazu, die Liebe zu idealisieren und eine Art romantischen Enthusiasmus zu erschaffen. Eine solche Übertreibung wäre zum Beispiel, den Geliebten oder die Geliebte auf ein Podest zu stellen, wie es Don Quichotte vorgemacht hat. Jupiter kann jedoch durchaus auch eine spirituelle oder intellektuelle Form der Liebe anzeigen. Ganz allgemein weitet er alles aus, womit er in Berührung kommt. Im Unterschied dazu hat Saturn eine zusammenziehende Wirkung. Die Auswirkung Jupiters auf das Liebesleben ist wahrscheinlich sehr viel bedeutsamer als bislang angenommen. Mit diesem Planeten besteht der Wunsch nach Anregung und Abenteuern, insbesondere während der Phase des Heranwachsens (etwa vom 14. bis zum 21. Lebensjahr). Sein Transit durch den Tierkreis und die Aspekte, die sich dabei zu den Planeten des Horoskops ergeben, haben eine starke Auswirkung auf das Liebesleben. Landis Knight Green: *The Astrologer's Manual*

In die gleiche Richtung zielt es, wenn Green konstatiert: »Die Schönheit Jupiters kann eine venusische Schönheit sein, die vielfach vergrößert wurde«. Und weiter: »Jupiter gibt immer etwas von sich, wodurch er größer wird.« Venus dagegen ist eher magnetisch – sie zieht zu sich heran.

Marcia Moore und Mark Douglas bringen ebenfalls Venus und Jupiter in Verbindung miteinander, daneben aber auch noch den Mond.

> Das Jupiter-Symbol zeigt die nach außen gekehrte Mondsichel, die auf einem Arm des Kreuzes steht. Es ähnelt dem Venus-Symbol, nur enthält es den Mond statt die Sonne. Der erhöhte Mond steht für die Spiritualisierung der Materie durch den geordneten Prozeß der Fortentwicklung. Jupiter als Planet der Weisheit und der zielgerichteten Expansion steht in Verbindung mit dem Mond und der Venus, weil die Entfaltung des höheren Geistes die natürliche Entwicklung der sich allmählich ausbildenden psychischen Mechanismen in Zusammenhang

mit den persönlichen Gefühlen und den gesellschaftlichen Reaktionen darstellt.

In ihrer Gesamtheit repräsentieren Mond, Venus und Jupiter die aufeinander folgenden Stadien der Evolution des Bewußtseins durch die Schaffung von familiären, gesellschaftlichen und sozialen Beziehungen. Jupiter wird seinem Ruf als der größere Wohltäter dadurch gerecht, daß er dem Rohmaterial, das der Mond liefert, und der künstlerischen Inspiration der Venus Reichtum und Überfluß zufügt. Er regt den Geist an, über die Bezeichnungen und Formen der Dinge hinauszuschauen, um ihren tieferen Gehalt und ihre philosophischen Implikationen zu erfassen.

Marcia Moore und Mark Douglas: Astrology, the Divine Science

Selbst in den medialen Sitzungen von Edgar Cayce, dessen astrologischer Ansatz in keiner Weise auf den alten Traditionen oder auf altmodischen Büchern beruhte, kam immer wieder der Zusammenhang von Venus und Jupiter zur Sprache, wie aus den folgenden Auszügen hervorgeht, die sich auf zwei verschiedene Persönlichkeiten beziehen.

Bei Venus mit Jupiter sehen wir die Fähigkeit, Dinge und Erfahrungen zu würdigen, welche dem Bereich des universalen Bewußtseins entspringen, so wie sie in dem Gesang der Vögel, dem Rauschen des Flusses, der Schönheit der Natur angelegt sind. Mit Jupiter werden diese zum Ausdruck von universalen Kräften beziehungsweise von Aktivitäten der materiellen Ebene, die mit der Gruppe und Masse und weniger mit dem Individuum zu tun haben. Allerdings können diese Auswirkungen ganz individuell sein.

Edgar Cayce: Life Readings (2869–1)

Wir finden diese Einflüsse in den astrologischen Aspekten zu Jupiter wieder, in denen er sich als herrschende Kraft erweist. Insofern ... müssen sich die Aktivitäten auf die Vielzahl der Menschen beziehen ... Die venusischen Einflüsse bedeuten eine offenherzige, freimütige und liebenswerte Disposition sowie die Fähigkeit, in fast jeder Lebenslage Freundschaften schließen zu können. Edgar Cayce: *Life Readings* (1442–1)

Man beachte, daß in dem zweiten Zitat auf die soziale Rolle eingegangen wird, die die beiden Planeten spielen.

Ellen McCaffery ist eine begabte Forscherin auf dem Gebiet der astrologischen Geschichte wie auch eine talentierte Autorin einführender Astrologie-Bücher. Sie beschreibt deutlich und wunderschön, wie Jupiter den Menschen befähigen kann, anderen sein Selbst zum Geschenk zu machen.

Die Gefühle können unter Jupiter etwas Wunderbares bekommen. Doch sie richten sich beständig auf ein großes Feld. Der Mond und die Venus bringen ihre Zuneigung zum einzelnen Menschen zum Ausdruck – mit Jupiter zeigt man sein Mitgefühl, sein Wohlwollen und seine Großzügigkeit jedem, mit dem man in Kontakt kommt. ... Unter Jupiters Strahl beginnen sich die moralischen Eigenschaften der Person zu entwickeln, so daß sie beginnt, die Welt in einer umfassenderen Perspektive zu sehen. Es gibt nichts Kleines oder Niederes mit Jupiter. Er steht für Wachstum, Expansion und die Größe der Seele.

Ellen McCaffery: *Graphic Astrology*

Jupiter und »Erfolg«

Nur das Geld, was durch ehrliche Arbeit verdient wird, kann zu Glück, Zufriedenheit und Nachsicht führen. Geld, das auf andere Weise verdient wurde, zieht wachsenden Geiz und Habsucht nach sich. Ein reicher Mann, der nicht bescheiden ist, ist ein Bettler; er ist arm dran, weil sein Hunger selbst dann nicht gestillt wäre, wenn er alle Güter der Welt hätte. Es gibt keine Zufriedenheit ohne Bescheidenheit. Aus: Philosophy of the Masters

Ich habe in diesem Kapitel bereits darauf hingewiesen, daß Venus und Jupiter traditionell als »Wohltäter« betrachtet werden, die das Leben leichter und lebenswerter machen und die ihren Beitrag zu Wohlstand und Reichtum leisten. An dieser Zuordnung kann kein Zweifel bestehen – wenngleich ich auch die trägeren Zeitgenossen noch einmal vor der Vermutung warnen muß, daß sich durch diese beiden Planeten automatisch Wohlstand und Reichtum ergeben. Hierzu sind darüber hinaus saturnische Hartnäckigkeit und Disziplin notwendig. Bevor wir uns aber einem anderen Thema zuwenden, sollten wir noch darauf eingehen, warum Jupiter so eng mit weltlichem Erfolg in verschiedenster Hinsicht verbunden ist.

In seiner Essenz kann Jupiter als lebender Beweis der Macht des positiven Denkens dienen. Der Mensch, der Offenheit, Toleranz und hochgesinnte Lebensfreude ausstrahlt, ruft damit für gewöhnlich in anderen gleichartige Reaktionen hervor. Eine großherzige, verbindliche Einstellung gegenüber den verschiedensten Personen, mit der man authentisch auf das Menschliche in jedem reagiert, führt dazu, daß andere sich dem Betreffenden verpflichtet fühlen und vielleicht auch Bewunderung für ihn empfinden. Grant Lewi drückt das wie folgt aus, wenn er über schützehafte Menschen schreibt:

Erfolg ist etwas, das sich einstellt, wenn der Mensch ein ernsthaftes, aktives, waches, eifriges, warmherziges und fröhliches Leben führt, das mit den Realitäten in Verbindung steht, die über die des Arbeitsalltages hinausreichen.

Grant Lewi: *Your Greatest Strength*

Auf einer anderen, esoterischeren Ebene könnte man die Hypothese aufstellen, daß die Jupiter-Gabe des Erfolgs sich auf das positive Karma richtet beziehungsweise darauf, daß man in der Vergangenheit durch zielgerichtete Anstrengungen, Großherzigkeit und kultiviertes Verhalten die edleren Dimensionen des Selbst zum Ausdruck gebracht hat. Der Geist, der mit einer hochgesinnten Einstellung und mit einem Glauben an eine größere wohltätige Macht geboren wird, ist wahrscheinlich mehr oder weniger frei von Ängsten, was naturgemäß dazu führt, offen auf die Chancen reagieren zu können, die das Leben in verschiedener Hinsicht bietet.

Edgar Cayce schreibt, daß Jupiter sehr häufig eine Verbindung zu »großen Mengen von weltlichen Gütern« hat. Diese Charakterisierung steht in Verbindung mit Reichtum und Überfluß, die in der Tat oftmals von Jupiter angezeigt zu sein scheinen. Carter weist darauf hin, daß es wichtig für die Eltern eines stark jupiterbetonten Kindes ist, diesem bereits in jungen Jahren Reichtum als eine Leihgabe der kreativen Mächte und Energien zu erklären, nicht als einen Selbstzweck oder als ein Mittel, um sich selbst zu verwöhnen (*Life Readings*, 1206–3).

Das ist ein wichtiger Aspekt, den wir uns immer vor Augen halten müssen. Jupiter kann in der Tat außerordentlich überfließend sein und viel Reichtum anzeigen. Der Überfluß an Geist und Energie ist so groß, daß er nicht in einer Person unter Verschluß gehalten werden kann. Wenn der Mensch das versucht oder Errungenschaften als seine persönliche Leistung darstellt, ist eine massive Ego-Inflation die Folge. Dem muß Einhalt geboten werden, weil es sonst zu Zügellosigkeit oder zu verschiedensten Formen der Selbstzerstörung kommen kann.

Wie wir in diesem Kapitel noch sehen werden, ist Verschwendung der negativste Zug der Jupiter-Menschen. Ich vermute, daß hierin auch der Grund für das angeführte Carter-Zitat zu sehen ist, in dem er darauf hinweist, daß es für die betreffenden Menschen darauf ankommt, ihren Wohlstand richtig einzusetzen. Im Idealfall teilt der Jupiter-Mensch das, was er in reichlichem Maße besitzt, bereitwillig und frohen Herzens und ist dankbar, daß ihm von Gott, dem Leben oder der Natur die Möglichkeit gegeben wurde, andere an dem Wohlstand, für den er ein Kanal ist, teilhaben zu lassen. Carter läßt seinen Worten, daß Wohlstand als »Leihgabe der kreativen Mächte und Energien« zu sehen ist, die Ermahnung folgen, daß jeder, der Reichtum, eine besondere Gabe oder Persönlichkeit besitzt, sich beispielhaft verhalten sollte. Wenn man erkennt, wie diese kreativen Energien durch das eigene Wesen strömen und daß sie eine ganz besondere Gabe darstellen, wird der positive Einfluß, der von ihnen ausgeht, größer und größer werden, zum Segen vieler Menschen über den Kreis der unmittelbaren Umgebung hinaus.

Donna Cunningham beschreibt, wie Menschen unter den verschiedensten Umständen ihr Glück machen können. Sie führt aus, wie es um den Zusammenhang von Glück und weltlichem Erfolg bestellt ist.

Offenherzigkeit und Geselligkeit sind ebenfalls Jupiter-Züge, und auch sie haben ihre Bedeutung für den Erfolg. Ein leitender Angestellter hat einmal die Umstände analysiert, die in Verbindung mit Stellenangeboten für erfolgreiche Manager standen. Er fand heraus, daß in der Mehrzahl der Fälle der Bekanntenkreis eine entscheidende Rolle spielte. Menschen, die Glück haben, sind meist gesellig und an anderen interessiert. Umgekehrt wird es so für ihre Mitmenschen einfacher, offen und freundlich an sie heranzutreten.

Insofern scheint sich der alte Spruch »Es kommt darauf an, wen du kennst« zu bewahrheiten. Sichern Sie Ihr Glück, indem Sie positive Verbindungen zu anderen herstellen. Dabei muß es nicht Ihr vordringliches Ziel sein, sich alle Menschen zu Freunden zu machen oder allen und jedem Dienste zu erweisen – vielleicht ergibt sich das auch wie von selbst.

Mit Jupiter werden Optimismus und Enthusiasmus in Verbindung gebracht. Daß diese Eigenschaften mit Glück zusammenhängen können, ist logisch. Enthusiasmus ist ansteckend; er macht andere für Sie und Ihre Ideen empfänglicher. Gesetzt den Fall, zwei Bewerber weisen die gleiche Qualifikation auf – welchen wird man nehmen: den depressiven Apathiker oder den enthusiastischen, mitreißenden Typen? Insofern ist es tatsäch-

lich so, daß optimistische Menschen mehr Glück haben. Sie bekommen die Stelle, sie schließen den Vertrag ab, sie lernen ihre
Liebe kennen.

Donna Cunningham: An Astrological Guide to Self-Awareness

Jupiters Einfluß ist keine Garantie dafür, daß wir tatsächlich
Glück haben oder erfolgreich sein werden. Der Mensch aber, der
die besseren Seiten von Jupiter zum Ausdruck bringen kann, hat
sein Möglichstes getan, damit derartige Auswirkungen in Erscheinung treten können.

In einem Buch, das Jupiter behandelt, können wir nicht an Dale
Carnegie, dem berühmtesten Vertreter der »Kraft des positiven
Denkens« im 20. Jahrhunderts, vorbeigehen. Carnegie kam am
24. November 1888 in ärmlicher Umgebung zur Welt. Er entwickelte große Fähigkeiten im öffentlichen Auftreten, sowohl
durch seine Lehrtätigkeit als auch durch seine ausgedehnten Vortragsreisen. 1936 erschien sein Buch *Wie man Freunde gewinnt*,
das bis zu seinem Tod im Jahr 1955 über fünf Millionen Mal verkauft wurde. Es spiegelt einen tiefen Optimismus und Moralprin-
zipien wie »Glaube an deinen Erfolg, und du wirst Erfolg haben«
wider.

Carnegies Geburtsdatum weist, was nicht weiter überrascht,
viele kosmische Anzeichen für eine optimistische, visionäre und
dabei doch praktische Einstellung dem Leben gegenüber auf. Seine Sonne und sein Jupiter befinden sich im Schützen, und Jupiter
steht zusätzlich im Trigon zu Saturn (Carnegie richtete seine
Empfehlungen meist an Geschäftsleute) und im Sextil zu Uranus.
Des weiteren befindet sich seine Sonne in Opposition zur Nep-
tun/Pluto-Konjunktion in den Zwillingen, was ebenfalls einen
Beleg für visionäre Kreativität darstellt. Carnegies Lebensphilosophie kommt wahrscheinlich am besten in dem Titel zum Ausdruck, den ein anderer seiner Bestseller, im Jahre 1948 veröffentlicht, trug: *Sorge dich nicht – lebe!.*

Jupiter und Gefühle? Ein Geheimnis über Jupiter

Es könnte dem einen oder anderen Leser befremdlich erscheinen, daß in Verbindung mit Jupiter von Emotionen gesprochen wird und Zitate angeführt werden, in denen von den potentiell »wunderbaren Gefühlen« unter Jupiters Einfluß die Rede ist (wie es der Fall bei Ellen McCaffery war). Es ist bisher auch nicht so, daß Menschen mit einer Schütze-Sonne als besonders »gefühlvoll« oder gar als »sensibel« hingestellt werden. »Gefühlvoll« und »sensibel« sind völlig verschiedene Begriffe, wenn sie heutzutage auch fast als austauschbar erscheinen mögen. Es ist in der Tat so, daß man keines der Feuer-Zeichen als besonders sensibel bezeichnen kann – sie alle aber stehen mehr oder weniger mit dramatischen Emotionen in Verbindung. In dem lateinischen Ursprung des Begriffs *Emotionen* geht es um die äußere Freisetzung von Energie. Wenn wir uns hiervon bei der näheren Bestimmung dieses Wortes leiten lassen, sind Löwe und Schütze tatsächlich zwei der emotionalsten Zeichen des Tierkreises.

Wie dem auch sein mag – die Verbindung von Jupiter zur »Feinfühligkeit« ist deshalb wichtig, weil jupiterbetonte Menschen nicht nur Saturn zum Ausgleich brauchen, sondern auch eine allgemeine Empfänglichkeit, wenn sie ihre hochgesteckten Pläne und Visionen tatsächlich in realistischen Dimensionen zum Ausdruck bringen wollen. Der Jupiter-Mensch braucht Sensibilität, wenn er die Übertreibungen vermeiden will, zu denen er neigt. Ein Bewußtsein für die anderen und ihre Gefühle befähigt ihn, seine expansive und anspornende Kraft so einzusetzen, daß andere Menschen davon profitieren können.

Die notwendige Verbindung zwischen Jupiter und Sensibilität wird durch die Erhöhung dieses Planeten im Krebs perfekt symbolisiert. In deutlichem Kontrast zu der Jupiter-Tendenz, das unmittelbar vor Augen Liegende zu verkennen und sich immer auf das Große und Ferne zu beziehen, ist die Aufmerksamkeit des Krebses auf den unmittelbaren Kreis der Familie, der Freunde, des

Stammes oder der Gemeinschaft gerichtet. Krebse geben acht, wie die anderen emotional auf das reagieren, was sie sagen und tun. Jupiter-Menschen hingegen zeichnen sich insbesondere durch einen Fehler aus: sich nicht darum zu kümmern, wie andere gefühlsmäßig ihre Worte und Taten aufnehmen. Jupiter-Menschen sind für ihre Taktlosigkeit bekannt, die dem Wunsch entspringt, ihre großen Überzeugungen und Wahrheiten ungeachtet aller Umstände zu verkünden. Dadurch erscheint die Tatsache, daß Jupiter der Mitregent der Fische ist, in einem neuen Licht: Die Fische stellen eine Kombination von Jupiter und der Empfänglichkeit für Gefühle dar, etwas, woran es dem Schützen häufig mangelt.

Als ich Mitte der 60er Jahre mit dem Studium der Astrologie begann, war eine meiner frühesten Erkenntnisse, daß die Energien von Krebs und Schütze in den Menschen, die ich zu dieser Zeit traf, sehr gut zusammenwirkten. Insbesondere gefiel mir die Freimütigkeit und der Enthusiasmus dieser Menschen, die durch die Empfindsamkeit des Krebses gemildert wurden. Auf der anderen Seite hatte es den Anschein, daß einige der schlimmsten Krebs-Züge wie Ängstlichkeit, Verfolgungswahn und die Tendenz, sich vom Leben zurückzuziehen, durch den Schützen eliminiert wurden.

Die Energien dieser Zeichen scheinen sich vollkommen zu ergänzen. Es dauerte eine Weile, bis ich das Konzept der »Erhöhung« entdeckte und erfuhr, daß die Griechen schon vor über 2000 Jahren Jupiter im Krebs als »erhöht« betrachteten. Die Vorstellung, daß die Erhöhung den idealen Ausdruck einer planetarischen Funktion in bezug auf spirituelles Wachstum und optimale kreative Nutzung darstellt, erschien mir sinnvoll. Und die Erhöhung von Jupiter im Krebs ist das Anzeichen dafür, daß Jupiter am besten zum Ausdruck kommt, wenn mit ihm Sensibilität und Rücksichtnahme einhergehen. Jupiter-Menschen müssen ihre »häuslichen« Eigenschaften kultivieren, wenn sie mit anderen auf der emotionalen Ebene kommunizieren wollen.

Charles Carter schreibt:

Jupiter ist im Krebs erhöht. In diesem Zeichen gewinnt er an Freundlichkeit und Sanftmut. Er führt die Sympathie dieses

Zeichens über den häuslichen Kreis, auf die sie für gewöhnlich beschränkt ist, hinaus.

Charles Carter: *Some Principles of Horoskopic Delineation*

Ähnlich formuliert es Isabel M. Hickey:

In dem mitfühlenden, mütterlichen Zeichen Krebs ist Jupiter stark gestellt. Er führt hier zur Expansion der Gefühle, und expansive, optimistische Gefühle sind das Geheimnis eines erfüllten Lebens.

Isabel M. Hickey: *Astrologie – eine kosmische Wissenschaft*

Der negative und der positive Ausdruck Jupiters

Da wir später im Detail auf die Stellung von Jupiter in den Zeichen und Häusern eingehen werden, ist es jetzt lediglich notwendig, auf einige allgemeine Richtlinien und grundlegende Prinzipien hinzuweisen, derer wir uns bewußt sein sollten. Die Interpretation Jupiters stellt uns vor einige besondere Probleme, die zum Teil daher rühren, daß es sich hier um ein sehr abstraktes Prinzip handelt, und zum Teil daher, daß Jupiter in jedem Horoskop das, womit er in Verbindung steht, expandiert und verstärkt. Jupiter bedeutet vor allem ein Potential und eine Orientierung auf das, was von seiner Haus-Position angezeigt ist, sowie eine besondere Energieprägung, die von seiner Zeichen-Stellung abhängt. Auch wenn Jupiter grundsätzlich ein »wohltätiger« Planet ist, gibt es doch positive wie negative Manifestationen, die nicht ausschließlich damit zusammenhängen, ob harmonische oder disharmonische Aspekte vorhanden sind, wie von orthodoxen Astrologen häufig behauptet wird. Ich habe in diesem Buch bereits an früherer Stelle auf einige solcher Manifestationen hingewiesen. Es sind aber diesbezüglich noch weitere Faktoren zu untersuchen, wenn der Leser ein vollständiges Bild davon erhalten möchte, wie sich dieser Planet in unserem Leben auswirken kann. Obwohl Jupiter im Idealfall außerordentlich positiv in seinen Aktionen ist, müssen wir uns darüber im klaren sein, daß es auch zu einer Art blindwütigem Optimismus kommen kann, zur Verkennung aller Umstände, die offensichtlich sind, aber nicht zu dem rosigen Bild passen, das sich der Betreffende gemacht hat.

Der von mittelalterlichen Astrologen als großer Wohltäter angebetete Jupiter kann auch eine Macht des Bösen werden. Er kann von sich aus eine Kraft der Selbstzerstörung werden, wenn die Funktion des Selbstschutzes und der Selbstunterstützung in den unkontrollierten Drang nach Selbsterhöhung um jeden Preis umschlägt.
Dane Rudhyar: *An Astrological Study of Psychological Complexes*

In seinem positiven Ausdruck ist Jupiter großzügig, auf die Zukunft ausgerichtet und immerwährend optimistisch. Wie Moore und Douglas schreiben, »liegt die wahre Größe Jupiters in der Macht seiner Vision.«

> Physisch gesehen ist Jupiter ein großer Planet, und er verspricht auch Großes. Er ist zugleich sehr leicht, weil er aus Gasen in niedrigen Konzentrationen besteht. Was das Psychologische betrifft, symbolisiert er die Eigenschaft der Lebhaftigkeit. Doch die wahre Größe Jupiters liegt in der Macht seiner Vision. Der spirituell entwickelte Jupiter-Mensch verfügt über die Gabe des Hellsehens, und er ist mit einem optimistischen Glauben in den Reichtum der Natur gesegnet. Als Ergebnis seines positiven Denkens sieht er sich häufig durch persönliches Prestige und allgemeinen Wohlstand ausgezeichnet – was er selbst nur selbstverständlich findet.
>
> Marcia Moore und Mark Douglas: *Astrology, the Divine Science*

Paul Wright schrieb, wie ich in Kapitel 1 angeführt habe, daß der Jupiter-Mensch das Potential der Zukunft früher als jeder andere erkennt. In der Tat ist Jupiter geradezu besessen von der Zukunft. Einer solchen Person scheint immer das, was noch kommen soll, verlockender als das, was sie bereits hat, und die fernen Horizonte scheinen reizvoller als das, was sie um sich herum sieht. Charles Carter formulierte einmal:

> Es ist ganz natürlich, daß der Mensch versucht, soviel wie nur möglich in Erfahrung zu bringen. Daraus resultiert auch das Interesse an Wahrsagerei und Prophezeiungen, welche ausgesprochene Jupiter-Eigenschaften sind, sowie die Tatsache, daß der Jupiter-Mensch geistig größtenteils in der Zukunft lebt: Er ist an ihr aus seinem eigenen Wesen zutiefst interessiert. Jupiter sucht nach neuen Erfahrungen in der Zukunft, was Zeit und Raum betrifft.
>
> Charles Carter: *Essays on the Foundations of Astrology*

Es scheint mir, daß niemand anders so sehr auf eine Wahrheit ausgerichtet ist, die das Leben bestimmt, wie der Jupiter-Mensch. In der Tat ist es geradezu mitleiderregend, eine jupitergeprägte Person zu sehen, die nichts hat, woran sie glauben kann. Die *Suche* nach der Wahrheit ist das, was diesen Menschen eine Richtung gibt – selbst in solchen Fällen, wenn die betreffende Person darauf spezialisiert zu sein scheint, niemals fündig zu werden. In positiver wie in negativer Hinsicht ist Jupiters Potential anschaulich von Landis Knight Green beschrieben worden.

Eine positive Jupiter-Stellung steht für die Suche nach Wahrheit, für Offenheit, Optimismus, gutes Beurteilungsvermögen, für den Wunsch nach Geselligkeit und die Fähigkeit, sich neue oder umfassendere Ziele von universellerer Art zu suchen. Wenn Jupiter schlecht gestellt ist, kann er zu Prahlerei führen, zu Übertreibungen, zu übertriebener Gläubigkeit, zu Unbesonnenheit, zur Verschwendungssucht, zur diffusen Sehnsucht nach fernen Horizonten und zu Verlusten beim Spekulieren (vielleicht beim Glücksspiel). In spiritueller Bedeutung repräsentiert Jupiter die Offenbarung und die Verkörperung von Weisheit und Wissen... Die Wurzeln seiner Taten sind der ernsthafte Wunsch, die Wahrheit zu suchen und zu verkünden sowie andere zu ermutigen. Der schwächere Jupiter-Mensch neigt dazu, sein Leben zu romantisieren. Er zeichnet sich für gewöhnlich durch Rastlosigkeit und eine arrogante und fruchtlose Selbstgerechtigkeit aus.

Landis Knight Green: *The Astrologer's Manual*

Green benutzt die Worte Prahlen und Arroganz. Menschen mit einer starken Jupiter-Prägung haben den Wunsch, mehr als das Leben zu sein. Sie sind bestrebt, als großzügige, idealistische und erhabene Geister gesehen zu werden. Wenn eine solche Tendenz ins Negative gekehrt wird, kann ein arrogantes und selbstgerechtes Verhalten in Erscheinung treten.

Mehr als bei jedem anderen Zeichen können wir beim Schützen häufig einen Ausdruck der Entrüstung wahrnehmen. Mit anderen Worten: Der substantielle Stolz und die Würde des betreffenden Menschen wurden verletzt. Diese Reaktion ist oft bei Menschen zu beobachten, die eine starke Jupiter-Prägung aufweisen.

Jupiters

positiver Ausdruck	*negativer Ausdruck*
Glaube – das Vertrauen in höhere Mächte oder den größeren Plan, Offenheit der Gnade gegenüber, Optimismus, Offenheit für das Bedürfnis nach Weiterentwicklung	Blindes Vertrauen, Trägheit, Aufsplitterung der Energien, Arbeit auf andere abwälzen, mangelndes Verantwortungsgefühl, übermäßige Ausweitung des Selbstes oder die Tendenz, mehr zu versprechen, als man halten kann

Jupiter-Menschen können sich als Prediger hervortun – als Vertreter der Wahrheit oder auch als Vertreter eines Produktes. Sie können andere dazu ermutigen, sich vertrauensvoll auf höhere Ziele zu konzentrieren, sie können aber auch Bigotterie, Zynismus oder Geltungssucht zum Ausdruck bringen. Der Schriftsteller Raphael hat vor fast 100 Jahren geschrieben, daß Jupiter zwar Richter und Erzbischöfe hervorbringen kann, daß er aber gleichermaßen verantwortlich für Quacksalber, Betrüger und Trunkenbolde ist. Eine der negativen Manifestationen Jupiters, auf die häufig in der astrologischen Literatur hingewiesen wird, ist die Heuchelei. Oftmals wird auch auf das eingegangen, was sich manche Politiker oder Priester zuschulden kommen lassen: sich als ehrwürdig und moralisch integer darzustellen, mit den erhabensten Äußerungen in der Öffentlichkeit und in Wirklichkeit die Ideale nicht als verbindlich für sich selbst anzusehen. Es ist immer eine Gratwanderung, wenn Menschen sich selbst als Führer, Idealisten oder vertrauenswürdige Quellen der Inspiration hinstellen.

Auch zu diesem Phänomen findet sich bei Charles Carter eine aufschlußreiche Erklärung. In *Essays on the Foundations of Astrology* macht er klar, daß es notwendigerweise nur sehr wenige Menschen gibt, die sich dadurch auszeichnen, daß sie anderen gute Ratschläge geben können. Die »jupiterhafte Tendenz zur Heuchelei« rührt nach Carters Ansicht daher, daß der Mensch der Versuchung erliegt, zu behaupten, im Besitz eines »inneren Wissens« zu sein. Carter führt Börsenhändler, Spezialisten für Pferdewetten und andere illustrierende Beispiele für Jupiter-Menschen an, die es in ihrem Lebensbereich zu weit getrieben haben. Wenn er das Kabelfernsehen des Jahres 1990 gesehen hätte, wären seiner Liste bestimmt noch jene Scharlatane hinzugefügt, die uns zeigen wollen, wie man schnell reich werden oder all seine Probleme über Nacht lösen kann. Parallel dazu weist Carter auch auf die Vertreter verschiedener Sekten hin, die behaupten, in Verbindung mit esoterischen Mächten zu stehen oder spirituelles Wissen zu besitzen. Er sagt weiterhin, daß das Erteilen von Ratschlägen bei beiden Jupiter-Zeichen stark verbreitet ist – und daß es der persönlichen Eitelkeit ungemein schmeichelt, wenn die Empfänger der Ratschläge den Ratgeber mit Dankbarkeit und Bewunderung nur so überschütten.

Paul Wright erwähnt, daß einige der als Gurus oder große Lehrer angesehenen Menschen von anderen beschuldigt werden, mehr zu versprechen, als sie einlösen.

Bhagwan Rajneesh (Osho) hatte eine Schütze-Sonne. Er versprach viel, war aber schließlich die Ursache großer Enttäuschung und Desillusionierung. Billy Graham hat einen Schütze-Mond, L. Ron Hubbard, der Gründer der Scientology-Sekte, hat einen Schütze-Aszendenten, Krishnamurti hat einen Schütze-Mond. Er war die große Hoffnung der Theosophen und wurde als die Reinkarnation von Buddha angesehen. Letztendlich wies er diesen Titel und alle Ansprüche, die damit verbunden waren, zurück. Werner Erhard, der 1971 in Kalifornien das EST gründete, hat einen Schütze-Mond. Viele der Personen, die in den 60er Jahren als spirituelle Führer angesehen wurden, zeichneten sich durch starke Schütze-Stellungen aus: Alan Watts (Schütze-Aszendent) beispielsweise schrieb eine Reihe von Büchern, die für spirituell Suchende von grundlegender Bedeutung waren.

Einige astrologische Schriftsteller haben behauptet, daß Jupiter nichts Schlechtes zur Folge haben könnte und daß sich allenfalls infolge seines Expansionsdrangs und seines übermäßigen Optimismus gelegentlich Exzesse ergeben würden. Wir haben gesehen, daß das Wesen und die Energie von Jupiter gegensätzliche und durchaus auch negative Auswirkungen haben können. Ist nicht die Annahme berechtigt, daß Stolz die Ursache des menschlichen Sündenfalls im Garten Eden war? Und ganz bestimmt hat der Jupiter-Mensch eine besondere Fähigkeit, aus falsch verstandenem Stolz Fehler zu begehen. Einige Schriftsteller haben (korrekterweise) angemerkt, daß es vor allem ein Jupiter-Fehler ist, Dinge zu versprechen, die man dann nicht hält. Carter schreibt, daß – wie man das Böse auch definieren mag – Jupiter ohne weiteres zu einem substantiell negativen Verhalten imstande ist, als Folge seines Mutes und seiner Tollkühnheit. Weiterhin führt er an, daß viele herausragende Kriminelle neben anderen bedeutungsvollen Horoskop-Faktoren wichtige Jupiter-Aspekte in ihrem Geburtsbild aufweisen.

Ich vermute, daß der Leser nun nicht mehr versucht ist, Jupiter durch die rosarote Brille zu betrachten. Ohne Zweifel sind seine positivsten Ausdrucksformen erhaben und bewundernswert – wir sollten aber die andere Seite der Medaille niemals aus dem Blick verlieren. Grant Lewi faßt in den Seiten über den Schützen treffend zusammen, welche problematischen Seiten mit den verschiedenen Ausdrucksformen von Jupiter verbunden sein können. Ich gebe diese Zitate hier in aller Ausführlichkeit wieder, wobei ich glaube, daß es der Genauigkeit keinen Abbruch tut, wenn man den Begriff *Schütze* durch *Jupiter* ersetzt.

Unbeständigkeit, Ziellosigkeit, Ungerichtetheit, Oberflächlichkeit und mangelndes Konzentrationsvermögen sind die schlimmsten Schütze-Fehler. Die negativen Schützen sind fortwährend aktiv. Sie sind immer mit etwas beschäftigt, ohne daß man erkennt, welches Ziel sie damit verbinden. Sie sind immer auf dem Sprung und wahrscheinlich weitschweifig. Derjenige, der die Einsamkeit schätzt und der sich von der Intensität und dem Lärm des Lebens abzugrenzen versucht, kann den Schützen in seinem negativsten Ausdruck ziemlich abstoßend finden. Schützen sind außengerichtet, auf Kontakte aus und daran interessiert, andere zu treffen und etwas zu unternehmen – alles im Rahmen von Aktivitäten, die andere ermüden, weil die Schützen kein Ziel und keine erkennbare Absicht haben. Nur selten weist der Schütze selbst dabei eine überdurchschnittliche Vitalität auf.

Die Sünde des negativen Schützen ist Verschwendung: Verschwendung der persönlichen Kräfte, wenn seine äußerliche Universalität sich aufsplittert und zu nichts anderem als einem Abschweifen des Geistes und der Aufmerksamkeit wird; Verschwendung von Geld und materiellen Dingen, wenn das Sich-Erheben über das Materielle zu Extravaganz und zur Mißachtung des Besitzes wird. Grant Lewi: *Your Greatest Strength*

Um dieses Kapitel nicht mit einer zu negativen Einschätzung eines sehr positiven Planeten abzuschließen, möchte ich noch einmal mit Nachdruck darauf hinweisen, daß Jupiter auf besondere Gaben, positive Qualitäten und hochentwickelte Fähigkeiten hinweist, welche oftmals von dem Betreffenden als gegeben angesehen werden. Diese persönlichen Eigenschaften und Qualitäten sind so selbstverständlich und ohne jede Anstrengung erworben worden, daß man sich ihrer häufig nicht bewußt ist. Das ist ein weiterer Grund, um die Stellung Jupiters im Horoskop zu untersuchen: um neben der Erkenntnis des persönlichen Potentials die entwickelteren und positiveren Ausdrucksformen und Talente zu entdecken, auf die man bereits eingestimmt ist. Dies allerdings, ohne darüber in eine unangebrachte hochmütige Einstellung zu verfallen.

Allgemeine Richtlinien
für die Interpretation Jupiters

Wo immer Jupiter im Horoskop in Erscheinung tritt, handelt es sich um einen Bereich von potentieller Weiterentwicklung und Expansion, um eine Gelegenheit, seine höheren Ideale und seine Lebensphilosophie zu überprüfen.
Landis Knight Green: *The Astrologer's Manual*

In dem folgenden Abschnitt möchte ich eine Reihe von Richtlinien anführen, die meiner Erfahrung nach sehr hilfreich für das Verständnis von Jupiter im Horoskop sein können. Sich auf diese Regeln zu beziehen ist möglicherweise eine sehr fruchtbare Übung, ob es dabei nun um die Erforschung des eigenen Horoskops oder um das enthüllende Gespräch mit einem Klienten geht. Der Leser möge diese Richtlinien auf jedes Horoskop anwenden. Es ist darauf hinzuweisen, daß sie sich insbesondere auf das *Zeichen* und das *Haus* Jupiters und/oder auf seine *Aspekte* beziehen. Weiterhin muß noch gesagt werden, daß besonders bei Horoskopen mit einem stark betonten Fische- oder Schütze-Zeichen alle Jupiter-Faktoren von herausragender Bedeutung sind.

Wann immer ich von einem »starken Jupiter« spreche, sind damit auch Horoskope mit einem stark besetzten Fische- oder Schütze-Zeichen gemeint.

• Jupiter bedeutet die Expansion des Energieflusses, der von dem Element, in dem dieser Planet im Horoskop steht, angezeigt ist. Oftmals kommt es nur darauf an, sich dieser Quelle bewußt zu werden und sich ihrer bewußt zu bedienen.

• Ein starker Jupiter manifestiert sich für gewöhnlich als eine hoffnungsvolle, wohlwollende, lebhafte Persönlichkeit, oftmals auch als gute Laune. Jupiter läßt häufig Rückschlüsse darauf zu, welche Art von Humor der Betreffende hat.

• Die Jupiter-Stellung läßt darauf schließen, worin der Mensch einen Sinn sieht und welche Richtung er im Leben verfolgt, was ihn leitet und wie die Wahrheit beschaffen ist, nach der er zu leben versucht.

• Dort, wo Jupiter im Horoskop zu finden ist, versucht der Mensch beständig, neue Horizonte zu erkunden. In bestimmten Häusern und Zeichen kommt dieses Bedürfnis besser als in anderen zum Ausdruck, in Übereinstimmung mit den sozialen Konventionen, den moralischen Verhaltensnormen und anderem mehr. Auf jeden Fall besteht der Wunsch, in dem Bereich, der von Jupiter angezeigt ist, Verbesserungen zu erzielen.

• Die Jupiter-Stellung läßt häufig, wenn man es in der Beratung mit älteren Personen zu tun hat, auf intensiveres Nachfragen hin erkennen, wo der Betreffende daran gearbeitet hat, ein Wertesystem zu entwickeln sowie tiefreichende und umfassende Erkenntnisse durch ein Studium und/oder persönliche Erfahrungen zu erwerben.

• Die Stellung Jupiters zeigt einen Bereich an, der von Enthusiasmus und Optimismus geprägt ist, ein Gebiet, wo der Geborene sofort seine Zuversicht in Aktivität umsetzen kann. Es ist ein Lebensbereich, in dem man Wohltaten erwartet und auf dem man Gelegenheiten zum Wachstum sucht und bestrebt ist, andere an dem inneren Überfluß teilhaben zu lassen. Das ist ein wichtiger Punkt, weil Jupiter als außergewöhnlich großzügiger Planet nicht nur darauf aus ist, vom Leben reichhaltig bedacht zu werden, sondern seinerseits auch geben möchte, häufig in einem universell-großzügigen Sinn.

• Die Jupiter-Stellung deutet an, wo man für Erfahrungen offen ist (Marc E. Jones) und von seinen Chancen Gebrauch machen kann (Grant Lewi).

• Jupiter läßt durch seine Stellung im Geburtshoroskop erkennen, wo der Mensch sich frei von Druck fühlt und keine Angst hat; wo es zu Erfahrungen kommt, die ihm Raum geben zum Atmen, zum Expandieren, zum Wachsen und zum Ausdruck der eigenen Persönlichkeit. Seine Plazierung, besonders in den Zeichen, deutet an, welche Dinge und Aktivitäten den Glauben wiederherstellen und den Menschen wieder aufrichten können, wenn er am Ende ist (Rebecca Wilson).

• Jupiter verleiht allem, womit er verbunden ist, ein Gefühl für Moralbegriffe. Er läßt den Menschen einen Sinn in den Dingen sehen und gibt ihm die Motivation, für Ideen, Ideale, Ziele und dergleichen mehr einzutreten. Gleichermaßen ermutigt er in dieser Weise seine Umgebung. Mit der Jupiter-Stellung ist ein starkes Bedürfnis nach Aufrichtigkeit und Offenheit verbunden.

• Jupiter repräsentiert das Verlangen nach Größerem sowie den Wunsch, das Selbst mit etwas zu verbinden. Dieses Verlangen findet sich in den Bereichen, die von Jupiter berührt werden: Zeichen, Häuser und enge Aspekte.

• Die Jupiter-Stellung zeigt an, wo der Mensch Risiken auf sich nehmen sollte – weil es unbedingt notwendig ist, Wagnisse einzugehen, um Fortschritte in diesem oder jenem Lebensbereich zu erzielen. Es reicht nicht, die Pforte der Gelegenheit aufzustoßen; es gilt, den Mut aufzubringen, sie auch tatsächlich zu durchschreiten.

• Jupiter weist mit seiner Stellung darauf hin, wo Erfolg, Wohlstand und unproblematische Entwicklungen möglich sind. Das hängt damit zusammen, daß in diesen Bereichen eine intensive Energie vorhanden ist, daß man dort besondere Fähigkeiten zum Ausdruck des eigenen Wesens hat und auf die Gesellschaft im Großen einwirken kann.

• Die Jupiter-Stellung enthüllt, wo der Mensch durch genutzte Gelegenheiten Zuversicht und ein gesundes Selbstwertgefühl entwickeln kann. Die Grundlage ist das Vertrauen in das eigene Potential. Zu diesem Prozeß kommt es aber nur dann, wenn man die reich sprudelnde Quelle in seinem Inneren wirklich anzapft und zuläßt, daß die entsprechende Energie oder das entsprechende Talent beziehungsweise der höhere Geist im persönlichen Leben auch tatsächlich zum Ausdruck kommen kann.

3. Die Jupiter-Persönlichkeit

Die Größe eines Menschen läßt sich an der Größe der Dinge
ermessen, über die er sich aufregt.
Kentfield Morley

Bei der detaillierteren Untersuchung des Jupiter-Archetypen werden wir verschiedene Arten von Persönlichkeiten und Verhaltensweisen beschreiben, die allesamt mehr oder weniger deutlich ausgeprägte Charakteristiken der Schütze-Sonne darstellen. In manchen Fällen wiederum könnte es den Anschein haben, daß ich mich eher auf die Fische-Manifestation des jupitertypischen Ausdrucksbereichs beziehe. Und da in der astrologischen Literatur viel mehr über die Sonnen-Zeichen als über die Stellung der Planeten und die Aspekte geschrieben worden ist, kann es nicht verwundern, daß meine Zitate in einigen Fällen mit Beobachtungen übereinstimmen, die andere bei Menschen mit einer Schütze-Sonne gemacht haben.

Es ist wichtig, von Anfang an klarzumachen, daß die folgenden Ausführungen für alle gelten, die das im Horoskop haben, was wir ein »beherrschendes Jupiter-Thema« nennen könnten. Eine solch herausragende Stellung muß sich nicht nur auf den Aszendenten beziehen oder darauf, daß viele Planeten im Schützen oder in den Fischen stehen. Auch die Haus-Position ist hier von großer Bedeutung (zum Beispiel Jupiter im 1. Haus oder ein energiereiches 9. Haus) oder enge Aspekte oder Aspektstrukturen (beispielsweise Jupiter im Quadrat, in Konjunktion oder im Trigon zur Sonne, zum Mond oder zum Aszendenten).

Ich muß auch noch darauf hinweisen, daß Jupiter immer im Zusammenhang mit dem Horoskop in seiner Gesamtheit gesehen werden muß – trotz der Tatsache, daß er seine eigenen Talente nicht unter den Scheffel stellt und seine Träume nicht für sich behält. (In der Tat würde man sich manchmal wünschen, daß der Jupiter-Mensch sich etwas mehr Bescheidenheit zu eigen machen würde. Wenn der Rest des Horoskops auf eine demütigere Haltung schließen läßt, könnte auch der jupiterbetonte Mensch vielleicht seine überschwengliche Haltung zügeln.) Dem Menschen dagegen, der im Horoskop einige Planeten in Wasser-Zeichen hat, fehlt es möglicherweise trotz vieler Talente und Fähigkeiten an Vertrauen, seine Gaben öffentlich darzustellen. Und wer eine Betonung von Steinbock oder Jungfrau aufzuweisen hat, könnte seine expansiven Eigenschaften skeptisch beurteilen und es peinlich finden, diesbezüglich aktiv zu werden, mit der Konsequenz, daß er sie unterdrückt. Von Zeit zu Zeit aber werden sie sich Bahn brechen, woraus dann eine Art gespaltene Persönlichkeit resultieren könnte, was auf die Mitmenschen recht verwirrend wirken dürfte. Mit diesem Rat zur Vorsicht können wir nun darangehen, die Jupiter-Archetypen abstrakt zu erfassen – allerdings ohne die vielfältigen und komplexen Einzelfaktoren zu berücksichtigen, die bei jedem Menschen und in jedem Horoskop vorhanden sind.

Ein treffendes Schlüsselwort für Jupiter ist *Bestrebung*. Jupiter-Menschen haben Ziele vor Augen, selbst in Zeiten, in denen sie ihre Energien zwischen verschiedenen Aktivitäten aufsplittern oder wenn ihnen nicht wirklich bewußt ist, was sie eigentlich tun. Wie ein Schütze-Freund mir einmal sagte: »Ich schieße viele Pfeile in alle möglichen Richtungen ab. Irgendeiner davon trifft bestimmt!« Diese Idee findet sich auch in dem Buch von Marcia Moore und Mark Douglas wieder, wenn sie über die Schützen schreiben: »Sobald sie eine neue Vision erspähen, sprudeln sie nur so über von Worten, um die Aufmerksamkeit auf ihre Entdeckung zu lenken« (*Astrology, the Divine Science*). Ihr weitreichender Enthusiasmus und ihr grenzenloser Optimismus führen dazu, daß sie »die Dinge im Großen angehen« oder dazu, daß sie große Gesten machen und viel versprechen (ähnlich wir der Löwe), ohne sich zu vergewissern, ob ihre Ankündigungen überhaupt zu realisieren sind.

In jedem Fall brauchen Menschen mit einem starken Jupiter im Horoskop zumindest ein langfristiges Ziel, das ihr alltägliches Leben mit Bedeutung erfüllt und ihnen Anregung verspricht. Es ist ihnen wichtig, eine Vision zu haben – ungeachtet dessen, wie es um die Ideale oder die Ziele des Augenblicks bestellt ist. Manche Menschen ersetzen ihre Ziele oder Träume quasi mit Lichtgeschwindigkeit durch neue (das gilt insbesondere dann, wenn das Horoskop auch eine Uranus-, Wassermann- oder Widder-Betonung aufweist). Wenn sie nicht ein großes Ziel oder eine umfassende Vision vor Augen haben, ertragen sie das tägliche Einerlei kaum.

Immer wieder findet sich das Wort »Enthusiasmus«, wenn in der astrologischen Literatur von Jupiter und vom Schützen die Rede ist. Grant Lewi schreibt beispielsweise über den Schützen: »Sein Leben auf eine enthusiastische Art zu führen ist ihm so natürlich wie das Atmen.« (*Your Greatest Strength*) Enthusiasmus ist in der Tat eine schöne Gabe, und ihre Wichtigkeit sollte beileibe nicht unterschätzt werden. Diejenigen, die mit ihr ausgezeichnet sind, neigen dazu, sie als gegeben zu betrachten, und diejenigen, denen es daran mangelt, können sich gar nicht vorstellen, wie ein Leben in einem fortwährenden Zustand der Erregung beschaffen ist. Ein derartiger Zustand, in dem alles möglich scheint, ist die Voraussetzung für Inspiration und eine kreative Antriebskraft – die grundsätzliche Energie, die uns dazu bringt, langfristige Ziele zu verfolgen, wie beschwerlich oder fragwürdig der Weg dahin auch sein mag.

Dieser Enthusiasmus ist ansteckend, und er ist zum großen Teil für die Führungsqualitäten und die Inspiration verantwortlich, die Jupiter-Menschen zum Ausdruck bringen. Es ist eine besondere Macht – gewissermaßen eine göttliche Gabe –, mit einer solchen Energie und Verhaltensweise ausgezeichnet zu sein. In der Tat bedeutet die Wurzel des griechischen Wortes *entheos*, »im Besitz von Gott oder einer anderen übernatürlichen Macht« zu sein. Von daher können wir es dem Jupiter-Menschen in einem gewissen Sinn nicht übelnehmen, wenn er in dieser oder jener Hinsicht ein bißchen zuviel des Guten tut. Seine Extravaganz und übermäßige Zuversicht ist ja zumeist auch harmlos. Nur wenn man sich dieser machtvollen Energie, die größer ist als das Leben selbst, bedingungslos ausliefert, wodurch es zur exzessiven Ausdehnung des Ego sowie zu bombastischen und unrealistischen Plänen kommen würde, hat man die göttliche Gabe falsch eingesetzt. Im Extremfall kann das zur vollständigen Verausgabung oder gar zur Selbstzerstörung führen.

Zusätzlich kann es auch vorkommen, daß Jupiter-Personen, ohne es zu wollen, die Menschen um sich herum verletzen. Wenn man fühlt, wie sich persönliche Macht, Energie und Einflußsphäre vergrößern, wenn die Verheißung immer machtvollerer Visionen aufscheint und die Realisierung der Ziele greifbar nahe ist, ergibt es sich nur zu schnell, daß man für die alltäglichen Details des Hier und Jetzt sowie für die emotionalen Bedürfnisse der Menschen der Umgebung kein Auge mehr hat. Solche Belange vermitteln dann den Anschein des Kleinlichen, wenn sie denn überhaupt ins Bewußtsein vordringen. Und deshalb sind – wie es so oft vom Zeichen Schütze gesagt wird – seine Sünden eher darin zu sehen, daß er zuviel des Guten tut. Der Schütze ist nicht bewußt darauf aus, andere und ihre Gefühle zu ignorieren. Zu dieser Ignorierung kommt es nur deshalb, weil er glaubt, über den Dingen zu stehen, woraus dann häufig eine unpersönliche Teilnahmslosigkeit gegenüber menschlichen Gefühlen resultiert. Andere haben den Eindruck, daß sie mißachtet werden, speziell dann, wenn sich der Jupiter-Mensch selbst größer und größer macht.

Eine derart exzessive Ego-Inflation stellt einen der schlimmsten Jupiter-Züge dar. Zusammen mit der oft beschriebenen Selbstgerechtigkeit tritt damit womöglich ein anmaßendes Verhalten oder eine herablassende Einstellung gegenüber »Niederem« zutage. Eine derartig negative Jupiter-Manifestation kann sehr verletzend auf andere wirken, auch dann, wenn die Jupiter-Person sich nicht darüber im klaren ist, wie herablassend ihr Verhalten ist. Die anderen aber wissen genau, was sie davon zu halten haben. Es hat seinen Grund, daß Jupiter im Krebs als erhöht gilt: Eine solche Stellung symbolisiert Anteilnahme und Empfänglichkeit gegenüber den Gefühlen der Umgebung, was die Jupiter-Persönlichkeit im Idealfall tatsächlich zum Ausdruck bringt. In Verbindung mit den eher unpersönlichen und expansiven Tendenzen dieses Planeten sollte man sich vor ausufernden Übertreibungen hüten.

Die Schwierigkeiten, die jupiterbetonte Personen mit den unbequemen Zwängen der menschlichen Emotionen haben, werden von Tracy Marks anschaulich beschrieben. Im Zusammenhang mit dem Schütze-Mond führt sie an:

> Haben wir einen Schütze-Mond, brauchen wir die Freiheit, unsere Grenzen zu erweitern, neue Möglichkeiten zu entfalten und umzusetzen, zu reisen und/oder unser Verständnis zu entwickeln. Wir haben ein großzügiges Herz und sind gerne freigiebig. Außerdem streben wir danach, uns mit Humor und durch angenehme Gesellschaft über Schwierigkeiten zu erheben.
>
> Wenn wirkliche Bedürfnisse nicht gestillt werden oder wir mit Gefühlen oder Bedürfnissen in Kontakt kommen, die uns bedrohen, kann es sein, daß wir unserem Schütze-Wesen in einer defensiven und verzerrten Weise dadurch Ausdruck verleihen, daß wir unmittelbare Streitpunkte aufschieben oder vermeiden und uns auf die Zukunft konzentrieren, auf abstrakte Bereiche oder auf Tätigkeiten, die uns unterhalten oder zerstreuen. Vielleicht beschäftigen wir uns dann ausschließlich mit Idealen oder Zielen statt mit laufenden Aufgaben, intellektualisieren und philosophieren unablässig, reißen unangebrachte Witze oder ziehen rastlos von Aktivität zu Aktivität oder von Person zu Person, wobei wir ewig danach trachten, der Verantwortung zu entfliehen und gleichzeitig die innere Leere zu füllen.
> Tracy Marks: *Astrologie der Selbst-Entdeckung*

Tracy Marks fährt dann damit fort, zu erklären, wie der Mensch möglicherweise durch seine Erziehung dazu gekommen ist, Ängste vor emotionaler Nähe zu entwickeln und Zuflucht in abgeschiedeneren Bereichen zu suchen, statt auf die realen Bedürfnisse und Gefühle zu reagieren. Ich habe den Eindruck, daß eine solche Tendenz nicht nur bei Menschen gegeben ist, die eine Schütze-Betonung aufweisen (mit den Fischen geht für gewöhnlich eine deutlich emotionalere und empfänglichere Haltung einher), sondern bei allen, die einen starken Jupiter im Horoskop haben.

Das Gefühl der Überlegenheit, das jupitergeprägte Menschen manchmal zum Ausdruck bringen, kann unter Umständen außerordentlich anstößig wirken. Aus der Überzeugung heraus, für eine gerechte Sache zu kämpfen, degeneriert es eventuell zu einer heuchlerischen und kompromißlosen Selbstgerechtigkeit, die auch die verurteilenswerteste Schandtat mit dem Deckmantel der moralischen Überlegenheit zu kaschieren sucht.

Eine Haltung dem Leben gegenüber, die davon gekennzeichnet ist, ein vermeintlich »moralisch höherwertiges« Glaubenssystem zu besitzen, wird von Paul Wright näher beschrieben:

> Schütze und Jupiter symbolisieren insofern die Theokratie, das heißt eine Gesellschaft, die von einer Ideologie beherrscht ist, in der die Meinung vertreten wird, daß die wahre Realität etwas ist, das über die Welt der Erscheinungen hinausgeht. Sie gleicht weitgehend dem, was Sorokin die »ideationale« Kultur nennt; sie beruht auf dem Abbild der Ideen in der Erscheinungswelt. Der Schütze symbolisiert machtvolle und irrationale Überzeugungen in bezug auf eine bestimmte Wesenheit, die größer als das Individuum ist, ob es sich dabei nun um ein religiöses Wesen oder um eine politische Idee handelt. Eine solche Überzeugung ist tief verwurzelt und Argumenten nicht zugänglich. Überzeugungen gehen nicht auf rationale Erwägungen zurück, was bedeutet, daß es keinen Grund gibt zu glauben, daß rationale Erwägungen einen Einfluß auf sie haben oder sie modifizieren könnten. Kompromißlosigkeit ist eine Eigenschaft, die für den Schützen mehr als für jedes andere Zeichen gilt. Und im allgemeinen reicht es dem Schützen nicht, einfach einen Glauben zu haben. Seine Sicherheit scheint darauf zu beruhen, daß auch andere diesen Glauben teilen und ihn zum Ausdruck bringen. Der Schütze kann sehr freimütig und dabei selbstgerecht sein. Gemäß der Literatur ist ein verbreiteter Zug dieses Zeichens das Predigen. Es kann die Tendenz bestehen, indoktrinär zu wirken und die Handlungen mit einer moralischen oder politischen Botschaft zu befrachten.
>
> Paul Wright: *The Literary Zodiac*

Charles Carter stellt ebenfalls die negativen Auswirkungen dar, die mit der Jupiter-Liebe zum Predigen inspirierter Wahrheit verbunden sein können:

Der Schütze ist ohne jeden Zweifel ein vitales Zeichen, in vielerlei Hinsicht. Er stellt sein Licht nicht unter den Scheffel. Er ist rastlos – mental wie physisch. Was er hat, möchte er anderen auch mitteilen. Insofern ist er nicht nur großzügig oder gar verschwenderisch, was Geld betrifft, sondern ganz allgemein ein Mentor, ein Ratgeber, ein Prediger. Darin liegen ... Gefahren. Der Prediger muß überzeugt davon sein, etwas Wichtiges zu sagen zu haben, und das Recht besitzen, es zu tun. Ansonsten ist er nur ein Schaumschläger, der jenen Ratschläge erteilt, die so klug sind wie er – wenn nicht klüger.

Charles Carter: Essays on the Foundations of Astrology

Diese negativen Manifestationen sind in der Tat nichts anderes als Perversionen der größten Gabe, die dieser unverwüstliche Planet häufig verleiht: ein archetypischer Lehrer der höheren Weisheit zu sein. So formulieren Marcia Moore und Mark Douglas in ihrem Buch:

Der Schütze ist Lehrer und Prediger. Als Lehrer ist er bestrebt, die Blicke seiner Schüler auf die höheren Wahrheiten zu lenken; als Prediger erkennt er, daß der Mensch dazu angehalten werden muß, den Weg der Rechtschaffenheit zu gehen.

Marcia Moore und Mark Douglas: Astrology, the Divine Science

In seinem positivsten Ausdruck inspiriert der Jupiter-Lehrer seine Schüler dazu, kompromißlos für ihre Ziele und Wahrheiten einzutreten. Ein solcher Lehrer stellt den Sinn der Fakten und Traditionen heraus und weist den Schüler auf das Mögliche und Potentielle hin. Er predigt eine Philosophie des Lernens, die offen ist und zu Hoffnungen berechtigt, die den Schüler zuversichtlich in die Zukunft schauen läßt und die ihn mit Dankbarkeit erfüllt, wenn er durch sein unerschrockenes Erforschen der vielfältigen Möglichkeiten Verständnis gewinnt. Zweifellos besteht ein großer Bedarf an Predigern, die flexibel und in ihren Überzeugungen nicht dogmatisch sind. Solches Predigen stellt eine erhebende Vielfalt des Lehrens dar, und sie entspricht der wahren Begriffsbestimmung von Erziehung respektive Edukation: das Herausführen (aus der Dunkelheit). Es ist interessant, daß viele fähige Lehrer sich der jupiterhaftesten aller Methoden bedienen, um das Denken ihrer Schüler zu fordern: der Argumentation und der Diskussion. Diese Art von verbalem Duell – die in gewisser Weise an einen Schützen denken läßt, der mit seinem Pfeil auf der Zielscheibe Punkte erzielen möchte – stellt eine ursprüngliche, heutzutage vernachlässigte Lehrmethode dar, die von Jupiter-Menschen häufig als vergnüglich und zugleich effektiv eingeschätzt wird.

Die Zerfallstendenzen im westlichen Erziehungssystem haben meinem Gefühl nach eine wesentliche Ursache in der Auflösung der Student-Lehrer-Rolle aus kulturellen, finanziellen und anderweitigen Gründen. Das zeigt sich auf allen Ebenen des Bildungssystems. Die überfüllten Klassenräume und der abnehmende Respekt, mit dem Studenten und Eltern den Lehrern heutzutage begegnen, haben diesen Prozeß noch beschleunigt. Mit der wachsenden Anzahl von computergesteuerten und TV-gestützten Studienplätzen wird sich dieser Trend ohne Frage weiter verstärken. Die durch Einsatz der Elektronik, die in vielen Bereichen ein effektiveres Lernen ermöglicht, gewonnene freie Zeit der Lehrer sollte dahingehend genutzt werden, daß sie sich mehr als Anleiter und Berater hervortun, die am persönlichen wie akademischen Fortschritt ihrer Studenten aufrichtigen Anteil nehmen. Das würde eine aktuelle Wiederbelebung des Lehrer-Archetyps bedeuten. Page Smith schreibt:

> Ohne persönliche Anteilnahme des Lehrers an den Bedürfnissen und Sorgen – seien diese nun akademischer oder persönlicher Art – seiner Studenten kann es keine ordentliche, angemessene und respektable Erziehung im eigentlichen Sinne dieses oft mißbrauchten Begriffs geben. Das, was bleibt, ist nichts anderes als der »Informationstransfer« oder die bloße »Instruktion«, »Kommunikationstechnik« oder welche anderen unpersönlichen und antiseptischen Begriffe man dafür noch benutzt. Es handelt sich dabei nicht um ein Lernen, und der Student lernt nicht wirklich. Page Smith: *Killing the Spirit*

Die Jupiter-Beziehung zum Archetypus des Lehrers wird von der westlichen Astrologie nicht aufgegriffen. In der hinduistischen (oder auch vedischen) Astrologie dagegen wird Jupiter als *Guru* bezeichnet und in Verbindung mit dem göttlichen Lehrer gebracht, der Weisheit über die Menschheit ausgießt, der dem Charakter Erhabenheit verleiht und ihn spirituell und moralisch erhöht. Dies ist ein weiterer Hinweis, wie wichtig Jupiter in der astrologischen Wissenschaft ist – und wie tragisch es wäre, wenn wir als Individuum sowie als Gesellschaft weiterhin diese entscheidende Dimension des Lebens außer acht lassen würden.

Ein perfektes Beispiel einer jupitergeprägten Persönlichkeit stellt Winston Churchill dar, der am 30. November 1874 mit Jupiter in Konjunktion zu Mars, im Sextil zur Venus und mit der Sonne und der Venus im Schützen geboren wurde. Neben seiner schriftstellerischen Tätigkeit (Churchill verfaßte umfangreiche Bücher) war er natürlich bekannt für seine Redegabe (man beachte die Faktoren, die das 3. Haus prägen). Man kann mit Fug und Recht sagen, daß er in der Zeit, als die gesamte westliche Welt Inspiration und Optimismus brauchte, sich als ein Prediger mit außergewöhnlichen Fähigkeiten erwiesen hat. Sogar sein Geburtsherrscher, die Venus, stand bei ihm im Schützen. Während des Zweiten Weltkriegs ließ er erkennen, daß er von einer höheren moralischen Ebene aus argumentierte, welche die faschistische Aggression in die richtige Perspektive rückte. Seine Erwähnung der »sonnenbeschienenen Höhen« und andere ähnliche Visionen einer leuchtenden Zukunft könnten nicht treffender für Jupiter sein. So läßt zum Beispiel auch der folgende Auszug aus einer Rede vom 8. Dezember 1941 – dem Tag nach der Bombardierung Pearl Harbours durch die Japaner – erkennen, daß es sich hier um eine durch das Element Feuer geprägte Führungspersönlichkeit handelt:

> In der Vergangenheit sahen wir ein flackerndes Licht, in der Gegenwart sehen wir ein Licht, das hell aufscheint, und in der Zukunft werden wir ein Licht sehen, das das ganze Land und das Meer in hellem Glanz erstrahlen läßt.
>
> Winston Churchill, *aus einer Rede vom 8. 12. 1941*

Das folgende Zitat von Grant Lewi über den Schützen liest sich, als wäre es speziell darauf gemünzt, Churchills Rolle im Zweiten Weltkrieg zu beschreiben:

Der positive Schütze ist ... innerlich der Überzeugung, daß er viel zu geben hat. Wenn andere weniger Glück haben als er, ist es ihm eine Selbstverständlichkeit, sie an seinem Überfluß teilhaben zu lassen. Er gibt dabei weniger Materielles als Geistiges: Führungseigenschaften, Zivilcourage, Selbstrespekt. Von ihm gehen Impulse aus, wenn die Energien zu schwinden drohen und der Glaube zu unterliegen scheint. Alle, die mit ihm in Kontakt kommen – wie flüchtig dieser auch sein mag –, fühlen sich durch seine Wärme, Lebhaftigkeit, Direktheit und seinen Elan ermutigt.

Grant Lewi: Your Greatest Strength

Lewis Bezugnahme auf den Elan und das Aufmunternde hängt eng mit der »erhebenden Qualität« zusammen, die im Idealfall vom Jupiter-Menschen ausgeht.

Es muß auch darauf hingewiesen werden, daß Churchill in einem bemerkenswerten Maße über prophetische Eigenschaften verfügte: Er warnte sehr frühzeitig vor der Bedrohung durch die Nationalsozialisten, wofür er offen im Parlament verlacht und von denen, die die Macht in England hatten, als Plage hingestellt wurde. Auch was den »Eisernen Vorhang« (der Begriff wurde von ihm geprägt) anging, traf seine Prophezeiung zu, daß sich die UdSSR als beherrschende Macht Osteuropas durchsetzen würde. Seine risikobereite, abenteuerliche Persönlichkeit ist legendär. Seine Furchtlosigkeit kam einmal darin zum Ausdruck, daß er sich während eines Luftangriffs in London auf das Dach des Parlamentsgebäudes stellte, um eine bessere Sicht zu haben. Das läßt darauf schließen, daß er sich im Bunde mit einer höheren Macht wußte, von der er sich Schutz versprach und auf die er vertraute, um seiner Bestimmung tatsächlich gerecht werden zu können (sein Mut ist im Horoskop von der Mars/Jupiter-Konjunktion angezeigt). Und als er erfuhr, daß er der nächste Premierminister sein würde, legte er sich abends zu Bett und schlief, wie er später bekannte, ungewöhnlich tief und ruhig – in einer Situation, in der die meisten anderen Menschen von den ernsthaftesten Sorgen geplagt worden wären. Um Churchills weitreichende Perspektive, seine prophetische Vision sowie die philosophische Note seiner Worte wiederzugeben, zitiere ich einen Passus aus einer Rede, die er 1935 im englischen Parlament gehalten hat. Sie macht durch ihre Weitsicht der aufkommenden Bedrohung des internationalen Friedens betroffen.

Als die Situation noch zu kontrollieren gewesen wäre, schenkte man ihr keine Beachtung. Nun ist sie außer Kontrolle geraten, und es ist zu spät, die Heilmittel anzuwenden, die damals zum Erfolg hätten führen können. Das ist alles nichts Neues. Das Ganze ist so alt wie die Sibyllinischen Bücher. Es fällt in den langen, unerfreulichen Katalog der Sinnlosigkeit von Erfahrung und der erwiesenen Unbelehrbarkeit der Menschheit. Mangel an Weitsicht; die Weigerung, aktiv zu werden, wenn es noch einfach und effektiv ist, die Initiative zu ergreifen; ein getrübtes Denken; verwirrende Ratschläge, wenn sich der Notfall dann ergibt; und schließlich die laute Alarmglocke des Selbsterhalts – das sind die Züge, die für die endlose Wiederholung der Geschichte verantwortlich sind.

Winston Churchill, in einer Rede des Jahres 1935

Eine andere Persönlichkeit mit der Schütze-Sonne, der Komponist Ludwig van Beethoven, ist ein perfektes Beispiel der jupiterbetonten Tendenz zur Expansion und Weiterentwicklung über die bestehenden Grenzen des Aktivitätsbereichs hinaus, für den man sich entschieden hat. Paul Wright schreibt dazu:

Beethoven hat die musikalischen Ausdrucksformen entscheidend weiterentwickelt. Die Klaviersonate wurde zum Beispiel von vielen Komponisten des ausgehenden 18. Jahrhunderts verwendet. Beethoven schrieb allein etwa 30 Sonaten, wodurch er das Genre seiner Möglichkeiten beraubte – es war einfach ausgeschöpft. Nach seiner Zeit wurden nur noch wenige solcher Sonaten geschrieben. Es gibt Stimmen, die behaupten, daß er auch die Symphonie an ihre Grenzen führte – oder sie zumindest zu ihrer Blüte brachte.

Paul Wright: The Literary Zodiac

Die »erhebende« Eigenschaft der rednerischen und machtvollen musikalischen Gaben Beethovens läßt mich an eine andere aufmunternde Qualität denken, für die Jupiter bekannt ist: Lachen,

Humor und temperamentvolle Späße. Im Idealfall sind Jupiter-Menschen wahrhaft *jovial* in ihrem Ausdruck und in ihrer Fähigkeit, andere von Depressionen und Verzagtheit zu befreien. Unter den vielen Arten des Humors (die Venus beispielsweise steht für vergnügliche zwischenmenschliche Harmonie, Uranus dagegen für eher schockierende Sozialkritik) ist die von Jupiter zweifellos von besonderer Bedeutung für unser Wohlbefinden und demzufolge für unsere allgemeine Verfassung. Jupiter verleiht uns die Fähigkeit, über unmittelbare Details hinwegzusehen und über die augenblicklichen Grenzen oder schmerzhaften Beschränkungen hinauszuwachsen. Mit ihm können wir eine Perspektive und die Fähigkeit entwickeln, schwierige Krisen zu überstehen – ob es sich dabei um psychische Schocks oder um physische Leiden handelt, was in Verbindung damit zu sehen ist, daß der Schütze im Tierkreis auf den Skorpion folgt. Jupiter symbolisiert, wie man sagt, die Wiederherstellung. Dabei handelt es sich um einen Weg, der nicht nur darauf zielt, eine positivere Einstellung zu entwickeln, sondern der auch viel damit zu tun hat, sich selbst und die Umstände des Lebens verbessern zu wollen. Einmal mehr sehen wir, daß Jupiter damit zusammenhängt, das Leben in Übereinstimmung mit einem Ideal zu bringen. Und natürlich ist seine Verbindung zum Lachen und zum Glauben ein Indiz für die wichtige Rolle, die er für die Gesundheit und den Heilungsprozeß spielt.

Die Verbindung zwischen Lachen und Heilung ist inzwischen zu einem Gebiet ernsthafter Forschung geworden, zu dem in den letzten Jahren zahlreiche Bücher und Artikel erschienen sind. Es wurde beispielsweise darauf hingewiesen, daß das Lachen zu vermehrter Produktion von Endorphinen führt, die ihrerseits zahlreiche positive Einflüsse auf die Gesundheit haben. Daneben ist Heilung durch Glauben oder durch ein offenbarendes Erlebnis ein Phänomen, das seit Jahrtausenden bekannt ist. Man sollte die Macht, die von einer derartig gebündelten Energie im individuellen Kraftfeld des Menschen ausgeht, nicht unterschätzen, und es ist auch gar nicht möglich, den Bereich, auf dem sie zu positiven Auswirkungen führen kann, zu begrenzen. Mit anderen Worten: Die gute Laune, die mit Jupiter einhergehen kann, macht nicht nur Spaß, sondern trägt auch ganz entscheidend zu unserer gesundheitlichen Verfassung bei. Norman Cousins faßt die Verbindung zwischen Humor und Heilung folgendermaßen zusammen:

> Die Bibel teilt uns mit, daß ein zufriedenes Herz wie ein Arzt wirkt. Es ist schwer, genau zu sagen, was sich in dem menschlichen Geist und im Körper als Reaktion auf den Humor ergibt. Der hier offensichtlich bestehende Zusammenhang hat die Spekulationen von Ärzten, Philosophen sowie auch von Gelehrten ganz allgemein über Jahrhunderte angeheizt ... Robert Burton führte vor fast vier Jahrhunderten in seiner *Anatomie der Melancholie* Autoritäten für seine Beobachtung an, daß »Humor das Blut reinigt und den Körper jung und lebhaft erhält und für jede Art von Aktivität« bereitmacht. Ganz allgemein sagt Burton, daß Frohsinn der »Hauptantrieb für den Kampf gegen die Festen der Melancholie ist ... und ein geeignetes Kurmittel darstellt«. Für Hobbes ist das Lachen eine »Passion von plötzlichem Glanz«.
>
> Norman Cousins: *Anatomy of an Illness*

Humor spielt bei der Lösung von Problemen eine wichtigere Rolle, als gemeinhin angenommen wird. Der Mensch, der ein offenes Herz erkennen läßt und der auch in Krisen oder gefährlichen Situationen einen hochgesinnten Geist und eine humorvolle Einstellung zeigt, wird häufig als außergewöhnliche Führungspersönlichkeit angesehen: im Gegensatz zu denjenigen, die bei den kleinsten Anlässen eine Überreaktion zeigen, die sich der Negativität von Ängsten hingeben oder in Streßsituationen vor Aufregung zittern und von denen bei wichtigen Unternehmungen kaum Beistand zu erwarten ist. Der römische Schriftsteller Horaz formulierte es vor 2000 Jahren so: »Ein Scherz, ein fröhliches Wort bringt die wichtigsten Dinge häufig zu einem besseren Ende als Ernsthaftigkeit oder Strenge.«

Es ist die Fähigkeit, sich über die kleinen Widrigkeiten des Lebens zu erheben, die in erster Linie für die erhabenste der Jupiter-Tugenden verantwortlich ist: die Weisheit. Der große amerikanische Philosoph William James formulierte: »Weise zu sein beruht darauf zu wissen, was man übersehen kann.«

Der Jupiter-Mensch als soziales Idol

Es gibt noch einen anderen Aspekt der jupitergeprägten Persönlichkeit, auf den in der astrologischen Literatur bisher kaum eingegangen wurde: die Tendenz, den mit diesem Planeten verbundenen Idealismus in übersteigerter Form auf eine bestimmte Person zu richten, die dann als Ideal gesehen wird, das größer ist als das Leben selbst, als Held oder auch als kulturelle Ikone. Paul Wright erforscht dieses Phänomen in einem brillanten Artikel, der zum Zeitpunkt der Niederschrift dieses Buches noch nicht veröffentlicht ist. Ich möchte ihn an dieser Stelle ausführlich zitieren.

Wir leben heute nicht mehr in einer religiös geprägten Zeit. Das menschliche Bedürfnis nach Unergründlichem, nach dem Umfassenderen, Vollkommeneren und Mächtigeren aber ist nicht verschwunden. Es hat allerdings eine perverse Entwicklung genommen. Statt auf das Unendliche zu hoffen, haben wir uns Götter unter den Sterblichen gesucht. Wir machen aus Sportlern und Künstlern »Superstars«. Wir beten immer wieder neue Schauspieler, Sportler und Musiker an. Mit anderen Worten: Wir erhöhen sie. Dieses Phänomen, das Gewöhnliche zu etwas Außergewöhnlichem zu erheben, ist eine besondere Eigenschaft von Jupiter und dem Schützen (weniger von den Fischen). Auf der allgemeinen Ebene des Verhaltens wirkt sich dies auf zwei grundlegende Arten aus: Speziell diejenigen, die einen starken Jupiter oder eine starke Schütze-Betonung im Horoskop haben, werden mit dem Lorbeer des Helden oder Königs gekränzt. Gleichermaßen weist insbesondere der Jupiter/Schütze-Typ in einem überdurchschnittlichen Maße die Neigung zum Idealisieren und Vergöttern auf.
    Wir wollen hierzu einige Beispiele betrachten. In der Musik können wir uns auf Elvis Presley beziehen, der häufig als »King« bezeichnet wurde. Er wurde – und wird – gefeiert und auf ein Podest gestellt, ohne jede Verhältnismäßigkeit zu seinem

wahren musikalischen Talent, und er hat einen Schütze-Aszendenten. Andere legendäre Rock-Stars oder auch Rock-Ikonen sind zum Beispiel Jim Morrison und Jimi Hendrix (beide mit einer Schütze-Sonne), Marc Bolan (Schütze-Aszendent) und Bob Dylan (Schütze-Aszendent und Jupiter in Konjunktion zur Sonne). Leute wie Elvis und Jim Morrison haben ihren eigenen Schrein: Man besucht ihre Gräber, so wie man zu christlichen Zeiten auf Pilgerfahrt ging. Frank Sinatra (Schütze-Sonne) ist meiner Einschätzung nach ein weiterer Fall, bei dem der Ruhm in keinem Verhältnis zum Talent steht. Diese Unangemessenheit ist typisch für Jupiter.

Was die Filmwelt betrifft, ist auf James Dean (Jupiter am MC) und auf Marlon Brando (Schütze-Aszendent) zu verweisen.* Brando hat sich über seinen Ruhm lustig gemacht, indem er jüngst in einem Zeitungsartikel mit folgenden Worten zitiert wurde: »Ich bin nichts weiter als ein ganz gewöhnlicher Scheißkerl, der bei Filmaufnahmen in einem Wohnwagen lebt – und die Leute kommen und suchen nach einem Zeus.«

Der Flieger Charles Lindbergh war ebenfalls Gegenstand einer ungeheuren Verehrung (auf die eine oder andere Art zu Lasten der anderen Pioniere der Luftfahrt wie beispielsweise Alcock und Brown, welcher in Wirklichkeit der erste war, der den Atlantik überquerte). Er hatte einen Schütze-Mond und Schütze-Aszendenten.

Einstein besaß einen Schütze-Mond; auf ihn richtete sich eine ganz banale Heldenverehrung, die mit dem Inhalt seiner wissenschaftlichen Unternehmungen nur wenig zu tun hatte.

Der sowjetische Schriftsteller Alexander Solschenizyn stellt einen weiteren Fall von Idolisierung beziehungsweise eine kulturelle Ikone dar.

Paul Wright, *aus einem unveröffentlichten Artikel*

Die Sehnsucht nach einem Ideal, einem Ziel oder einer Wahrheit, wofür man leben kann, ist eine der fundamentalen Jupiter-Eigen-

---

* Manchmal wird Brandos Horoskop mit einem Skorpion-Aszendenten wiedergegeben. Aber selbst in diesem Fall hätte er eine markante Jupiter-Stellung, nämlich Jupiter im 1. Haus.

schaften. Möglicherweise habe ich auf die Beziehung von Jupiter zum Reisen in jeglicher Form bisher zuwenig Nachdruck gelegt. Es kann sich dabei um Reisen in konkreter Form oder auch um die Lebensreise als eine Lernerfahrung und um das Wagnis der Suche nach Wahrheit handeln. Die meisten Menschen mit einer Betonung von Jupiter, dem Schützen, den Fischen oder dem 9. Haus fühlen sich zu den verschiedensten Formen des Reisens hingezogen, einfach wegen des weiten Spektrums an Erfahrungen, das damit verbunden ist. Ich habe bereits auf das rastlose Umherziehen hingewiesen, das manchmal mit Jupiter und den beiden Zeichen, über die er herrscht, einhergeht. Positiv gesehen können Reisen den Menschen dazu bringen, Risiken auf sich zu nehmen und Abenteuer zu suchen. Und oft weiß der jupitergeprägte Mensch, daß die Erkundung der äußeren Welt ihm hilft, sein Inneres näher kennenzulernen. Die Spruchweisheit »Reisen weitet den Horizont« gilt für die Jupiter-Persönlichkeit mehr als für jede andere.

Schließlich müssen wir bei der Erforschung der Jupiter-Typen noch auf das eingehen, was diesen Menschen am allerwichtigsten ist: die Zukunft. Ich denke, es läßt sich ganz allgemein über die menschliche Natur sagen, daß die meisten Menschen ihre Erfahrungen in einen Zusammenhang mit der Zukunft und ihren Erwartungen an diese bringen. Was den Schützen betrifft, ist dieses Bedürfnis von grundsätzlicher Wichtigkeit, es macht den Kern seines Wesens aus. Jede Unzufriedenheit mit der Gegenwart führt bei ihm dazu, seine Vision der Zukunft zu überdenken und neu zu definieren.

Insbesondere für jupitergeprägte Menschen kann aus der Ahnung, Hoffnung, Freude oder Spannung hinsichtlich der Zukunft der Sinn der Gegenwart abzuleiten sein. Dies kann in Verbindung stehen mit einer erwarteten Anerkennung, dem Erreichen eines Zieles oder eines befriedigenden Resultates sowie ganz allgemein mit Emotionen. Für den menschlichen Geist ist es oft schwierig, in der Gegenwart Erfüllung zu finden, und so kommt es tatsächlich auf seine Vision der Zukunft an (auch wenn sich dies oft auf das Unbewußte bezieht). Natürlich kann es sich auch hier immer wieder einmal ergeben, daß man in der Vergangenheit und den damit verbundenen Emotionen, Sehnsüchten und Empfindungen des Bedauerns lebt. Insofern ist der Mensch von seiner Vergangenheit wie von seinen Zukunftshoffnungen abhängig. Gegenwart und Zukunft sind auf kuriose Weise miteinander verknüpft – weil unsere Visionen und Ziele darüber entscheiden, wie wir unsere Gegenwart formen (genauso, wie unsere gegenwärtigen Aktivitäten und Gedanken systematisch unsere Zukunft formen). Carolyn Myss und Norman Shealy formulieren das so:

> Das, was der Mensch für die Wahrheit über das Leben, über Gott, die anderen, das Schicksal oder über das Glück hält, spielt eine sehr wichtige Rolle dabei, welche Art von Leben er führt. Weil das, was wir glauben, aufs engste mit unseren Gefühlen zusammenhängt, beeinflussen unsere Überzeugungen die Art und Weise, wie wir emotional auf das Leben reagieren. Die uns bestärkenden Glaubensmuster und die positiven mentalen Einstellungen haben insofern eine grundsätzliche Bedeutung bei der Formung eines gesunden Körpers wie eines gesunden Lebens überhaupt.
>
> Carolyn Myss und Norman Shealy: *The Creation of Health*

Viele spirituelle Wege beruhen darauf, daß der Mensch im Idealfall ein Leben führen soll, das vollständig auf das Hier und Jetzt gerichtet ist – weil wir so klarere und bewußtere Entscheidungen treffen können, die in der Zukunft reiche Früchte tragen werden, und nicht länger von Zukunftsphantasien besessen sind, die uns den Blick auf das versperren, was direkt vor unserer Nase liegt. Wir können aber erst dann auf eine solch spirituelle Weise leben, wenn wir ein jupitergemäßes Ideal oder einen Jupiter-Glauben haben, der uns bei der Stange hält und der uns dazu bringt, die Lebenskunst der ewigen Gegenwart zu entwickeln. Da die Zukunft und unsere Ideale einen so großen Einfluß auf das Leben in jeder Beziehung haben, scheint es nur zu logisch, die praktische Notwendigkeit von zukünftigen Visionen oder Zielvorstellungen anzuerkennen. Das kann damit in Verbindung stehen, zu erforschen, welche Bedeutung Jupiter im Geburtshoroskop hat. So können wir uns klarer darüber werden, welche Hoffnungen und Sehnsüchte wir im Hinblick auf die Zukunft haben.

Die Ausdrucksebenen von Jupiter

Bevor wir die spezifischen Interpretationsrichtlinien für Jupiter in den einzelnen Zeichen diskutieren, muß darauf hingewiesen werden, daß bei diesem Planeten ein außerordentlich umfassendes Spektrum von Ausdrucksmöglichkeiten im persönlichen Bereich besteht. Ohne Rücksprache mit dem Menschen, dessen Horoskop interpretiert wird, ist es ungemein schwierig zu entscheiden, wie sich die betreffende Energie und Funktion auswirkt. Jeder Mensch lebt entsprechend seiner Bewußtseinsebene, und Jupiter kann in Verbindung damit auf die verschiedensten Arten in Erscheinung treten. Für gewöhnlich kommt Jupiter auf zwei oder noch mehr Ebenen zum Ausdruck – er ist einfach zu expansiv für die engen Schubladen der analytischen Untersuchung.

Jupiter kann besonders auf den folgenden Ebenen in Erscheinung treten:

- Physisch-materielle Ebene: Wohlstand, Reichtum, weltlicher Erfolg, Ruhm, Stolz.

- Gesellschaftlich-psychologische Ebene: in Verbindung mit sozialen Themen oder großen Gruppen, mit Erziehung, Ausbildung oder Unterricht, mit dem Gesetz oder anderen Ländern und Kulturen.

- Mythisch-archetypische Ebene: die Lehren der spirituellen oder okkulten Wege; psychologische Traditionen, religiöse Glaubenssysteme.

- moralische Ebene beziehungsweise Ebene der Selbstvervollkommnung: die tiefe innerliche und philosophische Entwicklung, die über Selbstbezogenheit und konventionelle Kategorien hinausgeht, die uns die Möglichkeit eröffnet, eine größere, reichere und tiefere Lebenswahrheit zu erkennen.

In den folgenden vier Kapiteln werde ich mich auf das weite Spektrum von möglichen Jupiter-Manifestationen der einzelnen Zeichen beziehen. Ich erhebe dabei nicht den Anspruch, daß für jeden einzelnen die jeweils genau passende Auslegung dabei ist. Ideen und Zitate anderer Autoren dienen in erster Linie dazu, zum Weiterdenken anzuregen. Der Leser sollte sich der oben angeführten »Ausdrucksebenen« wie auch der Interpretationsrichtlinien, wie sie am Anfang der Abschnitte über die Zeichen zu finden sind, bewußt sein. Auf diese Weise wird er tatsächlich erkennen können, wie sich das Jupiter-Potential im Leben der betreffenden Person auswirkt.

4. Jupiter in den Zeichen – Richtlinien zur Interpretation

Jupiter in Feuer-Zeichen

- Innere Zuversicht resultiert aus einem Verhalten, das nach außen gerichtet, enthusiastisch, bestimmt und sehr aktiv ist.
- Gelegenheiten ergeben sich, wenn man in seinem Selbstausdruck und beim Kontakt mit Neuem zu Risiken bereit ist.

Menschen mit Jupiter in einem Feuer-Zeichen erfahren ein Gefühl der Einheit mit dem Leben und fühlen sich innerlich wohl, wenn sie die dynamische Energie, wie sie vom Feuerelement symbolisiert wird, tatsächlich zum Ausdruck bringen. Diesen Personen ist ein unkomplizierter, dabei aber sehr vitaler Glaube eigen, wie auch eine kreative Note, die sie bei allem, was sie unternehmen, zum Einsatz bringen können. Die körperliche Energie ist meist stark entwickelt. In manchen Fällen kann sie zu einer Rastlosigkeit führen, die – wenn sie nicht durch Disziplin im Zaum gehalten wird – unter Umständen Probleme zur Folge hat.

Menschen mit Jupiter in einem Feuer-Zeichen gehen im allgemeinen gerne Risiken ein, und sie neigen naturgemäß zu einem gesunden Selbstbewußtsein (was den Blickwinkel der Mitmenschen betrifft: manchmal auch zu *zuviel* Selbstbewußtsein). Ihr angeborenes Selbstvertrauen spiegelt sich in ihrem Lebensstil und ihrer Erscheinung wider, die häufig von Eleganz und dem Wunsch, Aufsehen zu erregen, gekennzeichnet ist. Diese Leute haben Freude am repräsentativem Verhalten – sie sind bestrebt, eine »stilvolle Erscheinung« abzugeben, und oftmals richten sie sich nach dem, was gerade »in« ist (wobei sie durchaus auch eine persönliche Note einbringen). Das gilt nicht nur für die Kleidung, sondern ganz allgemein für viele Lebensbereiche.

Für gewöhnlich sind diese Menschen großzügig, was eine Widerspiegelung ihres inneren Reichtums und ihres Vertrauens in die

Zukunft darstellt. Sie stecken voller Pläne und Träume für die Zukunft. Im Idealfall sind sie sehr idealistisch veranlagt – jedoch sind ihre Träume und Ideale häufig zu unrealistisch, als daß sie verwirklicht werden könnten. Zumindest gilt das solange, bis diese Personen gelernt haben, praktische Erwägungen zu berücksichtigen und beharrlich und zielstrebig zu arbeiten (und nicht nur aus chronischer Impulsivität zu handeln, was ihre ursprüngliche Natur zu sein scheint).

♃ ♈ *Jupiter im Widder*

Interpretationsrichtlinien für den Widder-Jupiter

• Sucht nach Weiterentwicklung und Selbstvervollkommnung durch ein bestimmtes, selbstbewußtes Verhalten.

• Muß Vertrauen in die eigenen Unternehmungen und in die eigene Energie setzen, um an das Leben glauben zu können; häufig ausgeprägte Führungseigenschaften.

• Gelegenheiten ergeben sich in Verbindung mit einer gebündelten Freisetzung von Energie im Rahmen neuer Erfahrungen.

• Ein Übermaß an Aggressivität, Kraft und Rastlosigkeit kann zuviel Expansion zur Folge haben und dazu führen, daß der Mensch zu große Risiken auf sich nimmt und die sich bietenden Chancen ungenutzt verstreichen lassen muß.

• Verfügt über ein angeborenes Wissen, wie wichtig Mut und der Glaube an sich selbst sind.

Wahrscheinlich die risikobereiteste aller Jupiter-Stellungen. Menschen mit Jupiter im Widder lieben es in den meisten Fällen, Risiken einzugehen und Herausforderungen anzunehmen; sie sehnen sich nach den Erfahrungen, die das Neue und Unbekannte mit sich bringt. Ohne solche erscheint ihnen das Leben schnell langweilig und öde. Das Leben, das sie führen, scheint vorsichtigeren Typen oftmals geradezu selbstzerstörerisch zu sein. Von Natur aus ist der Mensch mit dem Widder-Jupiter ungestüm und impulsiv, mit einer Neigung, zuerst zu handeln und dann nachzudenken (wenn es überhaupt noch zum Denken kommt). Er ist freimütig und aufrichtig, und andere sind gefordert, diese Direktheit und Unverblümtheit als das zu erkennen, was sie sind, ohne dabei emotionale Überreaktionen zu zeigen. Es ist nämlich nicht so, daß er andere bewußt kränken will, sondern ihm ist eine gewisse Gedankenlosigkeit eigen. Das ist allerdings eine typische Widder-Eigenart, die stärker in Erscheinung treten dürfte, wenn noch andere Planeten in diesem Zeichen stehen. Nahezu unvermeidlich ist damit ein Konkurrenzstreben verbunden, das im Zusammenhang mit dem natürlichen Unternehmungsgeist unter Umständen sehr hilfreich sein kann.

Menschen mit einem Widder-Jupiter blühen auf, wenn sie beständig mit neuen Erfahrungen zu tun haben. Sie können ihr Potential am besten zum Ausdruck bringen, wenn sie bei der Arbeit unabhängig sind, zum Beispiel in selbständiger Stellung. Sie mögen keine Anweisungen bekommen, und man könnte sagen, daß der Begriff »eigensinnig« für sie geschaffen ist. Sie streben nach Unabhängigkeit, oftmals so extrem, daß andere sie als ewige Rebellen ansehen. Ein ausgewogenes Leben ist für sie eine befremdliche und nicht nachvollziehbare Vorstellung. (Man beachte, daß sich das Zeichen Widder in Opposition zur Waage, dem Zeichen der Ausgewogenheit, befindet.) Es handelt sich hier um enthusiastische Wesen voller Energie und Tatkraft. Geistig gesehen weisen sie einen Reichtum von Ideen in sich auf, die allerdings nicht sorgfältig auf die Konsequenzen hin durchdacht sind. Und doch verfügen sie, was die Zukunft betrifft, über intuitive Fähigkeiten, die häufig verblüffend sind. Sie wissen genau, wohin sie ihr zukünftiger Weg führt, wenngleich sie mit überraschender Plötzlichkeit Veränderungen vornehmen können. Weil sie sich immer wieder für neue Ideen und Projekte begeistern, fällt es ihnen häufig schwer, bei der Stange zu bleiben; etwas zu einem Abschluß zu bringen kann ein Problem für sie sein.

Für denjenigen, der Jupiter im Widder hat, hängen Fortschritt und Wohlergehen nicht so sehr davon ab, die innere Zuversicht und Vision zu stärken, sondern vielmehr davon, sie auf etwas

Bestimmtes zu richten und in feste Bahnen zu lenken. Die betreffende Person hat diese Eigenschaften bereits in einem ausreichenden Maße in sich. Nun kommt es darauf an, Vertrauen in die Intuition und das Gefühl zu entwickeln, was als nächstes zu tun ist. Insbesondere gilt das für Menschen, die kritische Aspekte zu ihrem Widder-Jupiter oder andere Faktoren im Horoskop haben, die für Selbstzweifel stehen und die sie davon abhalten, Chancen zu ergreifen, die ihre Weiterentwicklung fördern würden.

Kennzeichnend für den Widder ist sein Mut. Ein gutes Beispiel dafür ist der Senator Eugene McCarthy aus Minnesota (Horoskop im Anhang), der 1968 die politische Welt schockierte, als er verkündete, sich gegen den Parteifreund und amtierenden Präsidenten Lyndon B. Johnson die Nominierungsempfehlung seiner Partei sichern zu wollen. (Geburtsdatum: 29. 3. 1916, Watkins, Minnesota, USA, 4 Uhr 00 CST.) Dies geschah, als sich der Vietnam-Krieg auf seinem Höhepunkt befand und der Bevölkerungsanteil, der gegen den Krieg war und von Monat zu Monat wuchs, verzweifelt nach einem Sprachrohr suchte, ohne bei den Parteien fündig zu werden. Eugene McCarthy hat Sonne und Jupiter im Widder; er bewies großen Mut, indem er den Präsidenten herausforderte. Noch eindrucksvoller wurde dies, weil sich McCarthy bis zu diesem Zeitpunkt als loyaler und nachdenklicher Politiker erwiesen hatte, als jemand, der von philosophischen Überlegungen aus tätig wurde – eine Motivation, die wir häufiger bei der Stellung von Jupiter in einem Feuer-Zeichen beobachten können. McCarthys Aktivitäten trugen zum Rücktritt Johnsons bei, und sie haben wahrscheinlich auch den Krieg verkürzt, wenngleich er auch noch unter dem nächsten Präsidenten, Richard M. Nixon, fortgesetzt wurde. Der Mut von Eugene McCarthy würde heute möglicherweise noch höher eingeschätzt werden, wäre nicht Senator Robert F. Kennedy, nachdem der Weg von McCarthy bereitet worden war, in das Rennen um die Präsidentschaft eingestiegen. Dessen kurz darauf erfolgte Ermordung überschattet die Verdienste, die sich McCarthy damals erworben hat.

Stimmen zu Jupiter im Widder

Carter: Eigenwillig.

Hone: Der Wunsch, den Bereich des persönlichen Ausdrucks zu vergrößern – was in der Überbetonung zu einer aggressiven Verhaltensweise führen könnte.

Mayo: Unabhängig, großzügig (Ebertin), freiheitsliebend, temperamentvoll, prahlerisch, einschüchternd, übermäßig optimistisch.

Moore und Douglas: Die kraftvolle Art von Mars kann die Jupiter-Ziele grenzenlos machen. Wunschdenken führt zu extravaganten Plänen. In der Folge ergeben sich Probleme beim Einlösen der Versprechungen, die man aus einer impulsiven Großzügigkeit heraus gemacht hat.

(Moore und Douglas weisen auch darauf hin, daß Menschen mit dem Widder-Jupiter »Mut aus ihren Überzeugungen« beziehen und häufig in dem Glauben leben, eine göttliche Mission zu erfüllen. Da Personen, die eine Anzahl von Widder-Faktoren im Horoskop haben, oftmals ihrer Zeit voraus sind und sich den Konventionen nicht verpflichtet fühlen, erscheint es nur logisch, daß es sich bei ihnen in vielerlei Hinsicht um Erneuerer handeln kann.)

Shirley Temple hat ebenfalls Jupiter im Widder, zusammen mit Venus und Merkur; ihre Sonne steht im Stier. Sie ist nicht nur durch das Fernsehen zu einem weltweit bekannten Kinderstar geworden (die angeführten Planeten stehen in ihrem 5. Haus), sondern hat in der Folgezeit auch durch ihr temperamentvolles Vorgehen Aufsehen erregt, mit dem sie gegen alle Widerstände zu einer politischen Führerin sowie schließlich auch tatsächlich zur US-Botschafterin in Ghana wurde. Mit ihrem Schütze-Aszendenten (wodurch der Widder-Jupiter zum »Geburtsherrscher« wird) und dem starken Einfluß des 5. Hauses verfügt sie augenscheinlich über einen ansteckenden Optimismus, der alle Zweifler verstummen läßt. Ihr Horoskop steht in der Tat für positives Denken!

Weitere Personen mit Jupiter im Widder

Alice A. Bailey	Yehudi Menuhin
Pearl S. Buck	Whitney Houston
Frédéric Chopin	Lee Harvey Oswald
Bing Crosby	Gregory Peck
Salvadore Dalí	George Bernard Shaw
Marlene Dietrich	Mae West
Gustave Flaubert	Oscar Wilde
Hermann Göring	Paramahansa Yogananda
Helen Keller	Robert Oppenheimer

♃ ♌ *Jupiter im Löwen*

Interpretationsrichtlinien für den Löwe-Jupiter

• Sucht nach Weiterentwicklung und Selbstvervollkommnung durch kreative Aktivität, durch den unbeschränkten Ausdruck des überschäumenden Temperaments sowie durch eine warme und anteilnehmende Unterstützung der Mitmenschen.

• Das Bedürfnis nach Expansion ist durch Stolz und den Drang nach Anerkennung geprägt. Intuitives Verständnis für das Bedürfnis nach Aufmerksamkeit und Selbstvertrauen anderer Menschen.

• Durch Egoismus und eine arrogante, dominierende Haltung kann es dazu kommen, daß der Mensch sich nicht darum bemüht, Vertrauen in eine höhere Ordnung zu entwickeln. Für gewöhnlich aber ein angeborener, durch nichts zu erschütternder Glaube an das Leben.

• Das Bedürfnis, andere zu beeindrucken und von anderen anerkannt zu werden, führt zu Selbstvertrauen. Ein gut entwickeltes Gefühl für das Repräsentieren und für Modeströmungen.

• Bringt seinen Glauben an das Leben in dramatischer Form zum Ausdruck; ist dankbar, seine Rolle im Leben spielen zu dürfen. Manchmal aber auch Überschätzung der Wichtigkeit der eigenen Rolle.

Beim ersten Blick auf diese Verbindung könnte man der Ansicht sein, daß hier des Guten zuviel getan wird oder daß zwei machtvolle Energien im Übermaß zum Ausdruck kommen. Wie immer beim Löwen hängt alles von der Gesinnung ab: ob der Mensch vom egoistischen Bedürfnis seines persönlichen Wohlergehens aus tätig ist oder ob er zu einem Kanal für Liebe und Aufmunterung wird und damit die Umgebung in Ehrfurcht versetzt. Die Person mit dem Löwe-Jupiter hat ein großes Bedürfnis nach Anerkennung, und oft erhält sie diese auch, weil sie viel Energie zeigt und viele Anstrengungen auf sich nimmt, was in der Tat mit Dank belohnt werden sollte. Solche Menschen glauben an das Leben und an sich selbst, schätzen es aber sehr, wenn andere ihnen Beachtung schenken.

Es ist eine etwas verwirrende Jupiter-Stellung, weil das Spektrum der Ausdrucksmöglichkeiten so groß ist: von Luther Burbank, der Pflanzen zum Blühen brachte und dazu beitrug, unzählige neue Obstsorten zu erschaffen, bis hin zu Präsident Lyndon B. Johnson, dessen Machtpolitik und persönlicher Stolz ihn davon abhielten, den Vietnam-Krieg zu beenden: »Ich will nicht der erste amerikanische Präsident sein, der einen Krieg verloren hat!« Sein politisches und individuelles Schicksal war dadurch bestimmt. Selbst einige der herausragenden Künstler mit Jupiter im Löwen bringen etwas Anmaßendes und Übersteigertes zum Ausdruck. Man höre sich beispielsweise die Musik von Richard Wagner an.

Marcia Moore und Mark Douglas weisen in ihrem Buch darauf hin, daß einige der Betreffenden »ihre organisatorischen Fähigkeiten für Menschen einsetzen, die weniger gut dran sind als sie selbst«. Ein gutes Beispiel dafür ist Eleanor Roosevelt, die mit ihrer hingebungsvollen Sozialarbeit der Zeit um Jahrzehnte voraus war. Moore und Douglas haben meines Erachtens besser als andere das Spektrum der Auswirkungen von Jupiter im Löwen zum Ausdruck gebracht.

Diese Kombination kann Extravaganz oder Großzügigkeit, Anspruchsdenken oder Altruismus, Arroganz oder Würde anzeigen, je nachdem, wie weit Egozentrik zu einem Bewußtsein der menschlichen Bedürfnisse geworden ist. Der Schlüssel zum Charakter dieses Menschen ist »Würde«. Entweder will er als Adliger gesehen werden, oder es ist zu einer Läuterung des Charakters gekommen, die den spirituellen Aristokraten auszeichnet, dessen Verhalten dem Wort »Adel verpflichtet« wahrhaftig entspricht!

Marcia Moore und Mark Douglas: *Astrology, the Divine Science*

Menschen mit einem Löwe-Jupiter neigen dazu, Risiken in jeder Form einzugehen, mit Ausnahme ihrer überraschend anmutenden Verletzlichkeit, was das eigene Ego und insbesondere ihr Herz betrifft. Meist sind es Personen, die großzügig sind und spontan allen möglichen Leuten etwas geben. Wenn die Situation aber persönlicher wird und Nähe gefragt ist, zeigen sie sich verletzlich und fühlen sich oft fehl am Platz. Ihnen scheint die glanzvolle öffentliche Darstellung von Zuneigung und Anerkennung mehr zu liegen als die heikleren Aktivitäten, die notwendig sind, um eine Beziehung am Leben zu erhalten. Ein typisches Beispiel hierfür ist Elizabeth Taylor, deren Großzügigkeit in sozialer Hinsicht bekannt ist und deren Liebesleben dem Anschein nach keine Beständigkeit kennt. Eine andere kreative Person mit Jupiter im Löwen, die fortwährend mit Beziehungsproblemen zu kämpfen hat, ist Diana Ross.

Selbstbewußtsein ist so gut wie nie ein Problem für diese Menschen. Vielleicht wünschten sich andere manchmal sogar, daß die Jupiter-Löwen sich etwas weniger überzeugt von dem, was sie tun, zeigen würden.

Menschen mit dem Jupiter im Löwen müssen sich ihrer Kreativität und umfassenden Visionen bedienen, wenn sie ein Gefühl der Erfüllung erleben wollen. Der Filmemacher George Lucas, dessen futuristisch-phantasievolle Visionen die Widerspiegelung seiner Opposition zwischen Löwe-Jupiter und Wassermann-Mond im Quadrat zur Stier-Sonne sind, ist ein gutes Beispiel für diese dynamische Kraft. Auch Robert DeNiro wurde mit dem Löwe-Jupiter geboren, in Konjunktion zu Pluto (außerdem steht bei ihm noch die Sonne im Löwen). Es ist interessant, daß gerade er für viele Menschen den Archetypus des Schauspielers schlecht-

Stimmen zu Jupiter im Löwen

Mayo: Großzügig, offenherzig, würdevoll; oder anmaßend, intolerant, extravagant.

Ebertin: Reiches Selbstvertrauen, großzügiges Planen, selbstbewußter Führungswille verbindet sich mit Popularität. Freude an Vergnügen und Luxus..., Eitelkeit.

Moore und Douglas: Dafür geeignet, andere anzuleiten..., der selbstsichere Anführer. Mehr als auf alles andere kommt es ihm darauf an, daß sein Leben in der größeren Ordnung der Dinge einen Sinn hat und etwas darstellt. Arbeitet hart, um die Welt auf sich aufmerksam zu machen.

Davison: Neigung für die Zurschaustellung, für das gute Leben sowie für die gerechte Sache. Expansion von Edelmut, Extravaganz, Würde, Führungsbedürfnis und Sinn für das Dramatische.

Hickey: Selbstvertrauen, Mut und Loyalität, sehr vital, Tendenz zu einem großen Ego und vorschnellen Urteilen.

hin darstellt. Im Laufe seiner langen Karriere hat er viele »düstere« Rollen gespielt, einschließlich der eines Boxers, eines Gangsters (mehr als einmal) und eines Vaters, der sein Kind mißbraucht (Pluto!).

Menschen mit einem Löwe-Jupiter brauchen vielleicht mehr als alles andere ein Ideal, das über das Ego und die unmittelbaren Ziele hinausgeht, um sich zu motivieren und das Beste auf einem bestimmten Feld der Aktivität zu geben. Sie müssen ihrem Herz folgen, was die umfassenderen Visionen der Liebe und Mildtätigkeit angeht, sie müssen ihre Talente auf vielseitige Weise entsprechend ihrer tiefsten inneren Intuition ausbilden.

Weitere Personen mit Jupiter im Löwen

Bette Davis	Nelson Rockefeller
Victor Hugo	Rudolf Steiner
Mick Jagger	George Wallace
Edward Kennedy	Oskar Lafontaine
Alan Leo	Papst Johannes Paul II.

♃ ♐ *Jupiter im Schützen*

Interpretationsrichtlinien für den Schütze-Jupiter

• Sucht nach Weiterentwicklung und Selbstvervollkommnung durch die Ausrichtung auf ein fernes Ziel und dadurch, daß er dem angeborenen Glauben an das Leben Ausdruck verleiht.

• Das Vertrauen in eine umfassendere Ordnung findet Unterstützung durch eine optimistische, philosophische Einstellung.

• Muß die Gelegenheiten zum inneren wie zum äußeren Erforschen beim Schopfe packen, um sich selbst zu vervollkommnen.

• Expansion im Übermaß kann zu einer Verausgabung in energetischer Hinsicht führen sowie dazu, daß der Mensch nicht erkennt, welche Chancen sich ihm bieten.

• Ein angeborener, gut entwickelter Sinn für die Wichtigkeit der religiösen Dimensionen des Lebens.

Jupiter steht hier in seinem eigenen Zeichen beziehungsweise »in Würde«. Seine Natur kann damit rein und unverfälscht zum Ausdruck kommen. Sie kann sich aber auch in verstärkter und übertriebener Form äußern, weil Jupiter von seinem Wesen her dazu neigt, sich selbst zu nähren oder soviel Schwung anzuhäufen, bis man davon über Bord gerissen oder aufgrund von Erschöpfung zum Innehalten gezwungen wird. Etwas zum Exzeß kommen zu lassen ist ganz normal für Personen, die Jupiter im Schützen haben, und das immer präsente berauschende Gefühl des ausufernden Enthusiasmus, dem sich diese Menschen nur zu bereitwillig überlassen, ist nicht zu unterschätzen. Wenn hier allerdings im

Horoskop in seiner Gesamtheit auch Disziplin und/oder Bescheidenheit zu erkennen sind, dürfte die Neigung zum Exzeß kein besonderes Problem sein.

Auch diese Menschen blühen auf, wenn sie es mit Wagnissen in jeder Form zu tun haben, ausgenommen – wie beim Löwe-Jupiter auch – im Bereich der intimen persönlichen Beziehungen. In der Tat fällt es dem Schütze-Jupiter meist nicht leicht, sich mit den tieferen und heikleren menschlichen Gefühlen auseinanderzusetzen. Er zieht es vor, in den abgelegeneren Gefilden des universellen Lebens zu schwelgen oder in den abstrakteren mentalen Sphären, wo er sich uneingeschränkt wohl fühlt und frei atmen kann. Die Konfrontation mit dem Ausdruck von Emotionen schreckt ihn genauso ab wie der Umgang mit nichtigen Details.

Menschen mit Jupiter im Schützen sind die positiven Denker schlechthin. Zeuge dafür ist der bereits angeführte Dale Carnegie (siehe Kapitel 2). Es kann sich hier auch um große Träumer oder Visionäre handeln. Beispiele dafür sind William Blake, der englische Dichter und Maler, der nicht nur in seinen prophetischen Gedichten über Amerika futuristische Phantasien formulierte, sondern der in seinem Werk auch die verschiedenen Ebenen der Schöpfung darstellte, indem er in seinen Bildern unter anderem tanzende Engel und Heilige mit Lichtschein abbildete. William Butler Yeats, der irische Poet, Dramatiker, Autor, Okkultist und politischer Aktivist, arbeitete jahrelang an der Erschaffung einer idealisierten mythischen Welt einer ewigen spirituellen wie künstlerischen Wahrheit. Er war allerdings hoffnungslos damit überfordert, zu der idealisierten Liebe seines Lebens, Maud Gonne, eine konkrete Beziehung herzustellen. Vincent van Gogh ist ein weiterer großer Visionär, dessen Wahrnehmung der die ganze Schöpfung durchdringenden Energie die Widerspiegelung eines Schütze-Jupiter darstellt.

Menschen mit dieser Jupiter-Stellung sind tolerante, zukunftsorientierte Seelen, denen es selbstverständlich erscheint, an ihrer Weiterentwicklung zu arbeiten. Es mangelt ihnen nur selten an Selbstvertrauen. Gleichermaßen besitzen sie für gewöhnlich ausgeprägte intuitive Fähigkeiten. Woran es ihnen unter Umständen fehlt, ist Beharrlichkeit und Verantwortungsgefühl. »Fortschritt«

und »Glück« dürften zwei ihrer Schlagworte sein. Dabei ist es ihnen wichtig, daß die Mittel, die sie zum Einsatz bringen, in Übereinstimmung mit ihren langfristigen Plänen stehen. Wie Ronald Davison schrieb, besteht bei ihnen auch die Tendenz zu einer Art »Selbstrechtfertigung«. Unweigerlich lassen sie sich lang und breit über die verschiedensten langfristigen Pläne und Hoffnungen aus, die sie bewegen. Und meist ist bei ihnen ein ausgeprägter Drang zum Reisen und zu allem, was den Anschein des Internationalen erweckt, vorhanden.

Wie der Schütze-Jupiter in Kombination mit dem Rest des Horoskops zum Ausdruck kommt, ist von großer Bedeutung. Dieser Jupiter wird alles, womit er in Verbindung steht, verstärken. Er bietet somit eine machtvolle Kraft für positive Aktivitäten – potentiell aber auch dafür, die angeborenen Talente zu verschwenden oder andere in Zusammenhang mit der Verkündung der vermeintlich absoluten Wahrheit auszubeuten. Weil das bereits mehrfach angeführte Buch *Astrology, the Divine Science* von Marcia Moore und Mark Douglas zum Zeitpunkt der Niederschrift dieses Buches vergriffen ist, halte ich es für angemessen, die präzise Beschreibung der Qualitäten, die mit dieser Jupiter-Stellung verbunden sein können, zu zitieren.

In seinem eigenen Zeichen herrscht der freundliche Jupiter in großzügiger Weise über die Bereiche des Reisens, der Metaphysik, der ernsthaften Literatur und des Sports. Bei all dem schwingt zu einem guten Teil der Luxus von Freizeit und Wohlstand mit, zumindest dann, wenn man sich daran wirklich erfreuen kann. Was unter der Schirmherrschaft von Jupiter steht, führt über die Mühsal und Ängste, die mit dem Bestreiten des Lebensunterhaltes zusammenhängen, hinaus. Das erweitert den Horizont, es verleiht dem irdischen Aufenthalt Würze und macht ihn interessant. Jupiter ist der Planet der Hoffnung, und die Spiele und geistigen Zerstreuungen, die mit dem Schützen in Verbindung gebracht werden, markieren die Ziele, die der Mensch braucht, um weiterhin hoffnungsvoll aktiv sein zu können.

Marcia Moore und Mark Douglas: *Astrology, the Divine Science*

Stimmen zu Jupiter im Schützen

Carter: Eine optimistische, freiheitsliebende, großzügige, gut-mütige Person. Oftmals viel Mut und wenig Konzentrations-vermögen.

Mayo: Optimistisch, philosophisch, jovial, tolerant; oder ex-travagant, prahlerisch, gesetzlos.

Ebertin: Verschwendung, Spekulation; Gerechtigkeitsliebe.

Hickey: Ein Mensch, der gern im Freien ist, der die sportliche Betätigung liebt und bereit ist, jede sich bietende Gelegenheit zu nutzen. Der höher entwickelte Typus ist an Metaphysik, religiöser Philosophie und humanitären Themen interessiert.

Moore und Douglas: Unabhängig davon, ob eine besondere Einstellung zur Religion besteht, zeichnen sich diese Menschen in den meisten Fällen durch inspirierende und prophetische Fähigkeiten aus. Sie können andere mit ihren Visionen, wie alles besser sein könnte, beeindrucken.

Weitere Personen mit Jupiter im Schützen

Maria Callas	Hilary Clinton
Truman Capote	Robert Redford
Maurice Chevalier	Antoine de Saint-Exupéry
Nikolaus Kopernikus	Vincent van Gogh
Hermann Hesse	Gregor Gysi
Henri de Toulouse-Lautrec	Rudolf Scharping
Prinz Charles	

Jupiter in Erd-Zeichen

Das Gefühl der Einheit mit dem Leben bedeutet bei Jupiter in einem Erd-Zeichen, sich als eins mit der Natur zu empfinden. Diese Menschen fühlen sich nicht wohl, wenn ihre grundsätzlichen materiellen Bedürfnisse nicht ausreichend erfüllt sind. Was »unrealistische Träume« und noch nicht erprobte Verfahrensweisen angeht, sind sie außerordentlich skeptisch. Es handelt sich insofern um die Jupiter-Stellung, die am wenigsten Idealismus erkennen läßt. Diese Menschen zeichnet aber aus, daß sie »die

Jupiter in Erd-Zeichen

• Innere Zuversicht resultiert aus einem Verhalten, das Vertrauenswürdigkeit verrät und auf das Praktische gerichtet ist sowie auf die sinnlichen Erfahrungen, die wir machen.

• Gelegenheiten ergeben sich, wenn man hart arbeitet, Verantwortung übernimmt und sich auf die Natur und ihre Rhythmen einstimmt.

Dinge auf die Reihe bekommen«. Mit anderen Worten: Sie halten an praktischen, konkreten Idealen fest und arbeiten so lange, bis sie diese realisiert haben.

Mit dieser Jupiter-Stellung ist ein großes Reservoir an physischer Vitalität gegeben. Beständigkeit ist eine weitere hervorstechende Charakteristik dieser Menschen. Folgerichtig engagieren sie sich im Rahmen einer beharrlichen, systematischen Planung auf allen Gebieten des Lebens. Sie weisen eine eher konservative Haltung auf und müssen sich in aller Ruhe mit den sich bietenden Gelegenheiten auseinandersetzen, um ein befriedigendes Verständnis zu entwickeln. Impulsiv Risiken einzugehen liegt ihnen nicht. Wenn sie ein Risiko auf sich nehmen, ist das als Bestandteil eines fest umrissenen Planes zu sehen. Das erhoffte Resultat muß dann auch in einem lohnenden Verhältnis zu dem stehen, was sie aufs Spiel setzen.

Diese Personen verfügen meist über gut entwickelte praktische Fähigkeiten, auch wenn sie selbst nicht damit zufrieden sein sollten. Sie müssen lernen, sich ihr Selbstbewußtsein zu verdienen – durch ihre Leistungen können sie über die Jahre hinweg Zuversicht gewinnen. Für Menschen mit Jupiter in einem Erd-Zeichen sind Status und Erscheinungsweise nicht besonders wichtig. Sie haben nicht das geringste Bedürfnis, sich in den Vordergrund zu drängen, wie es bei Jupiter in den Feuer-Zeichen der Fall ist. Allerdings gefällt es ihnen, wenn man ihnen würdevolles Auftreten bescheinigt und ihnen Respekt entgegenbringt.

♃ ♉ *Jupiter im Stier*

Interpretationsrichtlinien für den Stier-Jupiter

• Sucht nach Weiterentwicklung und Selbstvervollkommnung durch ein produktives, beharrliches, zuverlässiges Verhalten.

• Der Drang, sich mit einer umfassenderen Ordnung zu verbinden, wird durch die bedingungslose Anerkennung der materiellen Welt befriedigt. Starke Bezogenheit auf die Sinne.

• Der Versuch, das Moment der Weiterentwicklung nur auf Geld, Besitztümer und Luxus zu beziehen, kann zu einer übermäßig materialistischen Haltung oder zu Verschwendung führen.

• Eine offene, tolerante Einstellung gegenüber der menschlichen Natur und dem grundsätzlichen menschlichen Bedürfnis nach Vergnügungen.

• Das Vertrauen in das Leben wird gestärkt, indem sich der Mensch mit der Natur auseinandersetzt, ein einfaches Leben führt und die erhabeneren und großzügigeren Qualitäten des Stiers zum Ausdruck bringt.

Die Wertschätzung der Natur, der Stoffe, Farben und physischen Formen ist Menschen mit einem Stier-Jupiter eigen, und zwar in so intensivem Ausmaß, daß sie manchmal Pausen einlegen, um sich an Schönem zu erfreuen oder in aller Ausführlichkeit über Schönes zu reden. Das stellt für sie die Vergegenwärtigung einer schönen Erfahrung dar. Diese Personen sind mit noch mehr Geduld als die der beiden anderen Erd-Zeichen geboren. Im allgemeinen zögern sie, wenn Risiken auftauchen. Sie neigen dazu, auf der sicheren Seite zu bleiben, was die Liebe und das Leben insgesamt betrifft, und sie arbeiten daran, Stabilität zu erzielen.

Wer Jupiter im Stier hat, zeichnet sich für gewöhnlich durch einen Sinn für Späße und Vergnügungen aus und lebt bewußt im Hier und Jetzt. Charakteristisch ist weiterhin eine tiefe Wertschätzung der kleinen, schönen Dinge der Natur und der behaglichen Momente des einfachen Lebens. Diese Menschen können reiche Zufriedenheit in der Beschäftigung mit kleinen Dingen finden. Meiner Erfahrung nach sind sie nicht wirklich geizig – was man nach der Beschreibung dieser Kombination in manchen Büchern erwarten könnte. Allerdings zeigen sie sich durchaus besitzergreifend, was die Dinge (und Menschen) ihrer Umgebung betrifft. In den meisten Fällen lieben sie den Komfort und das Vergnügen, ohne davon besessen zu sein, mehr und mehr Dinge und Geld anzuhäufen. Kennzeichnend ist ihr Vertrauen, daß sie schon bekommen werden, was sie brauchen. Und gegenüber denen, die sie lieben, sind sie großzügig oder sogar extravagant. Das bezieht sich nicht nur darauf, daß sie Geschenke machen, sondern überhaupt viel für die betreffende Person tun. In bezug auf die eigene Person, sind sie mit Geld häufig knauserig, was aber nicht heißt, daß sie sich nicht von Zeit zu Zeit einmal selbst verwöhnen und luxuriös einkaufen gehen.

Vergnügungen und Schönheit spielen für diese Menschen eine wichtige Rolle. Einige von ihnen könnten zu Trägheit neigen und dazu, sich gehen zu lassen; trotzdem wird auch bei ihnen deutlich sein, daß sie im Grunde ihres Wesens beharrlich, vertrauenswürdig und hilfsbereit sind. Ich habe noch keinen Menschen mit dieser Jupiter-Stellung gesehen, der keine Vorliebe für gutes Essen gehabt hätte. Die Frauen in meinem Bekanntenkreis, die einen

Stimmen zu Jupiter im Stier

Mayo: Gesundes Beurteilungsvermögen, gutes Herz, vertrauenswürdig; oder zur Maßlosigkeit neigend, vorurteilsbehaftet, ausbeutend.

Moore und Douglas: Die Lebensphilosophie bezüglich des Geldes kommt zusammengefaßt in den Worten eines Millionärs zum Ausdruck, der sagte: »Geld ist wie Dung. Über das Land verstreut kann es viel Gutes tun, zusammen auf einem Haufen aber stinkt es entsetzlich.«

guten Appetit haben, ohne damit gesellschaftlich bedingte Schuldgefühle zu verbinden, haben den Jupiter im Stier. Und keine von ihnen hat nennenswertes Übergewicht, wie mancher Astrologe vermuten könnte.

Der ehemalige Präsident Franklin D. Roosevelt ist ein exzellentes Beispiel dieser Jupiter-Stellung. Der Stier ist ein besonders produktives Zeichen, und Roosevelt brachte eine Vision (Jupiter) der potentiellen Macht und natürlichen Produktivität des amerikanischen Volkes zum Ausdruck, das sich zum Zeitpunkt seines Amtsantritts in einer scheinbar hoffnungslosen Depression befand. In ähnlicher Weise malte er das Wachstums- und Erfolgspotential der westeuropäischen Staaten in rosigen Farben, falls es gelänge, sie vom Faschismus zu befreien. Eleanor Roosevelt formulierte einmal: »Dieser Sinn für beständiges Wachstum und Weiterentwicklung war in ihm immer präsent.«

Menschen mit Jupiter im Stier häufen, zumindest in jungen Jahren, nicht unbedingt großen Wohlstand an, ganz im Gegensatz zu dem, was traditionell angenommen wird. Sie »verstreuen« ihn, und ihre innere Zuversicht hält sie davon ab, sich näher mit dem Thema Geld und Investitionen zu befassen. Ihnen ist *Sicherheit* wichtig, nicht aber Überfluß. Der Blick auf die berühmten Persönlichkeiten mit Jupiter im Stier am Ende dieses Abschnitts zeigt, welch breitgefächertes Spektrum zur Einstellung dem Reichtum gegenüber hier besteht. Einige dieser Personen haben ein großes Vermögen geerbt, andere brachten es in ihrem Leben von sich aus zu Reichtum, und zwei entschieden sich für ein Leben in Armut (Gandhi und Teilhard de Chardin). Und Mao Tse-tung stellte seine kommunistische Philosophie auf das Fundament der Umverteilung von materiellen Besitztümern.

Mit Jupiter im Stier können konventionelles Denken und konventionelle Überzeugungen verbunden sein, wahrscheinlich aber auch eine mitfühlende und tolerante Haltung gegenüber den menschlichen Grundbedürfnissen und Fehlern. Eine »erdverbundene« Lebensanschauung ist hier kennzeichnend, wie sie zum Beispiel in den Liedern von Bob Dylan zum Ausdruck kommt, der ebenfalls Jupiter im Stier hat. (Auf Dylans Horoskop gehen wir im Anhang noch näher ein). Welche Lebensphilosophie im einzelnen auch vorherrschen mag – entscheidend ist, daß sie praktisch ausgerichtet ist und gewährleistet, nicht die Gegenwart für ein fernes, ungewisses Ziel opfern zu müssen.

Der Weg zum Wohlstand ist für diese Menschen lang, aber ohne größere Probleme. Das fixe Zeichen Stier verleiht eine innere Zuversicht, die genutzt werden kann, um die Werte, denen man sich verpflichtet fühlt, genau kennenzulernen. Und die besonderen intuitiven Fähigkeiten hängen damit zusammen, daß diese Personen die menschliche Natur genau kennen und daß sie in so bemerkenswerter Weise geben können.

Weitere Personen mit Jupiter im Stier

Joan Baez	John Lennon
Teilhard de Chardin	Mao Tse-tung
Mahatma Gandhi	Pablo Picasso
Howard Hughes	Franklin D. Roosevelt
John F. Kennedy	Jean-Paul Sartre
Martin Luther King	Ringo Starr
Bruce Lee	

♃ ♍ *Jupiter in der Jungfrau*

Interpretationsrichtlinien für den Jungfrau-Jupiter

• Sucht nach Weiterentwicklung und Selbstvervollkommnung durch spontane Hilfsbereitschaft, durch pflichtbewußten Dienst und diszipliniertes Verhalten.

• Eine ehrfürchtige Einstellung gegenüber der Gnade einer höheren Macht. Regelmäßige und disziplinierte Arbeit stellen eine Selbstverständlichkeit dar.

• Ein expansives Bedürfnis nach Perfektion treibt den Menschen dazu, sich weiter zu verbessern.

• Die übermäßige Aufmerksamkeit für Details kann die Verbindung mit der umfassenderen Ordnung erschweren. Im allgemeinen ein gut ausgeprägtes Gefühl für Kritik, ohne zu sehr auf Kleinigkeiten einzugehen.

• Ein angeborenes Verständnis für den angemessenen Einsatz der analytischen Fähigkeiten und des Unterscheidungsvermögens.

Jupiter wird in der Jungfrau – das Zeichen, das zu dem seiner Herrschaft in den Fischen in Opposition steht – als geschwächt beziehungsweise als »im Exil befindlich« angesehen. Ich bin allerdings der Meinung, daß sich damit eine Intensivierung und Verbesserung der analytischen, sprachlichen und intellektuellen Fähigkeiten ergibt. Das ist für mich die Auswirkung, die im Vordergrund steht, nicht die vermeintliche Dominanz der Jungfrau über Jupiter, womit sie ihn seiner Großzügigkeit und persönlichen Expansion berauben würde. Diese Menschen haben ohne Frage ein Bewußtsein für Details, sie sind allerdings meiner Erfahrung nach nicht übertrieben auf Kleinlichkeiten fixiert. Von Zeit zu Zeit müssen sie sich über ihre Visionen für die Zukunft klar werden, so daß sie wissen, für welche Ziele sie wirklich arbeiten. So können sie es vermeiden, sich in Details zu verrennen.

Oft finden wir hier eine technische oder intellektuell geprägte Einstellung. Diese Menschen verstehen ihr »Handwerk« – welche Form es auch haben mag –, und meistens haben sie die Details ihrer Arbeit voll im Griff. Ich bin der Ansicht, daß die Arbeit des großen japanischen Künstlers Hokusai, der eine Reihe von Planeten in der Jungfrau hat, ein perfektes Beispiel für die Beherrschung des Handwerks darstellt, wie sie mit Jupiter in der Jungfrau einhergehen kann: Dieser Künstler war berühmt dafür, daß er einen Spatz mit allen Details auf ein Reiskorn malen konnte. Selbstvertrauen ist mit dieser Stellung nicht unbedingt verbunden (ausgenommen vielleicht, daß eine Jungfrau-Sonne in Konjunktion zu Jupiter steht). Ein Gefühl für ihren eigenen Wert bekommen diese Personen im Lauf der Zeit durch die Arbeit, die sie verrichten, und ihre praktischen Leistungen. Selbstvervollkommnung ist für einen Menschen mit dem Jungfrau-Jupiter eine lebenslange Mission.

Für diese Stellung ist eine analytische Sicht des Lebens kennzeichnend sowie die Tendenz, sich nicht aggressiv um eine herausragende Rolle zu bemühen, sondern eher bescheiden im Hintergrund zu bleiben. Im Gegensatz zu vielen anderen Jupiter-Positionen versprechen diese Menschen kaum jemals mehr, als sie tatsächlich halten können. Sie neigen eher dazu, ihre Fähigkeiten und Talente zu unterschätzen. Darum sollten sie darauf achten, sich bei ihrem Bestreben nach Fortschritt und Weiterentwicklung nicht unter Wert zu verkaufen. Sie haben vielleicht das Gefühl, daß sich ihr Wert durch das, was sie in praktischer Hinsicht leisten, erweisen wird, nicht dadurch, daß sie großspurig auf sich aufmerksam machen. Aus dieser angeborenen Bescheidenheit und dem Wunsch, anderen von Nutzen zu sein, kommt es häufig zu einer Tätigkeit im Lehrberuf, im öffentlichen Dienst oder in Berufen, die mit Helfen oder Gesundheit zu tun haben. Um welchen Bereich des Lebens es sich auch handeln mag – mit dem Jungfrau-Jupiter schreckt man im allgemeinen vor Risiken zurück. Das gilt nicht, wenn eine systematische Analyse stattgefunden hat und man von einer Sache wirklich überzeugt ist.

Stimmen zu Jupiter in der Jungfrau

Coleman: Ein Hinweis darauf, daß man Chancen im Leben erhalten wird, wenn die Bereitschaft vorhanden ist, anderen praktische Dienste zu erweisen. Viel Aufmerksamkeit wird für Details und ein moralisches Perfektionsstreben aufgewendet, was möglicherweise Kollegen lästig finden.

Carter: Freundlich, aber im Ausdruck von Zuneigung gehemmt.

Ebertin: Lerneifer, Lehrtalent, Ehrgeiz, Organisationstalent.

Hickey: Ein gut ausgeprägtes Unterscheidungsvermögen. Bei Verletzungen überkritisch, detailorientiert und reizbar.

Moore und Douglas: Dieser pseudo-expansive Ausblick auf das Leben kommt in typischer Form bei einigen Science-Fiction-Schriftstellern zum Ausdruck, die sich selbst mit ihren kühnen Visionen vom Leben auf Sternen, die Lichtjahre von der Erde entfernt sind, als außerordentlich phantasievoll einschätzen, die sich doch aber in keiner Weise von den strikt mechanistischen Sichtweisen des Kosmos lösen, welche ein Überbleibsel des Materialismus des 19. Jahrhunderts darstellen. Indem diese ihren eigenen kleinen Schatten auf den Hintergrund des Universums projizieren, erschaffen sie größere und bessere Ungeheuer, aber nichts, was das Herz erfreut oder den Geist erhebt.[*]

---

[*] Dieses Zitat beschreibt den Jungfrau-Jupiter in seiner schlimmsten Form; jene Menschen, die immer einen Grund nennen können, warum sie an nichts Transzendentes glauben. Mir persönlich sind nur sehr wenige Menschen mit dieser Jupiter-Stellung begegnet, auf die das zutrifft. Dennoch bin ich der Ansicht, daß es sich hier um eine präzise, fast archetypisch anmutende Beschreibung eines bestimmten Menschentypus der westlich-technokratischen Kultur handelt.

Weitere Personen mit Jupiter in der Jungfrau

Claude Debussy
Mia Farrow
Joseph Beuys
Prinz Philip
Peter Ustinov

Giuseppe Verdi
Boris Becker
Bob Marley
Rainer Werner Fassbinder

♃ ♑ Jupiter im Steinbock

Interpretationsrichtlinien für den Steinbock-Jupiter

• Sucht nach Weiterentwicklung und Selbstvervollkommnung durch harte Arbeit, Disziplin und Beständigkeit.

• Muß die Qualitäten der Selbstkontrolle und optimistischen Bewahrung zum Ausdruck bringen, um sich weiterzuentwickeln; ein angeborenes Gefühl für Autorität, was dazu führt, daß diesen Menschen von anderen Vertrauen entgegengebracht wird.

• Optimismus und Expansion können unter einer zu ernsthaften oder ängstlichen Einstellung zu leiden haben.

• Glaube und Vertrauen richten sich auf die Realität, auf die Erfahrung und einen inneren Sinn für den Wert von Geschichte und Tradition.

• Gelegenheiten ergeben sich durch die Fähigkeit, zuverlässig, verantwortungsbewußt und geduldig zu wirken. Diese Eigenschaften sind für gewöhnlich gut entwickelt.

Im Steinbock steht Jupiter in seinem »Fall« – dem Zeichen Krebs gegenüber, in welchem er gut gestellt und der Tradition zufolge »erhöht« ist. Im Steinbock haben die Jupiter-Qualitäten es nicht ganz leicht, zum Ausdruck zu kommen. Das heißt aber nicht, daß die Kraft Jupiters hier unterschätzt werden darf. Im Steinbock ergibt sich nichts von allein oder »auf die Schnelle«, wenngleich man manchmal den Eindruck haben könnte, daß der Betreffende es sich selbst unnötig schwer macht. Wie es Isabel Hickey formulierte: Menschen mit Jupiter im Steinbock sind »allzu vorsichtig – zu ihrem eigenen Besten«.

Die extreme Vorsicht, die diese Personen allem und jedem gegenüber erkennen lassen – ob es nun um Beziehungen oder um den Umgang mit Geld geht –, ist typisch für das Zeichen Steinbock. Wer Jupiter im Steinbock hat, glaubt nichts, was nicht »bewiesen« oder allgemein anerkannt ist. Diese skeptische Note im Wesen ist stark ausgeprägt, was aber nicht heißt, daß es diesen Menschen an praktischen Ideen mangeln würde. Als Beispiele hierfür wären Walt Disney, Robert E. Lee, Robert Kennedy und Edgar Cayce anzuführen! Die Wahrheit ist, daß hier die Tradition bei der Ausgestaltung der Ideen mitspielt. Der Mensch mit Jupiter im Steinbock schaut zurück, um herauszufinden, was einer bestimmten Idee oder Handlungsweise zugrunde liegt. Hat er das getan, untersucht er, welche Risiken damit verbunden sein können. Er ist kein Narr, und er legt nicht den geringsten Wert darauf, als ein solcher angesehen zu werden – respektiert und angesehen zu sein ist ihm sehr wichtig. Seine Meinung ist, daß es sich lohnt, die potentiellen Risiken schon im voraus zu erkennen. Auf die Spannung, die mit einem Wagnis verbunden ist und die so anregend auf andere Menschen wirkt, kann er gern verzichten. Wenn er aber zu der Einschätzung gelangt, daß die fragliche Unternehmung keine großen Risiken beinhaltet oder daß zumindest Risiko und erhoffte Resultate in angemessenem Verhältnis zueinander stehen, wird er auf sehr bestimmte Weise aktiv.

Eine Portion zusätzliches Risiko nehmen diese Personen dann auf sich, wenn sie dadurch Autorität gewinnen können. Beispiele hierfür sind Richard Nixon, Margret Thatcher, Robert Kennedy und Adolf Hitler. Menschen mit dieser Jupiter-Stellung scheinen häufig mächtige Feinde anzuziehen, was allerdings eine Auswirkung ihres eigenen Verlangens nach Macht darstellt. Das gilt, wenn auch in verschiedener Form, für die folgenden Personen mit dieser Stellung: Thatcher, Nixon, Hitler, Robert Kennedy, Robert E. Lee sowie auch Charlie Chaplin und Charles Lindbergh.

Ein Steinbock-Jupiter steigert mit Sicherheit die persönlichen Ambitionen. Marcia Moore und Mark Douglas beschreiben, welche Auswirkungen mit ihm verbunden sein können.

Wenn sie erst einmal die herausragende Position erreicht haben, für die sie so hart gearbeitet haben, könnten sie einmal mehr dafür zahlen müssen, indem sie unter Gefühlen der Einsamkeit und Isolation leiden. Wenn dem so ist, sollten sie sich nicht mehr so würdevoll geben, sondern sich den einfachen Freuden des Lebens überlassen, ohne sich Sorgen zu machen, daß ihr Ansehen darunter leiden könnte.

Marcia Moore und Mark Douglas: *Astrology, the Divine Science*

Die Ressourcen, über die diese Menschen verfügen, sind nicht zu unterschätzen, und auch nicht die Bestimmtheit, mit der sie vorgehen. Sie können ohne weiteres mehr leisten als andere, die klüger sind als sie oder die mehr Phantasie haben. Ihr Verantwortungs- und Pflichtgefühl ist legendär. Ein Beispiel hierfür ist das Leben des Generals Robert E. Lee: Lee stellte im amerikanischen Bürgerkrieg die Verantwortung, die er für seinen Geburtsstaat Virginia empfand, über die Verantwortung für die Union – trotz der Tatsache, daß ihm Präsident Lincoln das Oberkommando der Nordstaaten angetragen hatte. Mit dieser Stellung kann aber auch ein problematisches Festhalten an Vorurteilen einhergehen – Menschen mit dem Steinbock-Jupiter nehmen häufig etwas Starres an und verfallen nicht selten in Selbstgerechtigkeit. Carter, Mayo und Davison verwenden bei der Beschreibung dieser Stellung den Begriff »gewissenhaft«, und Ebertin setzt den Steinbock-Jupiter in Beziehung zu »der Bewußtheit für ein Ziel«. Für mich ist das die angeborene Fähigkeit, über lange Zeit hinweg geduldig an der Verwirklichung seiner Pläne arbeiten zu können.

Jupiter im Saturn-Zeichen ist Ausdruck eines inneren Widerspruchs. Es kann zu einer Spannung kommen zwischen Verschwendung, Extravaganz, dem Bedürfnis, für seine Großzügigkeit anerkannt zu werden, und dem Wunsch, seine Finanzen unter Kontrolle zu halten und keine unnötigen Ausgaben zu tätigen. Wenn diese Menschen sich auch mehr Gedanken zu ihrem Auftreten und ihrem Ansehen als diejenigen mit Jupiter im Skorpion machen, besteht doch eine Ähnlichkeit: Beide kennen ein Hin- und Herschwanken zwischen Pfennigfuchserei und unmäßigem

Stimmen zu Jupiter im Steinbock

Carter: Zurückhaltend, kontrolliert, rechtschaffen.

Mayo: Aufgeschlossenheit gegenüber Pflichten, expansiver Ehrgeiz (zu Selbstherrlichkeit neigend) und gute organisatorische Fähigkeiten.

Moore und Douglas: Verantwortungsgefühl, Vertrauenswürdigkeit, Führungsqualitäten ... scheinheilig, egoistisch.

Hickey: Sehr sparsam, beim Ausdruck von Gefühlen der Zuneigung und im Umgang mit Geld.

Ausgeben. Beiden ist Verschwendung ein Dorn im Auge, beide haben aber keine Bedenken, große Summen in geschäftliche Unternehmungen oder in Projekte zu investieren, die in Übereinstimmung mit ihren Wertvorstellungen stehen.

In der folgenden Erläuterung von Moore und Douglas sind grundsätzliche Qualitäten von Persönlichkeiten mit Steinbock-Jupiter präzise wiedergegeben:

Menschen mit einem Steinbock-Jupiter arbeiten praktisch und konservativ, ohne die geringste Neigung, auf riskante Spekulationen einzugehen. Sie beziehen sich dabei auf die erprobten Regeln, die traditionell anerkannt sind. Sie sind eher auf allmähliches Wachstum und gleichmäßigen Gewinn aus. Im allgemeinen blühen sie bei geschäftlichen Tätigkeiten auf. Wenn man ihnen die Chance gibt, in etablierten und erfolgreichen Unternehmen mitzuarbeiten, rechtfertigen sie das in sie gesetzte Vertrauen. Was das Finanzielle betrifft, wollen sie genau wissen, wo sie stehen; es ist ihnen wichtig, ein solides Fundament unter ihren Füßen zu spüren.

Diese Stellung ist günstig für eine Tätigkeit in der Politik oder in großen Unternehmungen, in denen auf unpersönliche und formalisierte Weise Geschäfte gemacht werden.

Marcia Moore und Mark Douglas: *Astrology, the Divine Science*

133

Weitere Personen mit Jupiter im Steinbock

Willy Brandt

Richard Burton

Albert Camus

Oscar Wilde

Emily Dickinson

Dustin Hoffman

Karl Marx

Paul Newman

Jack Nicholson

Peter Sellers

Ludwig van Beethoven

Jupiter in Luft-Zeichen

Menschen mit Jupiter in einem Luft-Zeichen sind sehr neugierig – auf Mitmenschen und auf Ideen. Der Prozeß der Erkundung neuer Vorstellungen, die Erforschung neuer intellektueller Dimensionen und die Auseinandersetzung mit dem Thema Beziehungen sind für sie der Schlüssel zu Glück und Wohlbefinden. Charakteristisch ist häufig ein Gefühl der Einheit mit allen menschlichen Wesen, und die Anteilnahme oder Teilhabe an einer zweckdienlichen sozialen oder intellektuellen Aktivität verleiht ein Gefühl der Sicherheit und der inneren Freiheit zugleich. Diese Menschen brauchen den aufbauenden Kontakt zu anderen als Bestärkung ihrer Vitalität. Die intellektuelle Arbeit allein kann sie auslaugen; und besonders, wenn sie übertrieben wird, ist möglicherweise nervliche Überlastung die Folge. Dennoch ist grundsätzlich eine bemerkenswerte mentale Energie gegeben, die andere, die weniger reichlich damit bedacht sind, in Erstaunen versetzen kann.

- Innere Zuversicht resultiert aus einem Verhalten, das auf der Erforschung neuer Ideen und auf der ständigen Auseinandersetzung mit neuen Verbindungen beruht und das in Zusammenhang mit fortschrittlichen sozialen Aktivitäten steht.

- Gelegenheiten ergeben sich, wenn man Ideen enthusiastisch zum Ausdruck bringt und gemeinsam mit anderen an einem zukünftigen Ziel arbeitet.

Mit dieser Stellung hängt das Selbstwertgefühl von Beziehungen, gesellschaftlichen Aktivitäten und von intellektueller Entwicklung und Betätigung ab. In diesen Lebensbereichen zeigt der Betreffende die größte Bereitschaft zu Risiken. Mit Jupiter in einem Luft-Zeichen ist ganz allgemein viel Abenteuerlust vorhanden (die Waage tendiert allerdings etwas mehr zur Vorsicht als die anderen beiden Luft-Zeichen). Während mit dieser Stellung also die Bereitschaft, in gesellschaftlicher und sozialer Hinsicht Risiken einzugehen, besteht, ist vor der Gefahr zu warnen, daß es bei der ausgeprägten Neugier den Kontakten und gemeinschaftlichen Aktivitäten an Verantwortungsbewußtsein mangelt.

Jupiter in Luft-Zeichen kann eine ausgeprägte mentale und »abgehobene« Einstellung bedeuten, mit der Tendenz, die Emotionen auszublenden und den Kontakt zum Körperlichen zu verlieren (wenn nicht andere Planeten das Gegenteil anzeigen). Diese Menschen lassen sich leicht fortreißen von weitgespannten Zielen, die jenseits des Körpers und der Gefühle liegen. Selbst in ihren engen Beziehungen kann diese abstrakte Seite dominieren. Im Idealfall haben wir es hier mit Menschen zu tun, die ihr Leben lang damit beschäftigt sind zu lernen und die über die Fähigkeit verfügen, auf eine dynamische Weise zum gesellschaftlichen Fortschritt beizutragen.

♃ ♊ *Jupiter in den Zwillingen*

Interpretationsrichtlinien für den Zwillings-Jupiter

• Sucht nach Weiterentwicklung und Selbstvervollkommnung durch Kommunikation, durch die Entwicklung eines breiten Spektrums von Fertigkeiten und durch Lernen in vielfältigster Hinsicht.

• Innere Zuversicht entsteht durch die unmittelbaren Wahrnehmungen und durch das In-Worte-Kleiden in Verbindung mit Beziehungen. Ein breitgefächertes Interesse trägt dazu bei, einen Sinn im Leben zu erkennen.

• Manchmal leidet der Optimismus unter der sprunghaften Neugier oder der Tendenz, sich über alles Gedanken oder Sorgen zu machen.

• Muß seine Intelligenz und seine Argumentationskraft entwickeln, um Vertrauen in sich selbst und in das Leben zu bekommen; das Bedürfnis, sich mit einer größeren Ordnung zu verbinden, die rational und logisch strukturiert ist.

• Ein angeborenes Wissen um die Wichtigkeit angemessener Kommunikation sowie der Wunsch, andere von den eigenen Informationen profitieren zu lassen.

Der traditionellen Astrologie nach steht Jupiter in den Zwillingen im Exil, weil Schütze (das Zeichen seiner Herrschaft) zu den Zwillingen in Opposition steht. Generationen von Lesern müßten dankbar sein, daß es diese Menschen gibt, die Geschichten mit unendlich vielen Details erzählen können, welche eine größere Bedeutung erkennen lassen. Im Idealfall kann der Zwillings-Jupiter ein großes Werk schaffen, indem er viele verschiedene Einzelheiten und Fakten zu einem Ganzen webt. Ein Beispiel dafür ist Charles Dickens, dessen Erzählungen zuerst in Zeitungen in Serienform erschienen. Seine Schriften hatten wichtigen Einfluß auf die Forderung der Öffentlichkeit nach sozialen Reformen. In der Tat haben Menschen mit dem Zwillings-Jupiter oftmals ein Gespür für die Emotionen und Träume der Allgemeinheit, und manchmal machen sie auch auf originelle Weise von sich reden. Arthur Conan Doyle, der Autor der Sherlock-Holmes-Geschichten, hatte ebenfalls Jupiter in den Zwillingen – er war der bekannteste und bestbezahlte Schriftsteller seiner Zeit. Mit Jupiter im 1. Haus schuf Doyle mit seinem Detektiv den Archetyp des analytischen Verstandes, der alle Fakten objektiv analysiert und versucht, sich nicht von Emotionen ablenken zu lassen.

Menschen mit Jupiter in den Zwillingen sind gewöhnlich nicht der Ansicht, daß sie bei ihren intellektuellen Aktivitäten besondere Risiken auf sich nehmen. Ohne Frage aber gehen viele dieser Personen tatsächlich Risiken ein, indem sie sich in Unterhaltungen freimütig äußern und sich der Erforschung von Ideen widmen, die allgemein als unkonventionell gelten. Sie zeichnen sich durch Offenheit für das Neue und durch unendliche Neugier aus. Im schlimmsten Fall aber wissen sie nicht, worauf sie ihre Energie richten sollen, oder sie besitzen kein Unterscheidungsvermögen in bezug auf Ideen und Menschen. Wie dem auch sein mag – beschäftigt sind sie so gut wie immer. Fast alle haben sie besondere instinktive kommunikative und sprachliche Fähigkeiten, was in Verbindung mit den verschiedensten Menschen und gesellschaftlichen Umständen zum Ausdruck kommen kann. Diese Personen sind schlagfertig und weisen womöglich die »Gabe« auf, endlos reden zu können. Im Gegensatz zu anderen Zwillings-Stellungen aber (beispielsweise Sonne oder Mars, was eine aggressivere Zwillingsbetonung bedeuten würde) finden sie die Ideen ihrer Mitmenschen nicht nur interessant, sondern sind sogar bereit, ihnen Aufmerksamkeit zu schenken. Menschen mit Jupiter in den Zwillingen sind oft gute Zuhörer und erkennen für gewöhnlich schnell, was der andere meint. Wenn sie ihn verstanden haben, würden sie ihn jedoch am liebsten sofort unterbrechen.

Unbedachte Äußerungen sind diesen Personen nicht fremd. Im Idealfall aber trägt die Leichtigkeit, mit der sie ihre Ideen und Beobachtungen den verschiedensten Leuten mitteilen können, zu dem außergewöhnlichen Erfolg auf beruflichen Feldern bei, die mit dem Austausch von Ideen, mit dem Verkaufen, mit den Kommunikationsmedien, der Öffentlichkeit und so weiter zu tun haben. Es ist ja allgemein anerkannt, daß positives (Jupiter) Denken (Zwillinge) den Schlüssel für erfolgreiches Verkaufen und beruflichen Fortschritt darstellt. Wie bei der Jupiter-Stellung in dem anderen Merkur-Zeichen, der Jungfrau, könnten die Betreffenden immer einen Grund dafür finden, *nicht* an etwas zu glauben. Was aber die positivste Auswirkung betrifft: sie besitzen die Fähigkeit, abstrakte Ideen und Ideale präzise zum Ausdruck zu bringen und gleichzeitig Energien freizusetzen.

Es würde wohl eine zu große Unterlassung darstellen, wenn wir hier nicht die Cleverness oder Genialität erwähnten, die mit Jupiter in den Zwillingen auf den verschiedensten Ebenen verbunden sein kann. Bemerkenswerte Erfinder wie Thomas A. Edison und Alexander Graham Bell hatten Jupiter in diesem Zeichen. Weil Jupiter und die Zwillinge mit dem Lehren und dem Erziehen zu tun haben, kann es auch nicht verwundern, daß bei Maria Montessori – der Begründerin der Montessori-Erziehungsmethode – Jupiter in den Zwillingen stand, und zwar im 11. Haus. Jupiter stand bei ihr weiterhin in Opposition zum Schützen in Haus 5 – für mich das schlagende Symbol einer zukunftsorientierten (Jupiter im 11. Haus) Erziehungsinnovation (Saturn im Schützen im kreativen 5. Haus).

Andere interessante Beispiele mit einem Zwillings-Jupiter sind Arthur Schlesinger Jr. und Jacqueline Kennedy-Onassis. »Jackie«, die dem Anschein nach soviel Geld hatte, wie man sich nur vor

Stimmen zu Jupiter in den Zwillingen

Mayo: Große Intelligenz, vielerlei Talente, tolerante Einstellung; oder hektisch, diffus, indiskret und gespalten zwischen den verschiedensten Interessen.

Ebertin: Vielseitiges Entgegenkommen ... Liebe zu Abwechslung, Streben nach vielseitigen Beziehungen... Leichtlebigkeit. Oberflächlichkeit.

Hickey: Neigung zum Reisen. Berufliche Eignung für das, was mit Reisen oder mit dem Verkaufen oder Übermitteln von Ideen oder Wissen zu tun hat.

stellen kann, entschied sich dafür, ihren ganz persönlichen Weg zur Weiterentwicklung zu gehen, indem sie eine Tätigkeit als Herausgeberin in einem großen New Yorker Verlagshaus aufnahm. Es wird deutlich, daß »Fortschritt und Wohlstand« für sie etwas anderes als materieller Reichtum bedeutete. Arthur Schlesinger Jr. hat den Zwillings-Jupiter im 10. Haus. Schlesinger hat sich bereits in relativ jungen Jahren durch seine Schriften einen Namen als Historiker gemacht und außerdem zweimal den Pulitzer-Preis gewonnen. Am bekanntesten ist er jedoch als Berater des Präsidenten mit der Zwillings-Sonne – John F. Kennedy – geworden. Er schrieb viele Reden des Präsidenten, und wir werden wahrscheinlich niemals wissen, von wem die Worte wirklich stammen, die den Ruhm des Redners John F. Kennedy begründeten.

Viele Schriftsteller haben Jupiter in den Zwillingen, und da die Zwillinge gern zwei Dinge zur gleichen Zeit tun, gehen viele von ihnen auch noch einem anderen Beruf nach: Theodore Roosevelt, Dane Rudhyar, Anne Morrow Lindbergh und Harriet Beecher Stowe, Autorin von *Onkel Toms Hütte* – eine Schriftstellerin, deren moralisches Anliegen eine große Anzahl von US-Bürgern an einem kritischen Zeitpunkt der Geschichte der Vereinigten Staaten beeinflußte. Bei fast allen Menschen mit einem Zwillings-Jupiter ist geistige Erforschung und geistiges Wachstum der Schlüssel zur persönlichen Weiterentwicklung.

Weitere Personen mit Jupiter in den Zwillingen

Muhammed Ali	Gamal Nasser
Adolf Eichmann	Giacomo Puccini
Indira Gandhi	Barbra Streisand
Greta Garbo	Helmut Kohl
Khalil Gibran	Michael Ende
Grace Kelly	Aldous Huxley

♃ ♎ *Jupiter in der Waage*

Interpretationsrichtlinien für den Waage-Jupiter

• Sucht nach Weiterentwicklung und Selbstvervollkommnung durch ein Verhalten der Ausgewogenheit und der Objektivität, der Fairneß und der Diplomatie.

• Zuversicht entsteht durch eine unparteiische, offene und wohlüberlegte Einstellung.

• Gelegenheiten resultieren aus engen Verbindungen und der Fähigkeit, aufrichtig mit anderen umzugehen.

• Die Sehnsucht nach einer umfassenderen Ordnung kommt als Bedürfnis zu teilen, als Kooperation und Ermutigung anderer zum Ausdruck, manchmal auf künstlerischem Gebiet oder in Zusammenhang mit Schönheit.

• Das Bedürfnis, alle Aspekte einer Frage zu berücksichtigen, könnte dem zuversichtlichen expansiven Denken im Wege stehen und die Entschlußfreudigkeit beeinträchtigen.

Wenn die Waage auch ein eher konservatives Zeichen ist (man beachte, daß Saturn in ihr erhöht steht!), neigen Menschen mit Jupiter in diesem Zeichen durchaus dazu, bei Belangen, die der Waage am wichtigsten sind, Risiken auf sich zu nehmen. Man könnte sagen, daß solche Personen im allgemeinen nur beschränkt risikofreudig sind, aber bei dem, was mit Liebe, Kunst und humanitären

Angelegenheiten zu tun hat, zu großen Wagnissen bereit sind. Dies erstreckt sich auch auf Beziehungen und auf ihren Sinn für Gerechtigkeit.

Kennzeichnend ist in diesen Fällen meist eine deutlich ausgeprägte Neigung zum Romantischen und/oder Künstlerischen, auch dann, wenn die Auswirkungen sich nur auf den engeren Bekanntenkreis richten. In der Öffentlichkeit lassen diese Menschen für gewöhnlich kaum Emotionen erkennen. Die Waage ist schließlich ein Luft-Zeichen und damit nicht sehr ausdrucksstark, was den Bereich der Gefühle betrifft. Die schöpferische Arbeit von George Gershwin und Judy Garland dagegen (beide mit einem Waage-Jupiter) bringt auf eine exzellente Weise zum Ausdruck, wie das Romantische in eine künstlerische Form gegossen werden kann. In den meisten Fällen besteht die Fähigkeit, dem Partner eine Stütze zu sein – in der Ehe, bei der Arbeit oder bei künstlerischen Projekten. Umgekehrt ist die tatkräftige Unterstützung durch die Partner für diese Personen eine unbedingte Notwendigkeit.

Wenn man auf die Menschen schaut, die diese Jupiter-Stellung im Horoskop haben, überrascht zunächst einmal, wie häufig damit eine künstlerische Begabung einhergeht. Oft ist eine besondere Ausrichtung auf eine bestimmte Person vorhanden, was sich auf die Ehe oder auch auf den Bereich der Arbeit beziehen kann und was für die Allgemeinheit nicht unbedingt deutlich wird. Im Leben der Schauspielerin Katherine Hepburn zum Beispiel war die berufliche und private Beziehung zu Spencer Tracy von ungeheurer Bedeutung – eine markante Widerspiegelung ihres Waage-Jupiters. Menschen mit dieser Jupiter-Stellung haben die Fähigkeit, andere aufzumuntern; sie sind aufgeschlossen und in der Lage, zuzuhören und gute Ratschläge zu geben. Sie können nicht für sich allein leben. Oftmals bilden sie auch den Rückhalt für den Erfolg des Partners – oder sie beziehen sich auf die Stärke oder Anteilnahme des Partners, um ihre eigenen Aktivitäten durchzuführen. Meine Erkenntnisse legen die Schlußfolgerung nahe, daß im Gegensatz zum allgemein verbreiteten Bild es den Menschen mit dieser Jupiter-Stellung nicht unbedingt darum geht, auf gesellschaftlichem Parkett zu glänzen (wenn auch exzellente geschäftliche Talente und Instinkte vorhanden sind). Diese Personen streben nicht danach, sich in Gruppen zum Ausdruck zu bringen, sondern fühlen sich am wohlsten, wenn sie sich *einem* Partner gegenübersehen.

Einige interessante Fälle mit dieser Jupiter-Stellung sind Winston Churchill, C. G. Jung und George Washington. Churchill ließ immer erkennen, wie wichtig ihm seine Frau Clementine war. Wenngleich sie dem Anschein nach darunter litt, nicht genug Aufmerksamkeit zu erhalten, ermöglichten erst ihre Loyalität und Unterstützung seine unglaublichen Leistungen während des Krieges. Bei Churchill sehen wir im Horoskop auch eine Rezeption zwischen Jupiter und Venus: Jupiter steht in der Waage, und die Venus steht im Schützen. Überdies ist zwischen Venus und Jupiter noch ein Sextil vorhanden (insofern könnten wir hier von einer »verstärkten Rezeption« sprechen)! Und es ist nicht zu leugnen, daß die poetische Schönheit und der Rhythmus seiner Reden die gesamte freie Welt mit Visionen (Jupiter) von klassischer Schönheit und Idealismus (Venus) inspiriert hat. In den letzten Jahren ist bekannt geworden, daß Churchill einige seiner Reden den langen Stanzen von klassischen Vorbildern der epischen Dichtung nachgebildet hat. Zudem war er ein begabter Maler, der Hunderte von Bildern im impressionistischen Stil auf die Leinwand brachte.

George Washington war einer der ersten, die sich um Demokratie und soziale Gerechtigkeit verdient gemacht haben. John Adams – der Mann, der sich immer wieder als sein Widersacher hervortat – sagte einmal über ihn: »Er sucht Informationen aus allen Quellen, und er ist in seinen Urteilen unabhängiger als jeder andere Mensch, den ich kenne!« Dies stellt eine perfekte Definition von Jupiter in der Waage dar.

Bei Carl Gustav Jung haben wir es nicht mit einer politisch geprägten Auswirkung des Waage-Jupiter zu tun, obwohl er eine Anzahl von Artikeln in berufsständischen Magazinen veröffentlichte, in denen er verschiedene gesellschaftliche Entwicklungen analysierte, allerdings von einem psychologischen Blickpunkt aus. Der Waage-Jupiter scheint sich bei Jung in einer besonderen Aufmerksamkeit für die Zweierbeziehung ausgewirkt zu haben.

Stimmen zu Jupiter in der Waage

Carter: Gerecht, gesellig, künstlerisch oder wissenschaftlich.

Mayo: Mitfühlend, gerecht, wohltätig, gastfreundlich oder eingebildet und träge.

Ebertin: Gerechtigkeitssinn, Freude an Geselligkeit, Beliebtheit, Streben nach öffentlichem Wirken.

Davison: Drängendes Verlangen nach Partnerschaft. Womöglich übermäßig ängstlich, den anderen nicht zu gefallen.

Hickey: Kultiviert und idealistisch. Unparteiisch, freundlich, offene Wesensart. Liebe zur Kunst und Schönheit.

Die Ehe mit seiner Frau Emma hatte nicht nur lebenslang Bestand und war mit einer Reihe von Kindern gesegnet, sondern führte ebenfalls dazu, daß auch seine Gattin mit eigenen Schriften zur archetypischen Psychologie aufwartete. Jung betonte über die Jahrzehnte hinweg, wie Wichtigkeit die Beziehung zwischen Therapeut und Patient sei – und daß die Persönlichkeit des Therapeuten in entscheidendem Maße die Auswirkungen des Kontaktes bestimme. Jung veröffentlichte auch wichtige Schriften zur Psychologie der Projektion, in denen er auf die Neigung von Patienten eingeht, Werte und Vorstellungen auf den Therapeuten zu übertragen. Weiterhin brachten Jungs spätere Bücher über alchimistische Themen und deren psychologische Bedeutung sein Interesse am Konzept der *Soror mystica* zum Ausdruck (der mystischen Schwester, die den inneren Entwicklungsprozeß unterstützen kann). Seine verschiedenen diesbezüglichen Untersuchungen mitsamt seiner Neigung, sich selbst zu erforschen, wurden von seiner Zeit und seiner Umgebung kaum verstanden. Jung stand auch über viele Jahre hinweg in einem engen Austausch mit Toni Wolff, seiner persönlichen *Soror mystica*, die ihm viel Unterstützung und Inspiration gab.

Um es noch einmal zusammenfassend zum Ausdruck zu bringen: Menschen mit Jupiter in der Waage blühen psychisch wie physisch auf, wenn sie an Beziehungen beteiligt sind, die es ihnen erlauben, an visionären Zielen und zukünftigen Entwicklungen zu arbeiten. Wenn sie solche Partner haben, entwickeln sie eine zuversichtliche und optimistische Haltung. Dabei hat es häufig den Anschein, als würden sie sich am effektivsten weiterentwickeln können, wenn sie im Rahmen einer Zweierbeziehung aktiv sind.

Weitere Personen mit Jupiter in der Waage:

Jacques Cousteau
Henry Ford
Judy Garland
Joseph Goebbels
Sophia Loren
Martin Luther

Thomas Mann
Liza Minelli
Wolfgang Amadeus Mozart
Swami Vivekananda
Bill Clinton
Alfred Biolek

♃ ♒ *Jupiter im Wassermann*

Interpretationsrichtlinien für den Wassermann-Jupiter

• Sucht nach Weiterentwicklung und Selbstvervollkommnung durch humanitäre Ideale, durch intellektuelle Bestrebungen und wagemutiges Experimentieren.

• Der Optimismus kann durch übermäßig abgehobenes oder distanziertes Verhalten beeinträchtigt werden. Im allgemeinen aber eine großzügige Einstellung gegenüber anderen.

• Eine exzentrische, individualistische, unorthodoxe und einzigartige Form des Glaubens.

• Vertraut der Einheit alles Menschlichen und allen Wissens. Große Toleranz gegenüber den verschiedenen Formen des freien Ausdrucks.

Da der Wassermann vom risikoliebenden, rebellischen Planeten Uranus beherrscht wird, wundert es nicht, daß Menschen mit dieser Jupiter-Stellung für gewöhnlich bereit sind, in vielerlei Hinsicht große Wagnisse einzugehen. In der Tat regt es sie an, wenn sie auf sozialem, politischem, intellektuellem oder kreativem Gebiet etwas riskieren. Es ist für sie eine schiere Lebensnotwendigkeit. Was die menschlichen Beziehungen betrifft, werden sie, wenn sich Gelegenheiten für neue Formen und Strukturen ergeben, die Chancen beim Schopfe packen und die Verbindungen neu definieren. Vielleicht ist es Saturn, dem Mitherrscher des Wassermanns, zuzuschreiben, daß die Risikobereitschaft schlagartig abnimmt, wenn es darum geht, sich mit den Gefühlen in Beziehungen auseinanderzusetzen. Diese Menschen sind umgänglich und freimütig, tolerant und unkonventionell – solange sie nicht gezwungen sind, Gefühle zu zeigen oder anzuerkennen.

Wer Jupiter im Wassermann hat, ist sich in mancherlei Hinsicht der Dimensionen des normalen Lebens und der menschlichen Gefühle nicht bewußt. Das ist insofern verständlich, als hier tatsächlich der Wunsch besteht, sich von den Emotionen freizumachen und Wohlbehagen in einer Art Losgelöstheit zu suchen. Diese Menschen setzen ihr Vertrauen in große Ideen und Pläne, und die subtileren Nuancen der menschlichen Beziehungen erfüllen sie eher mit Schrecken (wenn nicht der eine oder andere persönliche Planet in einem Wasser-Zeichen steht). Das ist nicht verwunderlich, da wir es beim Wassermann mit einem Luft-Zeichen zu tun haben, das in besonderem Maße für Distanz und Kühle spricht, mehr als das bei den Zwillingen oder der Waage der Fall ist.

Personen mit Jupiter im Wassermann kultivieren gern extreme Ideen und Überzeugungen, und manchmal schwanken sie zwischen einander widersprechenden Konzepten hin und her. Sie sind sehr auf Unabhängigkeit bedacht, bis zum Eigensinn. Dann geht es ihnen scheinbar nur noch darum zu widersprechen.

Walt Whitman, der diese Jupiter-Stellung im Horoskop aufweist, hat die passenden Worte gefunden:

Widerspreche ich mir selbst?
Nun denn.
Ich widerspreche mir, ich verkörpere Vielfältigkeit.

Whitman stellt die Verkörperung der humanitären Impulse wie auch die Ablehnung der sozialen Konventionen dar, die Personen mit dieser Stellung eigen ist. Sein Lebensstil war in fast jeder Hinsicht unkonventionell, zugleich aber verrichtete er während des Bürgerkrieges Dienste als Krankenpfleger. Er rebellierte gegen die festgeschriebene Rollenverteilung und beschränkte dabei seinen Protest nicht auf einen Lebensbereich.

Eine weitere Persönlichkeit mit dieser Jupiter-Stellung war Robert Bly. Er machte zunächst als Dichter und Übersetzer von sich reden und kam zu größerem Ruhm, als er verschiedene unkonventionelle Vorstellungen von Männlichkeit untersuchte und verbreitete. Die humanitären Impulse einer solchen Stellung sind auch bei dem Komiker Jerry Lewis ersichtlich, der am 16. März 1926 geboren wurde. Lewis ist seit 1966 die treibende Kraft hinter der *Muscular Dystrophy Association*, einer Vereinigung zur Hilfe von Muskelschwund-Kranken. Lewis kam mit einer fast genauen Konjunktion zwischen Jupiter und Venus im Wassermann zur Welt. Es fällt schwer, sich ein besseres Beispiel für altruistische Menschenliebe auszumalen. Und zusätzlich steht in seinem Horoskop die Fische-Sonne in einer fast exakten Konjunktion zu Uranus. Dies ist ein weiterer Beleg dafür, daß Lewis ein offenes Ohr für diejenigen hat, die in Not sind.

Bei aller Fairneß muß aber gesagt werden, daß manche Menschen mit einem Wassermann-Jupiter eine Art »Elfenbeinturm-Humanismus« zum Ausdruck bringen, mit einem Schuß Arroganz oder der Neigung, vermeintlich weniger intelligente Leute mit Herablassung zu behandeln.

Menschen mit Jupiter im Wassermann findet man häufig unter den politisch Aktiven – Marcia Moore spricht hier von »dem idealen Demokraten, der gerne mit Gruppen Kontakt hat«. Dessen typische Verkörperung ist Dwight Eisenhower (Jupiter im Wassermann) in seiner Rolle während des Zweiten Weltkriegs, als er damit beschäftigt war, eine Vielzahl von Nationalitäten und Gruppen zu koordinieren. Charles de Gaulle war gleichfalls ein großer Demokrat, der sich weigerte, sich den Nazis zu unterwerfen, und in England die französische Armee für eine Invasion in Frankreich reorganisierte. Bei ihm befanden sich Jupiter und Mars im Wassermann, und tatsächlich legte de Gaulle eine arrogante, besserwisserische Einstellung an den Tag, die manchmal

Stimmen zu Jupiter im Wassermann

Mayo: Rauh, taktlos und intolerant. Im Idealfall: unparteiisch und offen.

Carter: Gerecht, menschenfreundlich, oftmals wissenschaftliche Begabung.

Davison: Setzt sich für humanitäre Bestrebungen und Reformen ein. Expansivität in bezug auf das Vorstellungsvermögen, sehr originell. Philosophische Interessen.

Hickey: Kann für einen begabten Wissenschaftler stehen, der an großen Projekten und Reformen interessiert ist. Macht für Gruppenunternehmungen geneigt. Kann gut mit anderen zusammenarbeiten. Gutes Beurteilungsvermögen und wacher Geist. Verleiht Originalität und die Fähigkeit, anderen neue Ideen zu vermitteln. Eine günstige Stellung für Diplomaten und Berufe im Personal- und Organisationswesen.

Moore und Douglas: Diese Menschen zeichnen sich durch einen innovativen Verstand aus und sind in der Lage, anderen ihre menschenfreundlichen Vorstellungen auf nachvollziehbare Weise nahezubringen... Sie haben oft mit Geld zu tun, in Verbindung mit einer sozialen, wissenschaftlichen oder karitativen Tätigkeit.

mit einer solchen Jupiter-Position einhergehen kann. Zugleich aber zeigte er Mut und die Bereitschaft, sich aufgrund seiner Vision auf Risiken einzulassen, was typisch für den Wassermann-Jupiter ist.

Mit dieser Stellung ist man auf die Zukunft ausgerichtet. Diese Personen fühlen sich wohl und können ihren Glauben an das Leben entfalten, wenn sie ihre einzigartige und umfassende Vision zum Ausdruck bringen. Materielle Interessen sind dabei eher unwichtig. Moore und Douglas formulierten das so: »Die Ausweitung des Standpunktes führt zu neuen Wahrnehmungsmustern.« Die folgenden Beispiele zeigen Menschen, die auf künstlerischem und/oder wissenschaftlichem Gebiet Durchbrüche erzielten.

Wissenschaft: Marie Curie, Tycho Brahe, Albert Einstein.

Kunst: Gustave Courbet, Edouard Manet, Michelangelo, der Komponist Eric Satie.

Die Brücke zwischen den beiden Bereichen schlug Lewis Carroll: Er war ein berühmter Mathematiker sowie der Verfasser von *Alice im Wunderland*. Auch durch andere herausragende Werke ließ er ein einzigartiges Vorstellungsvermögen erkennen.

Weitere Personen mit Jupiter im Wassermann

Helena Petrowna Blavatsky	Marilyn Monroe
Isadora Duncan	Alan Watts
Elizabeth II.	Thomas Merton
Immanuel Kant	Herman Melville
Grant Lewi	Tom Dooley

Jupiter in Wasser-Zeichen

• Innere Zuversicht resultiert aus einem Verhalten, das auf tiefe emotionale Erfahrungen und den positiven Ausdruck von Mitgefühl und Vorstellungsvermögen gerichtet ist.

• Gelegenheiten ergeben sich, wenn man aufmerksam und mitfühlend gegenüber anderen ist und wenn man intuitiv seinen inneren Sehnsüchten folgt.

Mit Jupiter in einem Wasser-Zeichen verfügt man für gewöhnlich über viel Intuition, sowohl was das Einfühlen in andere als auch das Wahrnehmen von Zukunftstrends angeht. Diese Intuition wird aber natürlich nur dann zutreffend sein, wenn der Mensch die Neigung zu Furcht und Angst überwunden hat und sich nicht mehr von den Gedanken an verletzende Erlebnisse der Vergangenheit beeinflussen läßt. Diese introvertierten Seelen brauchen oft Zeit, bis sie Selbstvertrauen entwickelt haben und sich in und mit sich wohl fühlen. Der Schlüssel, dies zu erreichen, liegt darin, sich auf seine verborgenen emotionalen Reserven und auf die Stärke, die aus dem Inneren kommt, einzustimmen.

Diese Menschen neigen dazu, emotionale Erfahrungen auf die eine oder andere Weise zu idealisieren, was häufig zu Desillusionierung oder sogar zu Bitterkeit führt. Wenn sie aufhören, in Verbindung mit einem freundlichen und rücksichtsvollen Verhalten sich auf andere zu verlassen und auf ihre eigene emotionale Stärke vertrauen, können sie im Idealfall lernen, menschliche Einheit und Mitgefühl zu erfahren und auszudrücken. Sie haben außerordentlich reiche emotionale Reserven, die ihnen selbst und anderen von großem Nutzen sein können. Insbesondere gilt das für Notzeiten oder für Experimentierphasen.

Mit Jupiter in einem Wasser-Zeichen hat der Mensch eine Abneigung, Risiken einzugehen, was sich für gewöhnlich auf alle Lebensbereiche bezieht. Überwindet er diese Abneigung jedoch und nimmt tatsächlich emotionale Risiken auf sich, fühlt er sich glücklich. Auf diese Weise kann er seine natürlichen Ängste überwinden und mehr Selbstvertrauen gewinnen. Weil diese Personen so intensiv mit sich selbst beschäftigt sind, legen sie im allgemeinen keinen großen Wert auf Äußerlichkeiten.

♃ ♋ *Jupiter im Krebs*

Interpretationsrichtlinien für den Krebs-Jupiter

• Sucht nach Weiterentwicklung und Selbstvervollkommnung durch die Entwicklung von »familiären Werten« und emotionaler Unterstützung.

• Gelegenheiten ergeben sich, wenn man schützendes Mitgefühl und instinktive Anteilnahme erkennen läßt.

• Das Bedürfnis nach Sensibilität hinsichtlich der Gefühle der Mitmenschen ist Grundlage des Selbstvertrauens; die betreffende Person selbst hat diese Sensibilität meist gut entwickelt.

• Das Vertrauen in eine höhere Macht kann unter großer Reserviertheit, übermäßigem Selbstschutz oder zu vielen Ängsten leiden.

• Ein angeborenes Wissen um das menschliche Bedürfnis nach Sicherheit. Für gewöhnlich kommt hier eher die gebende, großzügige Seite des Krebses zum Ausdruck.

Jupiter ist im Krebs erhöht, darauf wurde in diesem Buch schon eingegangen. Es handelt sich hier um eine einzigartige und ermutigende Verbindung. Und es scheint mir von besonderer Bedeutung zu sein, daß der Krebs das Sonnen-Zeichen der Vereinigten Staaten von Amerika ist. Das Thema der familiären Werte ist zu der Zeit, da ich dies schreibe, eine Meßlatte für viele Konservative. Den Begriff »familiäre Werte« in den Interpretationsrichtlinien habe ich Ende der 80er Jahre notiert, noch bevor er zum politischen Schlagwort wurde. Menschen mit einem Krebs-Jupiter im Horoskop scheinen eine besonders starke Beziehung zur politischen Kultur der USA zu haben, was damit zusammenhängt, daß das Horoskop der Vereinigten Staaten neben der Sonne auch noch Jupiter in Konjunktion zur Venus im Krebs hat. Die folgenden Namen, die für große Popularität stehen, sprangen mir bei meinen Recherchen förmlich ins Auge.

• Wohltäter, die in reichlichem Maße die kulturellen Bereiche des Landes stärkten, wie Paul Mellon und Dale Carnegie, auf den bereits in Kapitel 2 eingegangen wurde.

• Jackie Robinson und Willie Mays: große Sportler, die beim amerikanischen Freizeitsport Baseball die Massen elektrisierten. Die beiden waren die aufsehenerregendsten Spieler ihrer Zeit. Und natürlich hatte Robinson auch durch seine mutige antirassistische Haltung großen gesellschaftlichen Einfluß.

• Außergewöhnliche Schauspieler wie James Dean, der von Frauen überall auf der Welt bewundert wurde.

• Musiker, die dem Anschein nach ihren Finger genau am emotionalen Puls der Allgemeinheit haben: Liberace, Nat King Cole und Leonard Bernstein, dessen Jupiter/Pluto-Konjunktion im Krebs seine außergewöhnlich dramatische Art, große symphonische Werke aufzuführen, repräsentiert. Bernstein machte sich dadurch einen Namen, daß er der Öffentlichkeit die klassische Musik nahebrachte. (Franz Liszt, der gleichfalls Jupiter im Krebs hatte, war ebenfalls zu seiner Zeit ungewöhnlich populär.)

• Neil Armstrong – der erste Mensch auf dem Mond – hatte nicht nur Jupiter im Krebs, sondern auch den Mond im Schützen. Insofern war bei ihm eine Mond/Jupiter-Rezeption gegeben, ein großartiges Symbol für die Erforschung des Mondes!

• Die Schriften des Autors James Michener, die meist mit der *Geschichte* der verschiedenen Staaten oder Regionen der USA zu tun haben, erfreuen sich bereits seit geraumer Zeit großer Beliebtheit.

Sie stellen die Geschichte aus dem subjektiven Blickwinkel der Erfahrung bestimmter Charaktere dar.

• Der Evangelist Billy Graham hat viele Gefolgsleute um sich geschart, neuerdings sogar in anderen Ländern. Seine Zuhörer scheinen vor allem gefühlsmäßig von ihm angesprochen zu sein. Graham war in den 70er und 80er Jahren zu einer Art National-pfarrer sowie zu einem Präsidentschaftsberater geworden.

Kurz gesagt scheinen Menschen mit einem Krebs-Jupiter in vielen Fällen über eine außergewöhnliche Popularität zu verfügen. Sie sind imstande, überlieferte oder auch altmodische Werte zu pro-pagieren und andere an freundlichere, sicherere und einfachere Zeiten zu erinnern.

Wenn auch eine Person mit dieser Jupiter-Stellung gut in der Öffentlichkeit arbeiten kann, legt sie doch großen Wert darauf, sich Freiräume zu bewahren. In der Tat ist sie sehr empfänglich, was die Mitmenschen betrifft; gleichermaßen aber macht sie ihr Recht auf eine Privatsphäre und auf inneren Seelenfrieden geltend. Ein gutes Beispiel dafür ist J. D. Salinger, der Autor von *Der Fänger im Roggen* und anderer Bestseller, dem seine Privatsphäre so kostbar ist, daß er schon mehrfach Gerichtsverfahren angestrengt hat, um sie zu schützen. Der »Beatle« George Harrison hat sich in ähnlicher Weise allmählich aus der Öffentlichkeit zurückgezogen; er ist bekannt dafür, daß er sein inneres, privates Leben durch Gartenarbeit, Meditation oder Eintreten für humanitäre Zwecke kultiviert (beispielsweise für das Bangladesh-Konzert). Der Maler Paul Gauguin sehnte sich ebenfalls nach einem einfachen und ab-geschiedenen Leben – so sehr, daß er sich schließlich dafür ent-schied, auf einer Insel in der Südsee zu leben.

Zusammenfassend läßt sich also festhalten, daß Menschen mit einem Krebs-Jupiter etwas deutlich Altmodisches haben und sich nach dem Überlieferten sehnen, weil sie sich davon Sicherheit ver-sprechen. Sie brauchen das Gefühl, zu etwas zu gehören und zu-gleich emotional frei zu sein, ob es nun um Werte, Beziehungen oder um Religion geht.

Stimmen zu Jupiter im Krebs

Mayo: Freundlich, beschützend, wohltätig; oder extrem emp-findlich oder zu Schuldgefühlen neigend.

Davison: Expansives Mitgefühl, Eignung für Geschäfte und Erwerbungen. Ein praktischer und dabei doch phantasievoller Verstand.

Moore und Douglas: Menschen mit Jupiter im Krebs sind ta-lentierte Gastgeber oder Gäste, denen es gelingt, die vielfältigen Facetten des gesellschaftlichen Protokolls mit kulinarischen Details zu koordinieren, was entscheidend für den Erfolg fest-licher Anlässe ist. Man findet sie oft in Clubs, Hotels, Bars und in Restaurants, wo von ihnen in einer angenehmen Umgebung eine erfrischende Wirkung ausgeht.

Mit Jupiter im Krebs ist instinktiv eine größere Abneigung ge-genüber Risiken verbunden als bei den meisten anderen Jupiter-Stellungen. Die Menschen aber, die ihnen nahestehen oder denen ihr Mitgefühl gilt, unterstützen sie bereitwillig und mit großer Anteilnahme. In der Tat ist es das Gebiet des emotionalen Aus-drucks, auf dem sie potentiell am meisten leisten können. Es können sich hier deshalb besondere Erfolge einstellen, weil diese Personen dazu neigen, Vertrauen in andere zu setzen, was insbe-sondere für alte Freunde oder Bekannte gilt. Ihr eigenes Selbst-vertrauen kann parallel zur Ermutigung anderer, sich weiterzu-entwickeln, wachsen.

Wenn diese Menschen auch sehr an der Vergangenheit hängen, sind sie doch mit einer besonderen Vision der Zukunft begabt. Für sie ist klar, wie sich die Zukunft aus der Vergangenheit und den Trends der Gegenwart heraus entwickeln wird. Sie haben ein in-tuitives und umfassendes Wissen, wie es um die Einflüsse bestellt ist, die das Leben des Individuums, der Familie und der Gemein-schaft prägen. Und aus dem Streben nach Verwirklichung ihrer Zukunftsvision resultiert für sie üblicherweise Wohlbefinden und Wohlstand.

Weitere Personen mit Jupiter im Krebs

Richard Alpert (Ram Dass)   Harry Truman
Annie Besant   Mark Twain
Jiddu Krishnamurti   Stanislav Grof
Benito Mussolini   Nelson Mandela
Margaret Sanger

♃♏ *Jupiter im Skorpion*

Interpretationsrichtlinien für den Skorpion-Jupiter

• Sucht nach Weiterentwicklung und Selbstvervollkommnung durch Transformation der Wünsche und Leidenschaften in Verbindung mit einem ungewöhnlich tiefen Wissen um die inneren Abläufe des Lebens.

• Gelegenheiten ergeben sich in Zusammenhang mit scharfsinnigem Beurteilen von Menschen und Situationen. Sehr erfinderisch und wendig. Kann die sich bietenden Gelegenheiten auch tatsächlich nutzen.

• Die Entwicklung von Optimismus und Zuversicht kann durch Angst, die Neigung zur Geheimniskrämerei und die Unfähigkeit, sich emotional zu öffnen, beeinträchtigt werden. Jupiter bringt aber auch oft die erhabeneren und entwickelteren Skorpion-Eigenschaften zum Ausdruck.

• Das Bedürfnis, sich mit etwas zu verbinden, das größer ist als man selbst, kommt im Rahmen intensiver Erfahrungen und tiefer Gefühle zum Ausdruck. Das Vertrauen in eine höhere Macht entwickelt sich im Zusammenhang mit dem bewußten Anstreben dieser Intensität und der Auseinandersetzung damit.

• Das Bedürfnis, eine kraftvolle transformative Energie anzuzapfen, um Selbstvertrauen zu entwickeln.

Über die Jahre hinweg bin ich zu der Einschätzung gelangt, daß der Skorpion für »emotionale Extreme« steht. Die Auswirkung von Jupiter in diesem Zeichen ist dabei keine Ausnahme. Da Jupiter selbst schon zum Exzeß neigt, dürfte es nicht überraschen, daß sich diese Verbindung oftmals auf machtvolle und auch widersprüchliche Weise äußert – und insofern kann man hier tatsächlich ohne weiteres von Extremen sprechen. So müssen Personen mit Jupiter im Skorpion beispielsweise große Risiken auf sich nehmen, um die intensiven Erfahrungen zu machen, nach denen sie sich sehnen. Zugleich aber haben sie große Angst vor Kränkungen, und die Vorstellung, die Kontrolle über das Leben zu verlieren, hat eine geradezu lähmende Wirkung auf sie. Wenn andererseits alles zu lange ruhig bleibt, neigen sie instinktiv dazu, Konflikte und Probleme aufzuwirbeln oder zumindest neue Projekte zu beginnen oder neue Herausforderungen zu suchen.

Dies ist eine Jupiter-Stellung, die für starke und tiefe Emotionen spricht, was sich als Wut, Ärger und Kleinkrämerei ausdrücken kann oder durch erhabene Gefühle und eine loyale Einstellung zu Menschen und Dingen. Und es ist ohne weiteres möglich, daß solch verschiedene Tendenzen in einem einzigen Menschen zum Ausdruck kommen! Diese Leute müssen sich von allem, was sie tun, in ihrem Innersten angesprochen fühlen, Oberflächlichkeit ist ihnen fremd. Mark Aurel, dessen Jupiter im Skorpion stand, gibt uns ein wassergeprägtes Bild von tiefer (Skorpion) Güte (Jupiter):

> Forsche im Inneren.
> Im Inneren liegt die Quelle des Guten,
> und sie wird immer sprudeln,
> wenn du beständig nach ihr suchst.
> Mark Aurel: *Selbstbetrachtungen*

Dem einen oder anderen Menschen mit einer solchen Jupiter-Stellung liegt es, sich in Verbindung mit Erfahrungen und Erkenntnissen auf Tabu-Gebieten weiterzuentwickeln. Es kann sich dabei um das Okkulte, die Sexualität, den Tod, die tieferen psychologischen Antriebskräfte oder die verschiedensten metaphysischen Themen handeln. In jedem Fall besteht ein besonderes Interesse, eigene Erfahrungen zu machen. Diese Personen könnten sich auch herausgefordert fühlen, die Naturgesetze, finanzielle Operationen, Militärstrategien oder vielleicht sogar kriminelle Verhaltensformen in aller Gründlichkeit zu erforschen. Moore und Douglas beschreiben präzise einige der grundlegenden Eigenschaften dieser Stellung:

> Er weiß, wie man im großen Maßstab denkt, und ist zugleich bereit, sich die Hände bei der praktischen Arbeit in der Welt schmutzig zu machen. Sein Talent, die natürlichen Ressourcen in nützliche Produkte umzuformen, könnte ihn zu einem Gebiet führen, das mit Chemie, dem Ingenieurwesen oder mit dem Umweltschutz zu tun hat. Gleichermaßen wäre eine Tätigkeit als scharfsinniger Psychologe denkbar, der den Menschen nicht nur bei der Anpassung an die äußeren Umstände hilft, sondern zugleich auch dazu beitragen kann, daß sie sich von innen heraus neu definieren.
>
> Eine Verbindung von Jupiter und Skorpion steht auch für finanzielles und geschäftliches Talent. Oftmals kommen diese Menschen zu Wohlstand, weil sie es auf sich nehmen, nach den notwendigen Informationen zu suchen, zum Wesentlichen vordringen und weil sie in der Lage sind zu warten, bis die Zeit reif ist. Sie können Reichtum anhäufen, weil sie leidenschaftliche Wünsche haben und bei all ihren Unternehmungen auf Erfolg ausgerichtet sind. Sie besitzen meist einen fast schon mythischen Glauben daran, daß das Geld die Macht besitzt, neues Geld – und in der Folge davon mehr Macht – hervorzubringen. Der kraftvolle Skorpion und der weitsichtige Jupiter verschmelzen in der ungestümen, effektiv arbeitenden Führungskraft, die bei aller Vertrautheit mit den Details doch in der Lage ist, neue und verheißungsvolle Produktmärkte aufzuspüren. Es kann hier auch eine subtile Art von Selbstsicherheit gegeben sein, die von dem gewöhnlichen Egoismus weit entfernt ist ...
>
> Marcia Moore und Mark Douglas: *Astrology, the Divine Science*

Mit Jupiter in diesem Zeichen geht häufig das Bedürfnis einher, im Dienste einer Sache oder einer Macht zu handeln, die größer ist als man selbst – was dem Wunsch, eine Mission zu haben, entspre-

Stimmen zu Jupiter im Skorpion

Carter: Reserviert, würdevoll; manchmal tollkühn oder zügellos.

Davison: Ein einfallsreicher, subtiler Geist; möglicherweise zu Mißtrauen neigend. Bedeutet verstärkte Leidenschaft, Hingabe, magnetische Anziehungskraft, starken Willen und Stolz. Kann von sich selbst vollständig eingenommen sein.

Hickey: Viel Mut. Sehr geheimnisvoll. Kann für eine heilende Kraft stehen.

Ebertin: Rücksichtsloses Streben nach Besitz oder Genuß... übersteigertes Triebleben.

chen würde –, oder zu jemand anderem zu gehören. Die Umgebung hat häufig den Eindruck, als seien diese Menschen von einer Leidenschaft oder einer Energie besessen, die sie nicht unter Kontrolle bringen können. Das gilt besonders dann, wenn noch andere starke Skorpion-Komponenten oder ein machtvoller Pluto im Horoskop vorhanden sind. Dieses »Etwas«, das hinter ihnen steht, gibt ihnen die Möglichkeit, auf eine Extrareserve von Energie zurückzugreifen oder eine Intelligenz einzusetzen, die über die bewußte Logik weit hinausgeht. Sie verfügen in vielen Fällen über dunkle Ahnungen, und ihr Denken verläuft gewissermaßen über den Bauch. Diese geradezu unheimliche Intuition versetzt sie in die Lage, den Kern und Wert der Dinge zu erkennen – ob sich das nun auf Personen, materielle Güter, Investitionen oder Situationen bezieht. Sie können noch etwas in einer Sache sehen, die andere längst abgeschrieben haben. Insofern haben sie die Fähigkeit, aus verfahrenen Situationen, Produkten oder Unternehmungen, die verloren scheinen, noch etwas zu machen. Diese Fähigkeit kann ihnen dabei helfen, ermutigend oder sogar heilend auf ihre Mitmenschen zu wirken, auch dann, wenn schon alles zu spät zu sein scheint.

Ebertins Hinweis auf das betonte Sexualleben sollte vielleicht noch näher ausgeführt und erklärt werden. Marcia Moore hat geschrieben, daß mit dieser Stellung die Tendenz besteht, die sexuellen Impulse entweder zu unterdrücken oder überzubetonen, was auch für viele andere Planeten im Skorpion gilt. Meiner Ansicht nach ist es am ehesten so, daß Menschen mit einem Skorpion-Jupiter das Bedürfnis haben, Erotik und Sexualität auf einer breiten Ebene zu verstehen – möglicherweise in Verbindung mit Experimenten auf diesem Gebiet, zumindest aber in Zusammenhang mit einem weitgespannten Interesse an der sexuellen Energie mitsamt ihren Manifestationsformen und den Theorien über sie. Bei einigen Menschen bleibt es hier in erster Linie bei einem *geistigen* Interesse. Anders ausgedrückt ist es keinesfalls so, daß alle diese Menschen ihrer geistigen Neugier entsprechend aktiv werden. Es kommt darauf an, wie es um den Rest des Horoskops bestellt ist. Mir ist eine Reihe von Menschen beiderlei Geschlechts mit dem Skorpion-Jupiter bekannt, die keine große sexuelle Lust und kein übermäßiges Interesse an Erotik und Sexualität erkennen läßt, die aber doch instinktiv zu wissen scheint, welche Rolle die Sexualität im menschlichen Leben spielen kann.

Viele bekannte Menschen mit dem Skorpion-Jupiter haben in ihrer kreativen Arbeit Gefühle der Leidenschaft oder der emotionalen Besessenheit zum Ausdruck gebracht, zum Beispiel Elvis Presley, Alfred Hitchcock, Auguste Rodin und Tennessee Williams. Die Musik von Ravel, Tschaikowsky und Richard Strauß ist ebenfalls außerordentlich bewegend. Und viele andere der Menschen mit dieser Jupiter-Stellung haben die verborgene Seite des menschlichen Lebens näher erkundet, beispielsweise die Autorin Joan Didion, Mata Hari und Aleister Crowley.

Weitere Personen mit Jupiter im Skorpion

Konrad Adenauer	Ronald Reagan
Napoleon Bonaparte	Albert Schweitzer
Charles E. O. Carter	Leo Tolstoi
George Washington Carver	Emile Zola
Ernest Hemingway	Loriot (Vicco von Bülow)

♃ ♓ Jupiter in den Fischen

Interpretationsrichtlinien für den Fische-Jupiter

• Sucht nach Weiterentwicklung und Selbstvervollkommnung, indem er sein Leben an Idealen ausrichtet, sein Mitgefühl
ausweitet und geistige Großzügigkeit beweist.

• Muß Mitgefühl und Sensibilität zum Ausdruck bringen, um
in sich Zuversicht zu empfinden.

• Die Arbeit am Bedürfnis der Selbstvervollkommnung kann
durch eine unkritische und ziellose Einstellung und durch
Fluchttendenzen behindert werden.

• Ein starkes Vertrauen in eine höhere Macht. Der Mensch
weiß, wie wichtig es ist, sich einem Ideal hinzugeben und offen
für die spirituellen Dimensionen des Lebens zu sein.

Wie in den Fischen, in denen Jupiter »erhöht« steht, als Zeichen
des Mitgefühls und der Hingabe nicht anders zu erwarten, haben
wir es bei dieser Stellung mit einem beträchtlichen Maß an Idealismus und dem Wunsch, den Bedürftigen zu helfen, zu tun.
Abraham Lincoln ist das beste Beispiel dafür. Die Schriften, die
er noch vor seiner Präsidentschaft verfaßte, legen Zeugnis ab von
dem Mitgefühl, das er für die unter der Sklaverei Leidenden
empfand. Walter Mondale, Präsidentschaftskandidat und Botschafter in Japan, war bekannt für seinen politischen Liberalismus
und seine Vorstellung von aktiver Regierungsarbeit, die auf die
Bedürftigen, die arbeitende Klasse und die Gewerkschaftsbewe-
gung ausgerichtet war. Und Dr. Benjamin Spock, der das ein-
flußreichste Buch über Baby- und Kinderpflege geschrieben hat,
ist bekannt dafür, daß er im ganzen Land für sanftere Methoden in
der Kindererziehung gesorgt hat – wenngleich ihm später vor-
geworfen wurde, dazu beigetragen zu haben, daß eine ganze
Generation von undisziplinierten und verdorbenen Bälgern her-
angewachsen sei.

Bei all den angeführten Menschen kann man sehen, daß die Person mit dem Fische-Jupiter Wagnisse auf sich nehmen muß und womöglich auf harte Kritik stößt, wenn sie für eine größere Sache oder Vision oder für ein umfassenderes Ziel eintritt. In vielen Fällen vermitteln diese Menschen ein Bild der Würde oder der Vornehmheit, eine Aura, die wahrscheinlich den Ruhm Sidney Poitiers und Harry Belafontes begünstigte und es ermöglichte, daß beide in den 50er Jahren, als die Rassentrennung in vielen Teilen des Landes noch die Norm war, relativ leicht von der weißen amerikanischen Gesellschaft akzeptiert wurden. Orson Welles war ein anderer Schauspieler mit Jupiter in den Fischen, und er ließ eine große, expansive und sehr beeindruckende Energie erkennen. Seine Regiearbeiten in vielen bahnbrechenden Filmen, die heutzutage als Klassiker gelten, sind ein besonderes Merkmal des Vorstellungsvermögens und der innovativen Eigenschaften, die mit dieser Stellung einhergehen können. Die herausragenden Jazz-Sängerinnen Ella Fitzgerald und Billie Holiday, die sich durch die Emotionalität und die Dramatik ihres Gesangs auszeichneten, haben Jupiter in den Fischen. Auch Leonardo da Vinci besaß diese Planeten-Stellung, ebenso Johann Wolfgang von Goethe. Und man sollte auch nicht vergessen, auf die vielen Personen hinzuweisen, die einen großen Beitrag zur Wissenschaft geleistet haben: u. a. Johannes Kepler, Isaac Newton und Charles Darwin.

Die mögliche Tendenz zur Extravaganz kann sich gelegentlich in einem übermäßig aufgeblähten Ego äußern, manchmal mit negativen Konsequenzen. Den Boden nicht unter den Füßen zu verlieren stellt für diese Menschen möglicherweise die härteste Herausforderung dar. Sie könnten sich vom Traum ihres persönlichen Ruhms davonreißen lassen; sie können sich in einer Selbstverherrlichung verlieren, bei der sie sich als gutmütig und großherzig darstellen (Joseph Stalin); oder sie können in einer übersteigerten, mythologisierten Version ihres eigenen Lebens schwelgen (Friedrich Nietzsche und Henry Miller). Gewöhnliche Sterbliche können »zerbrechen«, wenn ihr Lebensstil, ihre Ehe oder ihr Arbeitsplatz, die ihnen so kostbar sind, auf dem Spiel stehen.

Stimmen zu Jupiter in den Fischen

Carter: Liebenswürdig, umgänglich, freundlich; dem Ideal der Menschenliebe und der Arbeit für die Allgemeinheit verpflichtet.

Ebertin: Altruismus, Gutmütigkeit, Zufriedenheit in bescheidenen Verhältnissen, Liebe zu Einsamkeit und stillen Freuden ... Beeinflußbarkeit.

Davison: Nimmt am Wohlergehen der Öffentlichkeit regen Anteil, interessiert am Heilen; ein Geist, der mitfühlend, empfänglich und beeindruckbar ist (manchmal auch schwankend).

Hickey: Starkes Interesse am Okkulten sowie an psychischen Gesetzmäßigkeiten. Kann gut mit anderen zusammenarbeiten, weil ein tiefes Wissen um die allgemeinen menschlichen Bedürfnisse vorhanden ist. Bei der Arbeit müssen Emotionen und Mitgefühl gefordert sein, ansonsten ist dieser Mensch nicht glücklich.

Moore und Douglas: Die Fische-Neigung zur Innenschau kann sich mit der jupitergemäßen Expansion verbinden. Diese Kombination lehrt, daß wahres Wachstum eine Evolution der Bewußtheit einschließt ... und daß innere und äußere Prozesse sich in Verbindung miteinander weiterentwickeln.

Mayo: Wohlwollend, warmherzig, humorvoll; oder extravagant, unzuverlässig, sich von Phantasien fortreißen lassend.

Dabei kann es schließlich auch zu einer Desorientierung kommen oder zur Neigung, vor den Schwierigkeiten davonzulaufen, oder ganz allgemein zu Problemen beim Umgang mit der Realität.

Für die meisten Menschen mit einem Fische-Jupiter stellen sich Selbstvertrauen und Zuversicht im Laufe der Zeit ein, wenn sie sich mit einem spirituellen, sozialen oder künstlerischen Ziel verbinden. Wie Moore und Douglas in obigem Zitat anführen, sind für diese Personen Wachstum, persönlicher Fortschritt und Selbstvervollkommnung aufs engste mit der Entwicklung eines höheren und umfassenderen Bewußtseins verknüpft. Sie leben häufig in der Zukunft, und fast immer besteht ein besonderes Vorstellungsvermögen, ein intuitives Wissen um das Leben oder eine umfassende Vision. Sie müssen sich auf diese Vision beziehen, wenn sie sich in ihrem Dasein zufrieden fühlen wollen und ihr Leben ein Erfolg sein soll. Wie Moore und Douglas erklären, hat »Erfolg« aber für Menschen mit Jupiter in den Fischen nur wenig mit Geld oder materiellen Gütern zu tun:

... deutlich weniger auf Geld ausgerichtet als diejenigen mit einem Jupiter in Erd-Zeichen. Für diese Menschen ist der materielle Erfolg oder Mißerfolg nicht wichtig – was für sie zählt, ist ihre gelassene Heiterkeit, und sie sind nicht bereit, diese an die eifersüchtigen Götter des Handels zu verkaufen. Sie wollen wissen, was es eigentlich heißt zu leben, und wenn sie zu dem Schluß gekommen sind, daß ihnen das Geldverdienen weniger bedeutet als der Genuß dessen, was die Natur großzügigerweise gegeben hat, werden sie nur Verachtung für das Anhäufen von Besitz übrig haben und zugunsten der Suche nach innerer Erfüllung bereitwillig darauf verzichten.

Von Zeit zu Zeit hat ein Mensch mit Jupiter in den Fischen das Bedürfnis das »Zurück-zur-Natur« zu pflegen, sich von den Mitmenschen zurückzuziehen und zur Natur zurückzukehren. Musik, schöne Umgebung und Natur sind für ihre Gesundheit besser als jedes Anregungsmittel. Eine Seereise oder ein Aufenthalt an der Küste kann auf angespannte Nerven heilsam wirken. Diese Personen sollten sich Zeit und Ruhe nehmen, um in einer friedvollen Atmosphäre zu meditieren.

Marcia Moore und Mark Douglas: *Astrology, the Divine Science*

Weitere Personen mit Jupiter in den Fischen

Sigmund Freud   Leon Trotzki
Isabel M. Hickey   Stevie Wonder
Edgar Allen Poe   Tina Turner
Franz Schubert   Fritjof Capra
Frank Sinatra   Günter Grass

5. Jupiter in den Häusern

Ideale sind wie Sterne: Wir erreichen sie nie,
wir können aber – wie der Seemann auf dem Meer – unseren
Kurs nach ihnen ausrichten.

Carl Schurz

Die Häuser sind in ihrer Bedeutung abstrakter als die Energien, die man in Verbindung mit den Planeten in den Zeichen fühlen und direkt erleben kann. Insofern könnte es nützlich sein, sich das angeführte Zitat von Carl Schurz bildlich vor Augen zu halten und sich auszumalen, welche Ideale oder Zukunftsträume man in Zusammenhang mit der Haus-Stellung von Jupiter bewußt oder unbewußt in sich hat. Ein alternativer Ansatz wäre zu überlegen, auf welchen Lebensgebieten und in welchen Erfahrungsbereichen man für gewöhnlich zu Idealisierungen neigt, sei es in konstruktiver oder in übertriebener Hinsicht. Die Richtlinien, die wir später in diesem Kapitel anführen, werden weitere Hinweise auf die potentielle Bedeutung der Haus-Stellung von Jupiter im Geburtshoroskop jedes Menschen erkennen lassen.

Als erstes möchte ich mit allem Nachdruck deutlich machen, daß wir beim Vordringen in den geheimnisvolleren Bereich der Häuser niemals davon ausgehen können, es mit einer festumrissenen, unumstößlichen Bedeutung zu tun zu haben, auf die man vertrauensvoll bauen kann. Das gilt um so mehr, wenn wir mit diesem Prinzip noch nicht sehr vertraut sind. Unser eigenes Horoskop und die Geburtsbilder von Menschen, die wir gut kennen, lassen uns mit der Zeit das Jupiter-Spektrum der Aktivitäten und Bedeutungen erkennen. Ganz besonders hilfreich ist es hier zu beobachten, wie der Geburts-Jupiter durch Transite und Progressionen über eine Anzahl von Jahren hinweg aktiviert wird. Während solcher Zeiten bedeutet das Jupiter-Potential außerordentlich viel Energie. Es kommt zu großen Zukunftsplänen, die verschiedensten Gelegenheiten präsentieren sich, und ein starkes

Verlangen nach Expansion, Verbesserungen und möglicherweise nach Übersteigerung ist fühlbar, dem vielleicht auch Ausdruck gegeben wird. Durch die Beobachtung solcher Entwicklungen kann der erfahrene Astrologen besser erkennen, wofür Jupiter steht und was er in Hinblick auf die Zukunft bedeuten kann. Wie dem auch sein mag – in jedem Fall sind mit Jupiter Veränderungen, Bewegung und Verbesserungen verbunden. Mit Jupiter geht die Weiterentwicklung des Status quo einher, was zur Folge hat, daß dieser Himmelskörper auch ein Planet der Überraschungen sein kann, wenn diese auch weniger schockierend als bei Uranus sein dürften. Keinesfalls aber können wir davon ausgehen, daß wir es bei Jupiter mit einem Horoskop-Faktor zu tun haben, der starr und mit unumstößlichen Definitionen zu interpretieren ist.

Warum beginne ich das Kapitel zur Bedeutung von Jupiter in den Häusern mit dem Hinweis darauf, wie unsicher eine solche Interpretation ist? Ich tue das aus einer ganzen Reihe von Gründen, auf die ich schon in früheren Büchern eingegangen bin (siehe zum Beispiel das Kapitel über die Häuser im *Handbuch der Horoskop-Deutung*). Ich führe aber doch noch einmal in aller Kürze einige der Punkte an:

• Die meisten Geburtshoroskope sind etwas ungenau, was zur Folge hat, daß man sich nicht sicher sein kann, wo sich die Häuserspitzen exakt befinden.

• Weltweit werden viele verschiedene Häusersysteme verwendet, und einige davon scheinen für bestimmte Breiten besser zu funktionieren als andere. Mit jedem System aber ergeben sich für die acht Häuserspitzen neben Aszendent, Imum Coeli (IC beziehungsweise Mitternachtspunkt), Deszendent und Himmelsmitte (Medium Coeli beziehungsweise MC) andere Werte.

• Selbst wenn man mit seinem Häusersystem glücklich und zufrieden ist, kommt es darauf an, es effektiv zu benutzen. So haben zum Beispiel viele erfahrene Astrologen die Schlußfolgerung gezogen, daß nicht die Häuserspitze als Anfang des betreffenden Hauses zu sehen ist, sondern daß der Wirkungsbereich des Hauses schon etwa sechs Grad vor seiner Spitze beginnt. Dadurch verhalten sich die betreffenden Planeten so, als stünden sie im nächsten Haus. Das bleibt beim oberflächlichen Blick auf ein traditionell gezeichnetes Horoskop unberücksichtigt (im *Handbuch der Horoskop-Deutung* bin ich ausführlich darauf eingegangen).

• Die Zeichen-Stellung der Planeten und ihre Aspekte sind von so großer Wichtigkeit, daß es ein zweifelhaftes Unterfangen ist, die Haus-Stellung isoliert zu betrachten. Es scheint viel nützlicher, sich auf vertrauenswürdige *Richtlinien* zu beziehen – solchen, wie sie in diesem Kapitel angeführt werden –, und danach in einem erhellenden Dialog Näheres über die Werte, Ideale, Pläne und den Hintergrund der betreffenden Person herauszubekommen.

Die Häuser stehen also für außerordentlich umfassende Erfahrungsbereiche des Inneren und des Äußeren. Ihre reiche Symbolik auf verschiedenen Ebenen darf nicht in dem Versuch unterdrückt werden, sie in saubere und eng begrenzte Theorien zu pressen – zum Beispiel in die alte Vorstellung von »Lebensbereichen«. Dieser traditionelle Ansatz war so starr, daß er häufig zu »Beratungen« führte, nach denen sich der Ratsuchende wegen des Schicksals, das ihm scheinbar unvermeidlich bevorstand, deprimiert und verzweifelt fühlte. Die Symbolik der Häuser sollte uns hilfreich sein. Wir sollten uns und unser Potential nicht beschränken, um restriktiven Interpretations-»Regeln« zu entsprechen. Der Astrologe und Schriftsteller Noel Tyl hat einmal in einem Artikel ausgeführt, daß wir, wenn wir nur starr versuchen, das Leben eines Klienten mit unserer Auffassung des astrologischen Regelwerks in Übereinstimmung zu bringen, »Gefahr laufen, das Leben auf das zu beschränken, was wir über Astrologie wissen. ... Unser Handwerk geht aber weit über Textbücher und Lektionen hinaus. Was wir über das Leben wissen, ist sehr viel wichtiger als das, was wir ... über die Werkzeuge der Astrologie wissen.« Insofern sollten wir die Häuser als Mittel zur Erforschung der inneren und äußeren Realität sehen, nicht als enge Schubladen, in die alles fein säuberlich eingeordnet werden kann. Ist es denn nicht auch so, daß die Erfahrungen und Geschehnisse des Lebens zwischen den verschiedenen Häusern Brücken schlagen, indem zum Beispiel drei oder vier Erfahrungsbereiche betroffen sind? Demgemäß sollten die Richtlinien in diesem Kapitel als Ausgangspunkt für eigene Gedanken, für eigene Forschungen und für eine ehrliche Selbstanalyse genutzt werden und damit zur Entdeckung der ganz individuellen Bedeutung des Lebens und des eigenen Potentials führen.

Der Leser wird bemerken, daß ich mich bei den Häusern auf ein System von Schlüsselworten beziehungsweise Grundbegriffen beziehe, das manchmal in Übereinstimmung mit den überlieferten Häuserbedeutungen steht und manchmal nicht. Dieses System von Schlüsselworten, das ich seit über 20 Jahren benutze, habe ich in meinen beiden Büchern *Astrologie, Psychologie und die vier Elemente* und *Handbuch der Horoskop-Deutung* in aller Ausführlichkeit erläutert. Ich lege dem Leser, der Näheres über diese Grundprinzipien erfahren möchte, diese Bücher ans Herz. An dieser Stelle soll der Hinweis genügen, daß die Schlüsselbegriffe auf der Einteilung in Feuer-, Erd-, Luft- und Wasser-Häuser beruhen, parallel zu den zwölf Zeichen. Und man kann die Einordnung der Zeichen in kardinale, fixe und veränderliche ohne weiteres auf die Häuser übertragen: kardinale, fixe und veränderliche Häuser. Jedes von ihnen steht für eine besondere Bedeutung Jupiters im Leben.

Richtlinien zur Interpretation

• In welchem Haus Jupiter auch steht – es handelt sich hier um den Bereich, in dem der Mensch ein umfassendes Verständnis entwickeln kann, unter der Voraussetzung, daß die Herausforderung zur Erkundung des betreffenden Lebensgebietes mutig und aufrichtig angenommen wird.

• Wo Jupiter auch im Horoskop zu finden ist – auf diesem Gebiet kann der Mensch am unmittelbarsten Vertrauen, innere Zuversicht, ein Gefühl des Wohlbefindens und Reichtums erfahren und einen Glauben entwickeln.

• Das Jupiter-Haus kann auf einen Erfahrungsbereich weisen, der Hoffnung, Optimismus und ein Gefühl von innerer Stärke und Spannkraft für die Zukunft verleiht.

• Die Hausposition Jupiters verdeutlicht, wo der Mensch intuitiv lernen kann und wo er instinktiv spürt, welche Trends die Zukunft bringen könnte, was ihm unter Umständen eine schnelle Verwirklichung seiner Ziele ermöglicht. In Verbindung mit dieser natürlichen Einstimmung haben wir es hier mit einem Bereich zu tun, auf dem man mit einer gewissen Anstrengung sehr bald Resultate und wesentliche Verbesserungen verschiedenster Art erzielen kann, ob dies nun eher mit dem Persönlichen oder dem Gesellschaftlichen zu tun hat.

• Dem Erfahrungsgebiet, welches durch die Haus-Position Jupiters betont wird, sollte viel Aufmerksamkeit geschenkt werden. Wenn noch weitere Planeten in diesem Haus stehen, muß man sich sehr intensiv mit diesem Bereich beschäftigen und viel Energie dafür aufwenden.

• Das Jupiter-Haus enthüllt, in welchem Lebensbereich der Mensch fortwährend nach Wahrheit sucht und neue Horizonte erkunden möchte. Oftmals besteht hier die instinktive Annahme, daß Wahrheit »befreit« und daß diese Wahrheit dazu beitragen kann, den Sinn und die Richtung im Leben zu finden. Damit einhergehend kommt bei den Aktivitäten beständig ein starkes Bedürfnis nach Offenheit und Aufrichtigkeit zum Ausdruck.

• Jupiter läßt mit dem Haus, in dem er steht, erkennen, auf welchen Feldern der Aktivität und Erfahrung man Wagnisse eingehen muß, um Zuversicht und Selbstachtung zu entwickeln und um Vertrauen in sein inneres Potential und die gottgegebenen Talente zu bekommen.

• Das Jupiter-Haus steht für einen Lebensbereich, in dem man beständig um die Verbesserung der augenblicklichen Situation bemüht ist und in dem sich fortwährend neue Entwicklungen ergeben – welche manchmal sehr überraschend sind, aber auch von großen Erfolgen gekrönt sein können. Jupiters Haus-Position enthüllt insofern auch, wo der Mensch die Gelegenheit hat, von seinem inneren Überfluß zu geben.

• Jupiters Haus-Position repräsentiert die Sehnsucht nach einer umfassenderen Ordnung oder danach, sich mit etwas zu verbinden, was größer ist als das eigene kleine Ego. Dies ist zum Teil die Erklärung dafür, warum man sich oft von Ängsten und Sorgen befreit fühlt (und aufatmen, expandieren und sich selbst neu zum Ausdruck bringen kann), wenn man sich enthusiastisch den Aktivitäten hingibt, die vom Jupiter-Haus angezeigt sind.

Jupiter im 1. Haus

Grundthema: *Identität in Aktion*

Für die meisten Menschen mit dieser Haus-Position Jupiters sind eine starke Vitalität, eine optimistische Haltung sowie ein beschwingtes Temperament kennzeichnend. Weiterhin ist damit Vertrauen in die eigenen Handlungen verbunden, selbst bei zurückhaltenden Menschen mit einem Fische-Aszendenten (siehe dazu auch die Abschnitte über Walter Mondale und Ringo Starr im Anhang). Wenn ein derart dynamischer Planet in einem »feurigen« Haus steht, kann man sich in der Tat auf ein großes Ausmaß an energischer Selbstgewißheit gefaßt machen und eine beeindruckende Persönlichkeit erwarten. Jupiter in diesem Haus verleiht sehr viel Energie und Vitalität und insofern auch eine robuste Gesundheit. (Das 1. Haus ist für eine gute Gesundheit vielleicht wichtiger als das 6., wie Charles Carter in *Essays on the Foundations of Astrology* angemerkt hat.) Allerdings könnte jemand mit einem Zwillings- oder Jungfrau-Jupiter dazu neigen, einen Teil der reichlich vorhandenen natürlichen Energie in mentale Kanäle zu leiten, die möglicherweise die Gesundheit beeinträchtigen. Alles hängt hier von dem Lebensstil des Betreffenden sowie von dem Horoskop in seiner Gesamtheit ab.

Der Überlieferung nach kann man sich kaum eine günstigere Jupiter-Stellung als diese vorstellen, weil sie als Hinweis auf vielerlei Chancen für Erfolg und Popularität angesehen wird. Das hängt zum Teil damit zusammen, daß die betreffenden Menschen eine edle oder hochgesinnte Ausstrahlung haben. Ganz allgemein gilt hier, daß die Einstellung zum Leben fröhlich und tolerant ist, was natürlich dazu führt, daß diese Personen zufrieden wirken und andere sie liebenswürdig finden. Glück und materieller Überfluß ergeben sich nach der traditionellen Überlieferung in vielen Fällen wie von selbst, und meine eigenen Beobachtungen widersprechen dem kaum. Im Verhalten kann es höchstens zu Angeberei oder Überlegenheitsgefühlen kommen – aber selbst solche Menschen sind gewöhnlich großzügig und wohlmeinend. Mit dieser Stellung ist in den meisten Fällen ein großes angeborenes Selbstvertrauen verbunden, vielleicht mit einem Schuß Arroganz oder Egozentrik. Schließlich entspricht das 1. Haus dem Widder – das Zeichen, das von allen am meisten auf das »Ich, Ich, Ich« bezogen ist.

Insbesondere dann, wenn Jupiter im 1. oder auch im 12. Haus in Konjunktion zum Aszendenten steht (innerhalb eines Orbis von bis zu sechs oder sieben Grad), könnte der Mensch unangemessen stolz auf seine Meinung sein und unerschütterlich davon ausgehen, daß sie richtig und »besser« ist als die der Mitmenschen. Das kann sich störend auf die engen Beziehungen auswirken. Aber auch hier gilt, daß der Betreffende zumeist ein großes Interesse an den Mitmenschen hat und aktiv um Kommunikation bemüht ist. Jupiter im 1. Haus manifestiert sich für gewöhnlich als ausgeprägter Ehrgeiz oder als extravertierte Ausrichtung auf die Gesellschaft im großen Maßstab.

Sich umfassende Ziele zu setzen ist diesen Menschen ein natürliches Anliegen – wie es zum Beispiel bei Arthur Conan Doyle zu beobachten war, der einen internationalen Kreuzzug unternahm, um die Welt von der Realität der spirituellen Dimension des Lebens zu überzeugen. Ihre umfassenden Unternehmungen können dann auch zu bemerkenswerten Resultaten führen, was zumindest zum Teil darauf zurückzuführen ist, daß sie einen so ehrwürdigen und dabei enthusiastischen Eindruck auf die Allgemeinheit machen. Im Horoskop von Jacques Cousteau beispielsweise finden wir die Sonne im 9. Haus und Jupiter in Konjunktion zum Aszendenten. Cousteau unternahm große und teure Forschungsreisen zur Erkundung der unterseeischen Welt; er finanzierte diese durch eine immer größer werdende Gemeinschaft von Sponsoren. Cousteaus Anteil daran, ein internationales Bewußtsein für die ozeanische Ökologie geweckt zu haben, kann gar nicht hoch genug veranschlagt werden. Hermann Hesse hatte ebenfalls Jupiter im 1. Haus. Sein Horoskop wird im Anhang vorgestellt. Andere Persönlichkeiten mit Jupiter im 1. Haus sind Albert Schweitzer (Horoskop und Biographie im Anhang), Toulouse-Lautrec, Uri Geller, Marlon Brando, Dustin Hoffman, Marc Edmund Jones, Hal Holbrook (dessen Ruhm zum größten Teil von seiner schauspielerischen Darstellung des Schützen Mark Twain herrührt), Bill Clinton, Rudolf Scharping, John Lennon, Aldous Huxley.

Einige bekannte Persönlichkeiten mit Jupiter im 1. Haus scheinen sich vor allem dadurch hervorgetan zu haben, daß sie das, was zuvor im verborgenen gelegen hatte oder unterdrückt wurde, auf eine Weise zur Sprache brachten, die zu Kontroversen führte. Die folgende Liste möge das demonstrieren (ohne daß im übrigen die Richtigkeit der jeweiligen Behauptungen anerkannt sein soll):

• Der Gouverneur von Alabama, George Wallace, brachte die separatistische Tendenz der Südstaaten der USA zum Ausdruck und bewarb sich um die Präsidentschaft, womit er die politische Landschaft des Landes erschütterte.

• John Dean, ein Berater von Präsident Nixon, erregte großes Aufsehen, indem er das »Krebsgeschwür der Präsidentschaft« in

Verbindung mit Nixons illegalen und verurteilenswerten Handlungen der allgemeinen Öffentlichkeit bekannt machte.

• Elisabeth Kübler-Ross, deren Jupiter direkt am Wassermann-Aszendenten die gesellschaftliche und medizinische Einstellung zum Tod und zum Sterben revolutionierte. Sie ließ sich nicht von den Widerständen abschrecken, die damit verbunden waren, das soziale Tabu-Thema Tod zur Sprache zu bringen.

Jupiter im 2. Haus

Grundthema: *Materielle Sicherheit*

Die Stellung Jupiters in diesem »erdigen« Haus mit dem Schlüsselbegriff der »materiellen Sicherheit« scheint auf den ersten Blick die begrenzte Bedeutung zu bestätigen, die der Überlieferung nach hier zu erwarten ist: Geld, Besitztümer, Wohlstand und so weiter. Das 2. Haus steht aber für viele weitere Manifestationsformen. Mit Jupiter darin erstreckt sich sein Bereich bis zum umfassenderen Spektrum der tiefen Werte, bis zu dem Vertrauen, daß die Erde dem Betreffenden das geben wird, was er braucht. Gleichermaßen geht es hier um eine tiefe Wertschätzung der Natur und ihrer grenzenlosen kreativen Mächte.

Vor mehr als 40 Jahren schrieb Margaret Hone, daß Jupiter im 2. Haus für die »Zufriedenheit mit Besitztümern« sprechen kann. Das stellt in der Tat etwas ganz anderes als die Gier nach viel Geld dar, was der Eindruck ist, den viele Basiswerke dem Astrologie-Studenten vermitteln. Mit dieser Stellung besteht oftmals eine innerliche Gewißheit, daß man das bekommen wird, was man braucht. Und häufig wird der Betreffende es mit dieser Überzeugung für unnötig halten, sich etwas für schlechte Tage beiseite zu legen oder Vorsicht beim Umgang mit seinen Aktivposten walten zu lassen. Manchmal ist deshalb in diesen Fällen eine ausgeprägte Neigung zur Verschwendung zu erkennen: der Drang, jede erhaltene Mark sofort wieder auszugeben. Vielleicht gibt es hier den einen oder anderen, der dieser Versuchung widerstehen kann. Mir persönlich sind aber Fälle bekannt, wo es in Verbindung mit dieser inneren Zuversicht zu außerordentlich bedrückenden finanziellen Situationen gekommen ist: in denen ein Mensch sich voll und ganz auf sein Glück verlassen hatte und große Geldsummen, die ihm ohne weitere Anstrengung zugeflossen waren, leichtfertig und verschwenderisch ausgab.

Unvermeidlich hängt mit Jupiter im 2. Haus zusammen, daß dieser Lebensbereich eine gesteigerte Aufmerksamkeit beanspruchen wird. Manchmal kann es damit zu einer Manifestation kommen, die von Marcia Moore und Mark Douglas als ein »instinktives Wissen um die irdischen Grenzen« bezeichnet wird, bei der die Person vielleicht in einem besonderen Maße von der »umsichtigen Entwicklung der natürlichen Ressourcen« profitiert. Noch allgemeiner gesehen war Charles Carter wieder einmal seiner Zeit weit voraus, als er 1947 in seinen *Essays on the Foundations of Astrology* schrieb, daß das 2. Haus »vom psychologischen Standpunkt aus viel mit Zufriedenheit und der Fähigkeit, das Leben zu genießen, zu tun hat.« Von dieser Sichtweise aus würde ich sagen, daß unabhängig von den finanziellen Umständen alle Menschen mit Jupiter im 2. Haus reich sind.

Was die bekannten Persönlichkeiten mit dieser Jupiter-Stellung betrifft, ist auf die bereits erwähnte Margaret Thatcher hinzuweisen. Bei ihr äußerte sich Jupiter im 2. Haus als ein tiefes Wissen darum, wie das Motiv der »Selbstsucht« genutzt werden konnte, um in England die stagnierende sozialistische Wirtschaft der 80er Jahre wieder anzuregen und zu revitalisieren. Sie förderte den Grunderwerb sowie unternehmerische Investitionen und das in einer Gesellschaft, in der Verkaufen und wirtschaftliche Ambitionen als unfein galten. Mit ihrem Mittelklasse-Hintergrund waren ihr die täglichen Mühen des wirtschaftlichen Lebens vertraut, und sie wußte, wie sehr das allgemeine Wohl davon abhängt. So kümmerte sie sich nicht darum, ob es nun »richtig« war oder nicht, sich aktiv dafür einzusetzen, daß man in England wieder Reichtum anhäufen durfte. Wenn es auch fortwährend Widerstände gab, war es doch Margarete Thatcher, die einer kränkelnden Wirtschaft die bittere Medizin verabreichte, die zur Heilung nötig war.

Auch Winston Churchill, ein weiterer englischer Premierminister, hatte Jupiter in diesem Haus (um genau zu sein: exakt auf dessen Spitze). Churchill neigte beständig dazu, weit mehr auszugeben, als er einnahm, was als Ausdruck seiner Freude an den Vergnügungen des Lebens zu sehen ist. Sein finanzielles Einkommen sicherte er in erster Linie aus solchen Jupiter-Aktivitäten wie Buchveröffentlichungen und Vortragsreisen, aus seiner Tätigkeit als Zeitungskorrespondent und später als Finanzminister.

Die Komponisten Claude Debussy und Wolfgang Amadeus Mozart hatten Jupiter ebenfalls in diesem Haus (welches durch seine Verbindung zum Stier auch eine Venus-Dimension aufweist). Beide komponierten sehr komplexe Musikstücke, die von einer außerordentlichen Originalität zeugen und über Jahrzehnte bzw. Jahrhunderte viele Zuhörer aufgerichtet und inspiriert haben. Michelangelo ist gleichfalls ein gutes Beispiel für die Wertschätzung der Formen, die mit dieser Jupiter-Stellung verbunden ist, sowie für große und inspirierende Werke, was man sowohl auf seine Skulpturen als auch auf seine Gemälde beziehen kann. Wir können davon ausgehen, daß Michelangelo die Verkörperung des Bedürfnisses von Jupiter in 2 darstellt, einer inspirierenden Philosophie oder religiösen Überzeugung konkret Ausdruck zu verleihen.

Jupiter im 3. Haus

Grundthema: *Lernen auf sozialer und intellektueller Ebene*

In diesem Haus geht er um den Erfahrungsbereich, der mit Lernen, Kategorisieren und Austauschen von Konzepten und Ideen der verschiedensten Art zu tun hat, ob diese in einer Verbindung zueinander stehen oder mit einem bestimmten Thema oder Zweck zu tun haben oder nicht. Eine unstillbare Neugier ist in der Regel für alle Menschen typisch, die mit einem oder mehreren Planeten in diesem Haus geboren sind, und je mehr Planeten darin zu finden sind, desto mehr Energie wird bewußt auf die Befriedigung dieses Verlangens durch Lesen, Analysieren, Reden, Reisen, Zuhören oder das Beobachten anderer gelenkt.

Im Vergleich mit den anderen Luft-Häusern (dem 7. und dem 11. Haus) ist das 3. das luftigste, und zwar dem Sinne, daß es für den geistigen Prozeß der Veränderung steht, der von fortwährender Bewegung und ständigem Wandel gekennzeichnet ist – wie der Wind. Wie Carter in den *Essays on the Foundations of Astrology* schrieb: »Das 3. Haus sagt viel über die mentalen Aktivitäten und die tatsächlich gegebenen geistigen Fähigkeiten des Geborenen aus, wodurch es mindestens ebenso wichtig ist wie Merkur.« Jupiter an dieser Stelle erhöht das Interesse an dem breiten Spektrum von Lernen und Kommunikation, mit der bemerkenswerten Fähigkeit, aus den verschiedensten Gelegenheiten in Verbindung mit Erziehung, Reisen und geistiger Entwicklung zu profitieren. Eine idealistische und dabei zielorientierte Einstellung kann diesem Menschen dabei helfen, zwischen Oberflächlichem und Bedeutungsvollem zu unterscheiden. Damit es aber dazu kommt, muß er eine deutlich ausgeprägte Lebensphilosophie und feste Werte haben. Ohne diese Richtlinien könnte Jupiter im 3. Haus dazu führen, daß die Person zu viele zusammenhanglose Details in Beziehung zueinander setzt und ein Sammelsurium von bedeutungslosen Fakten anhäuft. Im Idealfall ist mit dieser Jupiter-Position eine natürliche Eignung für den Lehrberuf, für das Vortragen oder das Schreiben auf philosophischem, soziologischem oder idealistischem Gebiet vorhanden. Auf jeden Fall aber dürfen wir erwarten, daß Wissen das große Lebensziel eines solchen Menschen ist. Dieses mit anderen zu teilen, könnte eine Notwendigkeit für eine erfüllte Existenz sein.

Es gibt viele Menschen mit Jupiter im 3. Haus, die durch ihre Schriften oder andere Formen der Kommunikation großen Einfluß auf die sozialen Trends ihrer Gesellschaft haben. Solche Personen sind im Bereich der Medien aktiv, und es ist nichts Ungewöhnliches, daß damit eine ausgesprochene Neigung zur Kommentierung sozialer Mißstände oder zu sozialen Reformvorschlägen verbunden ist (genauso häufig, wie das beim Zwillings-Jupiter der Fall ist). In dieser Gruppe findet man zum Beispiel Joseph Goebbels, den offiziellen Propagandaminister der Nazis, der – unglücklicherweise – seiner Zeit weit voraus war, indem er erkannte, wie die Massen durch Medien beeinflußt werden können. Die meisten anderen Fälle mit Jupiter in Haus 3 aber, die der Gesellschaft ihren Stempel aufdrückten, haben einen weitaus konstruktiveren Beitrag geleistet. Bemerkenswerte Schriftsteller mit

Jupiter in diesem Haus waren beispielsweise Ernest Hemingway –
der wohl seinerzeit populärste Erzähler der Vereinigten Staaten,
dessen Arbeiten die internationalen Veränderungen seiner Epoche
erkennen ließen – sowie der französische Poet Arthur Rimbaud,
der verschiedentlich als der herausragende und fast schon archetypisch zu nennende Poet seiner Zeit angeführt wurde.

Weitere interessante Beispiele für Jupiter im 3. Haus:

• Leonardo da Vinci, dessen vor nichts haltmachende Neugier
dazu führte, daß er als Verkörperung der Quintessenz des Renais-
sance-Menschen angesehen wurde.

• Der Rockstar Cat Stevens, der philosophische Lieder schrieb,
der schließlich seinem Ruhm entsagte und sich der Religion widmete (Jupiter im Schützen!).

• Ein bemerkenswertes Paar stellen die Sängerinnen Julie
Andrews (mit einem Skorpion-Jupiter und einem Schütze-Mars
in 3) und Barbra Streisand (mit Jupiter und Mars in den Zwillingen in 3) dar. Beide werden nicht nur als außerordentlich begabt
angesehen, was die Bandbreite und den Ausdrucksreichtum ihres
Gesangs betrifft – beide taten sich auch durch den Einsatz für soziale Reformbestrebungen hervor: Julie Andrews durch ihr Eintreten für das *International Relief Agency Project California* und
Barbra Streisand durch die massive Unterstützung von liberalen
Kandidaten und Themen in der Politik.

Jupiter im 4. Haus

Grundthema: *Aktivität auf der emotionalen und seelischen Ebene*

Wenngleich es sich hier um einen sehr persönlichen Bereich handelt, ist die Stellung von Jupiter in diesem Haus doch sehr auffällig, weil er so extravertiert und nach außen gerichtet wirkt. Jupiter
in 4 fördert eine zuversichtliche und optimistische Herangehensweise, die von deutlich ausgeprägtem Selbstvertrauen getragen ist,
das seinen Ursprung in den Tiefen der Persönlichkeit hat und
nicht arrogant wirkt. Da Jupiter im Krebs erhöht ist, befindet er
sich gleichsam in diesem Horoskopbereich zu Hause und blüht

dort auf (eine Schlußfolgerung, zu der man nach intensiverer Forschungsarbeit unweigerlich kommt). Es hat den Anschein, daß
sich viele Menschen mit dieser Stellung nicht von den oberflächlichen Erscheinungen der äußeren Welt blenden lassen und statt
dessen fest in ihrer inneren Sicherheit verwurzelt bleiben, mit der
sie geboren wurden. Eine umfassende geistige Großherzigkeit ist
ein häufiges Merkmal dieser Stellung. Mit der Tendenz, daß alles,
was mit Jupiter in Kontakt kommt, eine Ausweitung erfährt,
macht sich diese Großherzigkeit aber nicht nur hinsichtlich der
Familie bemerkbar, wie man vielleicht zunächst vermuten könnte.
Wie Charles Carter schrieb, regiert das 4. Haus »möglicherweise
über die Tiefe und Ernsthaftigkeit von Gefühlen, insbesondere
über diejenigen, die sich aus den familiären Banden ergeben.« Mit
Jupiter in diesem Haus ist vielleicht auch tatsächlich zu erwarten,
daß diese Gefühle nicht auf einen kleinen Personenkreis beschränkt sind.

Menschen mit Jupiter im 4. Haus brauchen Zeit, um ihre innere Welt zu erkunden. Durch ihre Erziehung könnten sie eine starke religiöse Orientierung gewonnen haben. Wenn der prophetische Planet Jupiter in einem »wäßrigen« und psychisch empfindsamen Haus steht, kann es nicht überraschen, daß die Betreffenden über eine beträchtliche Sensibilität und eine große Intuition
verfügen und daß sie, wie es Isabel Hickey formulierte, für gewöhnlich »offenherzig und großzügig« sind. Wenngleich einige
von ihnen es zu allgemeiner Bekanntheit bringen, ist zunächst
doch etwas Bodenständiges und Erdverbundenes für sie kennzeichnend – etwas, das bei allem durchscheint, und das meist auch
der Grund für ihre Popularität ist. Marcia Moore und Mark
Douglas schreiben, daß Menschen mit dieser Jupiter-Stellung »das
Gefühl brauchen, der Gemeinschaft, in der sie leben, auch tatsächlich anzugehören. Teil dieser Gemeinschaft zu sein und in ihr ein
reiches und erfülltes Leben zu führen ist ihnen wichtiger als das
Streben nach weltlichem Ruhm.«

Diese Personen stehen den Traditionen loyal und aufgeschlossen gegenüber. So ist zum Beispiel bei Woody Allen eine Reihe
von Jupiter-Manifestationen in diesem Haus zu erkennen, ohne
daß wir näher auf seine Erziehung und den Einfluß der Eltern ein-

gehen müssen. In diversen seiner Filme hat er alte Ängste und Sorgen (4. Haus) ans Licht gebracht (Jupiter). Er hat das Private und das Bedürfnis nach einem erfüllten Leben über den Ruhm gestellt – zum Beispiel, als er bekanntgab, daß er nicht bei der Oscar-Preisverleihung für seinen Film *Annie Hall* anwesend sein würde, weil sie auf den Abend fiel, an dem er in seiner Band Klarinette zu spielen pflegte. Er wählte fast immer Musik der 20er bis 40er Jahre als Hintergrund für seine Filme, und er hat weiterhin mit einer Reihe von Schwarzweißfilmen in einer Phase innovativ gewirkt, als Farbfilme die Regel waren und selbst alte Filme nachträglich »koloriert« wurden – ein künstlerischer Stilbruch, gegen den er im US-Kongreß Stellung bezog. Sein Jupiter im 4. Haus kommt auch dadurch zum Ausdruck, daß er sehr verschiedene Filme gedreht hat, was als eine Hommage an seine cinematographischen Vorgänger und Vorbilder zu verstehen ist.

Die Verbindung des 4. Hauses mit Patriotismus – oder zumindest mit dem Geist der Gesellschaft oder Kultur – ist auch an Menschen wie Johann Wolfgang von Goethe abzulesen, der für viele der herausragende Dichter Deutschlands ist und der im *Faust* die Seele dieses Landes zum Ausdruck gebracht hat. General George Patton, ein amerikanischer Held des Zweiten Weltkrieges, war ein fanatischer Patriot und glaubte zugleich fest an Reinkarnation und Karma. Das sind Ideen, zu denen Jupiter in diesem psychisch ausgerichteten Haus einen gewichtigen Beitrag geleistet haben könnte.

Wie wichtig Kindergeschichten sein können, wird am Leben eines Schriftstellers mit Jupiter im 4. Haus deutlich. Antoine de Saint-Exupéry war der Verfasser des *Kleinen Prinzen*, einer der berühmtesten Kindergeschichten der Welt. Zusätzlich kannte man ihn als pflichtbewußten Kämpfer für sein Land, der bei einem Aufklärungsflug im Zweiten Weltkrieg sein Leben verlor. Ein anderer herausragender Autor mit dieser Jupiter-Stellung war der Franzose Marcel Proust, dessen vielbändiges Werk *Auf der Suche nach der verlorenen Zeit* den drängenden Wunsch widerspiegelt, die Erinnerungen und die verborgenen Motive des Lebens zu verstehen und zu ergründen.

Jupiter im 5. Haus

Grundthema: *Sicherheit durch Identität*

Da alle Feuer-Häuser einen intensiven Einfluß auf die Einstellung zum Leben haben, liegt die Annahme nahe, daß mit der Stellung von Jupiter im 5. Haus – das mit der Sonne und dem Löwen zusammenhängt – eine philosophische und wahrscheinlich auch optimistische Haltung verbunden ist. Mit dieser Stellung geht ein intensives Verlangen einher, den Sinn in den Erfahrungen und Handlungen zu erkennen: der Wunsch, etwas zu bedeuten (zum Beispiel im Showbusineß), etwas Bedeutungsvolles in kreativer Hinsicht zum Ausdruck zu bringen oder einen wichtigen gesellschaftlichen Beitrag zu leisten. Es überrascht nicht, daß mit dieser Plazierung von Jupiter nicht gerade eine besondere Bescheidenheit bezüglich der eigenen Person und der eigenen Überzeugungen verbunden ist. Ein so großer Planet in diesem machtvollen, dynamischen Haus kann nicht ignoriert oder unterdrückt werden.

Die aufmunternde, optimistische Qualität von Jupiter kommt im 5. Haus gut und fast ohne jede Beschränkung zur Geltung. Manchmal wird damit das Leben als Show, als Drama oder als eine Arena für Spontaneität, Vergnügen und Spiel aufgefaßt. Der Überlieferung nach herrscht das 5. Haus über Spekulationen, und mit Jupiter darin liegt auch tatsächlich der Akzent auf dem Eingehen von Wagnissen: sein Herz aufs Spiel setzen, indem man sich verliebt (auch das Sich-Verlieben fällt unter den Bereich des 5. Hauses); sein Geld aufs Spiel setzen, indem man riskante Investitionen tätigt; in der Hoffnung auf Beifall die Bühne betreten und dabei das Wagnis eingehen, abgelehnt zu werden; sich auf kreatives Gebiet begeben mit dem Risiko, auf Kritik, Ablehnung oder einfach auf Ignoranz zu stoßen – solche Aktivitäten des 5. Hauses haben eng mit der persönlichen Identität zu tun. All dies ist das Resultat davon, das innerste Selbst zu enthüllen und auf die Öffentlichkeit zu projizieren. Ähnlich ist es, Kinder zu haben, was ebenfalls eine Form der Reflexion des eigenen Wesens ist (die einzige, wie viele Eltern zu glauben scheinen). Wo liegt hier aber der Zusammenhang von solch risikobehafteten Themenbereichen mit der Sicherheit durch das Finden der eigenen Identität, dem Schlüsselwort für dieses Haus? Es geht einfach darum, daß wir durch das Eingehen von Wagnissen in einem weiten Bereich von Aktivitäten und Feldern des persönlichen Ausdrucks mehr Sicherheit und Selbstvertrauen gewinnen können und merken, daß wir etwas Nennenswertes beizutragen haben. Insofern müssen wir uns durch die Bewußtwerdung unseres inneren Selbstes und kreativen Daseinszwecks über das Persönliche hinaus weiterentwickeln.

In der vedischen Astrologie sind die Feuer-Häuser (Haus 1, 5 und 9) als Häuser des *Dharma* bekannt; sie gelten als maßgebend für das »richtige Handeln«. Insbesondere das 5. Haus steht dabei für »kreative Intelligenz«, wobei es sich nicht um eine intellektuelle Fähigkeit, sondern mehr um intuitive Wahrnehmungen mit einem kreativen Einschlag handelt. Alle drei Feuer-Häuser haben mit der »Projektion von Träumen auf die physische Welt« zu tun, in Verbindung mit der Hoffnung, daß diese dadurch manifestiert werden. Gerade das 5. Haus – das von allen das kreativste ist – steht für den Wunsch, daß die eigenen kreativen Unternehmungen und der persönliche Selbstausdruck einen Einfluß auf die Welt im umfassenden Sinn haben mögen. Dieses Bedürfnis ist bei Jupiter im 5. Haus beherrschender und mächtiger als bei allen anderen Planeten. Das 5. Haus hat mehr mit Kreativität als mit Ruhm zu tun. Viele Pioniere auf kreativem Gebiet haben Planeten darin, sind dabei aber relativ unbekannt geblieben.

Der kreative Ausdruck kann derart viele verschiedene Formen annehmen, daß wir nicht in den Fehler verfallen sollten, ihn lediglich auf künstlerische oder unterhaltende Aktivitäten einzugrenzen. Jupiter im 5. Haus kann zum Beispiel auch für Unternehmergeist sprechen, für eine Schaffenskraft, die auf einer geschäftlichen Zukunftsvision beruht. Man kann hier auch Menschen finden, die andere zum inneren Wachstum inspirieren, was speziell für diejenigen gilt, die mit Kindern arbeiten. Es sind auch Persönlichkeiten zu nennen, die in einzigartiger Weise ihrer Kreativität Ausdruck verliehen, zum Beispiel Helen Keller (Widder-Jupiter im 5. Haus). Helen Keller überwand die Schwierigkeiten, die mit ihrer Taubheit und Stummheit verbunden waren, und schrieb erfolgreiche Bücher und hielt überall auf der Welt Vorträge.

Jupiter in diesem Haus kann sich auch als eine offenherzige kreative Einstellung äußern, von der ein starker Einfluß auf die Gesellschaft ausgeht. Beispiele dafür sind Sigmund Freud, der die gesellschaftlichen Konventionen dadurch verletzte, daß er betonte, welch wichtige Rolle die Sexualität spielt (und wie wichtig der Einfluß ist, der von der Erziehung ausgeht – ein anderer Faktor, der in Verbindung mit dem 5. Haus steht), und Tom Smothers, ein Komiker, der während des Vietnam-Kriegs in einer ungemein populären Sendung die Regierung so scharf angriff, daß sich der Sender schließlich gezwungen sah, sie abzusetzen.

Der außergewöhnlich populäre Schauspieler Peter Sellers war weniger durch freimütige Aussagen als durch seine Liebesaffären mit schönen jungen Schauspielerinnen bekannt, über die ständig in den Zeitungen berichtet wurde; auch er hat Jupiter im 5. Haus. Seine bekanntesten Rollen, Dr. Strangelove und Inspektor Clouseau, waren herausragende Darstellungen eines Schauspielers, der seine Rollen mit fröhlicher Unbekümmertheit *spielte*. Ein weiteres Beispiel für diese Jupiter-Stellung ist der Franzose Maurice Chevalier, der international als Archetyp des Entertainers Ruhm erwarb; sein weltweiter Erfolg wurde zweifellos von Jupiter in Konjunktion zu Mars im Schützen an der Spitze des 5. Hauses begünstigt.

Es ist bekannt, daß mit dem 5. Haus die Neigung zu risikoreichen Unternehmungen verbunden ist, was verstärkt gilt, wenn Jupiter darin steht. Darum soll an dieser Stelle auf die Gefahr hingewiesen werden, daß es im Zusammenhang mit riskanten Unternehmungen zu Exzessen kommen kann. Charles Carter schrieb zu diesem Thema:

> Insofern ist es nicht übertrieben zu behaupten, daß das Sich-Selbst-Ruinieren oder -Schädigen viel eher mit diesem Horoskop-Bereich als mit dem übel beleumundeten 12. Haus einhergeht, welches eher auf Ärger durch andere Personen hinweist. Diejenigen, die sich durch Maßlosigkeit oder Übermut selbst zugrunde gerichtet haben, weisen für gewöhnlich ein Horoskop auf, das auf eine Beteiligung des 5. Hauses schließen läßt.
>
> Charles Carter: *Essays on the Foundations of Astrology*

Bestätigung findet diese Beobachtung durch die beiden Berater von Präsident Richard M. Nixon: John Mitchell und H. R. Haldeman. Beide agierten in der berüchtigten Watergate-Affäre als Verschwörer, und beide gingen dabei mit erstaunlicher Unbekümmertheit und Arroganz vor.

Weitere bekannte Persönlichkeiten mit Jupiter im 5. Haus sind Joan Cidion, O. Henry und James Hilton, die sich durch schriftstellerische Aktivitäten einen Namen gemacht haben; die Schauspieler Sidney Poitier und Derek Jacobi; und drei Männer, die den Sport beziehungsweise ihre Physis mit dem Showbusineß verknüpft haben: Arnold Schwarzenegger, der Kampfkunst-Experte Bruce Lee und Johnny Weissmüller, der olympisches Gold gewann und danach in vielen Tarzan-Filmen die Hauptrolle spielte. Der Kino-Kinderstar Shirley Temple und Jackie Coogan haben ebenfalls Jupiter im 5. Haus, wie auch Hector Berlioz und Richard Strauß, die sich durch ihre Tätigkeit als Dirigenten und Symphoniekomponisten einen Namen gemacht haben.

Jupiter im 6. Haus

Grundthema: *Lernen auf der materiellen Ebene*

Jupiter in Haus 6 verleiht nicht nur ein immenses Arbeitsvermögen, sondern auch die Fähigkeit, die Pflichten und alltäglichen Routineaufgaben mit einer ungewöhnlich fröhlichen Haltung zu verrichten. Die tägliche Arbeit ist sehr wichtig – oder zumindest der Wunsch, der Welt oder bestimmten Menschen von praktischem Nutzen zu sein. Das gilt in so starkem Maße, daß diese Personen manchmal zuviel des Guten tun und in ihrem grenzenlosen Optimismus mehr auf sich nehmen, als sie tragen können.

Howard Sasportas charakterisiert Jupiter im 6. Haus wie folgt:

> Wer Jupiter in diesem Haus hat, sucht den Sinn im Leben durch Arbeit und Dienst an anderen zu finden oder sollte das versuchen. Durch Selbstreinigung und Verfeinerung seiner Fertigkeiten und Fähigkeiten gelangt er zu mehr Wohlgefühl und Befriedigung.
>
> Howard Sasportas: *Astrologische Häuser und Aszendenten*

Ich persönlich kann bezeugen, daß sich diese Plazierung als die seltenste aller Tugenden auswirken kann: als die Fähigkeit, Enthusiasmus mit Demut in Übereinstimmung zu bringen. (Sogar Löwe-Menschen scheinen sich selbst auf eine bescheidenere Weise darzustellen, wenn ihre Sonne im 6. Haus steht.) Wer Jupiter im 6. Haus hat, ist im allgemeinen optimistisch, was die täglichen Routinearbeiten betrifft, und stets zur Hilfe bereit. Wie Charles Carter in den *Essays on the Foundations of Astrology* schrieb, verkörpern Menschen mit dieser Stellung eine fröhliche oder philosophische Einstellung; er führt dann im folgenden eine weitere seiner originellen Einsichten in die menschliche Psyche an: daß das 6. Haus eine »sehr starke Beziehung zu der allgemeinen Verfassung und hier speziell zu den persönlichen Stimmungen, Launen und Gewohnheiten hat (was dem Anschein nach nicht besonders bekannt ist).« Für Carter ist das 6. Haus nicht nur auf die traditionellen Bedeutungen, wie sie in jedem Textbuch zu finden sind, beschränkt, sondern bezieht sich auch auf das Temperament, wobei sein Einfluß in mancher Hinsicht sogar den des Aszendenten übertrifft. Ich möchte dem hinzufügen, daß es insbesondere das Temperament und die Launen sind, die bei den täglichen Pflichten und Routinearbeiten zum Ausdruck kommen, was vom 6. Haus angezeigt wird. Und selbstverständlich verbringen die meisten von uns den Großteil der wachen Stunden damit, sich mit derartigen Tätigkeiten zu befassen. Die Verbindung zwischen dem 6. Haus und der Jungfrau (wodurch sich auch eine Beziehung zum Nervensystem ergibt) stützt Carters Einsicht: Uns allen ist wahrscheinlich bekannt, daß Menschen mit »verletzten« Jungfrau-Planeten zu einem »kauzigen«, mürrischen oder auch überkritischen Verhalten anderen gegenüber neigen können. Eine vergleichbare Nervenspannung kann durch Planeten im 6. Haus angezeigt sein, die an unharmonischen Aspekten beteiligt sind.

Die Verbindung der Jungfrau zu diesem Haus manifestiert sich zunächst aber durch andere weniger auffällige Auswirkungen. Mit einem stark besetzten 6. Haus kann beispielsweise verbunden sein, daß der Mensch sein Handwerk beherrscht, was durch Bob Dylan in dem Sinne illustriert wird, daß er sehr, sehr viele Songs geschrieben hat (Horoskop siehe Anhang). Dieses Haus ist weiterhin bekannt für eine analytische Geisteshaltung, was passend von Henry Kissinger verkörpert wird, dem ehemaligen Außenminister der Vereinigten Staaten und Träger des Friedensnobelpreises. Seine Analyse der Konflikte überall auf der Welt hat über seine Amtstätigkeit hinaus dazu geführt, daß viele Regierungen und Gesellschaften ihm große Summen für seine Beraterdienste gezahlt haben. (Auffällig ist, daß bei Kissinger der Skorpion-Jupiter im Trigon zu Pluto im 1. Haus steht – ein glänzendes Symbol für tiefgründige Recherche und Strategie.)

Technisches Expertentum und Enthusiasmus in bezug auf wissenschaftliche Entwicklungen sind häufig Merkmale dieser Plazierung Jupiters. Das Horoskop und das Leben des französischen Autors Jules Verne liefern ein gutes Beispiel dafür. Moore und Douglas bringen Jupiter in 6 mit »loyalem und hingebungsvollem Dienst« in Verbindung. Ein glänzendes Beispiel hierfür ist George Washington. Sein Waage-Jupiter im 6. Haus brachte ihn dazu, seine Arbeit für die Allgemeinheit auch dann noch fortzusetzen, als er sich schon sehnlichst den Rückzug aus dem Rampenlicht wünschte. Ein anderer – allerdings heutzutage kontrovers diskutierter – Fall ist Edgar Hoover, der von der Arbeit, das FBI (beziehungsweise seine eigene Stellung darin) auszubauen, geradezu besessen war. Das Bild, das von ihm bis heute in der Öffentlichkeit besteht, ist das eines vollständig auf das allgemeine Wohl ausgerichteten Dieners ohne persönliche Interessen.

Das 6. Haus gilt traditionell als wichtig für die Gesundheit. Howard Sasportas hat dazu folgendes zu sagen:

> Obwohl Jupiter im 6. Haus normalerweise mit üppigem Essen und Trinken assoziiert wird, sind mir die für Jupiter typischen Extreme fast ebenso häufig mit umgekehrten Vorzeichen begegnet – zum Beispiel wochenlanges Fasten mit ein paar Weintrauben als einziger Nahrung.
>
> Howard Sasportas: *Astrologische Häuser und Aszendenten*

Ein tragisches Beispiel dafür ist Mario Lanza, der vielleicht begabteste Tenor, der je in Amerika geboren wurde. Sein stets überreichliches Essen und die daraus resultierenden Gewichtsprobleme führten dazu, daß er absurde radikale »Gesundheitskuren«

versuchte, was schließlich seinen frühen Tod zur Folge hatte. Man könnte daraus folgern, daß diese Jupiter-Stellung dem Menschen rät, sich engagiert um das Wohlergehen seines Körpers zu kümmern. Es gilt hier aber – wie es bei Jupiter immer der Fall ist –, nicht des Guten zuviel zu tun, sondern sich Mäßigung aufzuerlegen.

Das erstaunliche Arbeitsvermögen wird deutlich, wenn man an Mark Spitz denkt, dem mit dem Gewinn von sieben Goldmedaillen bei der Olympiade 1972 in München eine der großartigsten Leistungen der Sportgeschichte gelang (geboren am 10. 2. 1950 in Modesto, Kalifornien, um 17 Uhr 45, PST). Spitz hat über Jahre hinweg in Zusammenhang mit dem sportliebenden Jupiter im 6. Haus hart gearbeitet. Jeder, der sich etwas mit dem Wettkampfschwimmen auskennt, weiß, daß das Training nicht nur schrecklich langweilig ist, sondern darüber hinaus noch eine maschinengleiche Effizienz fordert sowie das Vermögen zu harter, qualvoller Arbeit.

Die Beherrschung des Handwerks und eine beträchtliche Produktivität waren für den Maler Vincent van Gogh charakteristisch, dessen umfangreiches Werk angesichts seiner persönlichen Probleme und seines kurzen Lebens verwundert. Jupiter stand bei ihm in Konjunktion zum Mond im Schützen im 6. Haus, was ein Symbol der feurigen Emotionen ist, die er auf seine Arbeit projizierte. Kunstfertigkeit sowie Präzision beim Gebrauch der Sprache ist für viele Schriftsteller kennzeichnend, die Jupiter in diesem Merkur-Haus aufweisen. Der amerikanische Abenteuerschriftsteller Jack London schrieb über die jupiterhaften Weiten und die Wildheit des Landes und verfaßte – wie Jules Verne – ein außerordentlich umfangreiches Werk: 43 Bücher in 16 Jahren. Der französische Erzähler Gustave Flaubert (dessen Analyse der Sitten und psychologischen Motive in *Madame Bovary* als grundlegend galt) hatte Jupiter in Konjunktion zu Saturn im 6. Haus. Wie von Lois Rodden angeführt, »arbeitete er unermüdlich daran, einen exakten, realistischen Stil zu begründen, wodurch es Jahre harter Arbeit brauchte, bis die Erzählungen seinen Perfektionsansprüchen genügten.« Percy Shelley, vielleicht das Sinnbild des idealistischen, romantischen Dichters, zeichnete sich schon in jungen

Jahren durch eine bemerkenswerte Beherrschung seiner Kunst aus; sein Idealismus und seine Sehnsucht nach spiritueller Erfahrung von transzendenter Schönheit wird durch sein Stellium der Planeten Jupiter, Mars und Neptun im Zeichen Waage und im 6. Haus passend illustriert.

Jupiter im 7. Haus

Grundthema:
Aktivität auf gesellschaftlicher und intellektueller Ebene
Wenn sie auch sehr durch andere und insbesondere durch die nahestehenden Personen beeinflußt werden, weisen Menschen mit Jupiter im 7. Haus im allgemeinen von sich aus einen starken Optimismus und viel Zuversicht auf, was ihre Aktivitäten betrifft. Diese Zuversicht steigert sich noch in einem beträchtlichen Maße, wenn sie sich von ihren Partnern unterstützt oder von der Öffentlichkeit anerkannt fühlen. Jupiter in diesem Haus verleiht ein Gespür für gesellschaftliche Trends und dafür, was der Allgemeinheit gefällt. Das diesem Haus entsprechende Zeichen ist die Waage, und wenn von Jupiter in 7 auch vorwiegend intellektuelle Aktivitäten ausgehen, ist hier doch ohne weiteres ein markanter künstlerischer Einfluß denkbar. Das wird im Fall von David O. Selznick deutlich, dessen Meisterstück *Vom Winde verweht* eine Verbindung von Geschichte, filmischer Schönheit und großem Publikumserfolg darstellt. Die künstlerische Dimension dieser Plazierung ist auch bei dem Schriftsteller F. Scott Fitzgerald und dem Komponisten Eric Satie erkennbar, die beide ein Werk schufen, das von eleganter und schlichter Schönheit zeugt.

Charles Carter weist darauf hin, daß Planeten im 7. Haus zu persönlicher Bekanntheit beitragen können. Die Anzahl von Persönlichkeiten mit Jupiter in diesem Haus, die sich einer ungewöhnlich großen und dauerhaften Popularität erfreuen durften, ist scheinbar endlos lang. Es finden sich dabei Personen wie der große Baseball-Star Willie Mays, der Schauspieler Burt Reynolds und der Pianist Liberace; weiterhin sind jene zu nennen, die vielleicht nicht den ganz großen Erfolg errungen haben, aber doch eine Aura von Klasse und Würde verbreiten: die Schauspieler Sean Connery und Rex Harrison und der Politiker Adlai Stevenson, der sich zweimal für die Demokraten um die Präsidentschaft bewarb und später Delegierter der Vereinten Nationen wurde. Stevenson war bekannt für seine toleranten, humanistischen und zukunftsorientierten politischen und sozialen Prinzipien.

Man sollte nicht aus dem Blick verlieren, daß hier ein starkes Bedürfnis nach intellektueller Aktivität besteht, was oftmals auf die im Brennpunkt stehenden gesellschaftlichen oder kulturellen Trends gerichtet ist. Kennzeichnend ist häufig auch das Bedürfnis, für die Ideen, an die man glaubt, aktiv einzutreten, ob nun in Verbindung mit den Medien oder einer politischen Tätigkeit.

Moore und Douglas benutzen für diese Stellung das Schlagwort der »profitablen Partnerschaften«. Das ist eine zutreffende Beschreibung, die besser paßt als die begrenzte traditionelle Bedeutung, nach der hier Wohlstand durch den Partner zu erwarten ist. Menschen mit Jupiter im 7. Haus teilen ihr Leben und ihre Ideen enthusiastisch mit anderen. Sie gewinnen durch Kontakt zu Vertrauten nicht nur materiell, sondern auch in intellektueller, charakterlicher und philosophischer Hinsicht. Diese Menschen sind in ihren zwischenmenschlichen Beziehungen an gegenseitigem Verstehen interessiert, und sie fördern häufig ihre Mitmenschen dabei, sich selbst zum Ausdruck zu bringen und sich selbst besser kennenzulernen. Die Würde von Jupiter macht sich in vielen Fällen durch eine zuverlässige Aufrichtigkeit in Beziehungen bemerkbar oder auch durch große Toleranz in Verbindung mit einer wachsenden Erkenntnis der menschlichen Natur. Moore und Douglas formulierten: »Personen mit Jupiter in 7 neigen dazu, anderen die Gabe des Hinterfragens nahezubringen.«

Sich mit einem Partner auseinandersetzen zu können, ist diesen Menschen eine ganz natürliche Gabe, was zur Folge hat, daß sie häufig als gefragte Berater fungieren. Sie können gut zuhören, und sie können in vielen Fällen den Standpunkt anderer so gut verstehen, daß sie vielleicht Ruhm als Redner oder als Schriftsteller erwerben, weil sie zum Ausdruck bringen können, was andere denken. Der populäre Schriftsteller Rollo May hat den Jungfrau-Jupiter im 7. Haus, und seine Analyse der therapeutischen Interaktion führte schließlich zu seinem Buch *Die Kunst der Beratung* sowie zu anderen Werken, in denen es um die Beschäftigung mit dem Mysterium der menschlichen Liebe geht (bei May steht Jupiter im beziehungsorientierten 7. Haus im Trigon zur Stier-Sonne in Haus 2).

Ich habe den Verdacht, daß Jupiter besonders oft in den Horoskopen der *Ehefrauen* von berühmten und außergewöhnlich prominenten Leuten im 7. Haus zu finden ist, auch dann, wenn die Frauen selbst nicht von sich reden machen. In anderen Fällen wiederum könnte man vielleicht feststellen, daß sich plötzlich durch den Partner eine gesteigerte Bekanntheit ergibt. So bekam zum Beispiel die langjährige US-Senatorin Margarete Chase Smith (geboren am 14. 12. 1897 in Skowhegan, Maine, um 11 Uhr 30, EST; Jupiter im 7. Haus in der Waage) die Gelegenheit, für den Kongreß zu kandidieren (sie wurde in der Tat ja auch gewählt), als ihr Mann, der Abgeordnete von Maine, einen Herzanfall erlitt und seine Frau drängte, ihn zu vertreten. Sie war acht Jahre lang Abgeordnete im Repräsentantenhaus, 24 Jahre im Senat und wurde dann schließlich als erste Frau von einer der beiden großen Parteien für die Präsidentschaftswahl nominiert. Über 24 Jahre hinweg war sie die einzige Frau im US-Senat. Der Überlieferung nach wird der Lebenspartner bei der Stellung von Jupiter im 7. Haus wahrscheinlich auf die eine oder andere Weise Jupiter-Eigenschaften zum Ausdruck bringen. Im Idealfall wird er oder sie inspirierend, ermutigend, tolerant und großzügig sein. Ich möchte es im weiteren der Vorstellungskraft des Lesers überlassen, welche weniger anziehenden Eigenschaften der Jupiter-Partner (oder auch die Jupiter-Partnerin) besitzen könnte.

Es soll noch auf eine letzte Dimension hingewiesen werden, was den Erfahrungsbereich der Beziehungen angeht. Wenn auch Jupiter in diesem Haus als »glückliche« Horoskop-Stellung gilt, muß doch erwähnt werden, daß das jupiterhafte Spektrum von Aktivität und Erforschung im allgemeinen größer ist als der persönliche, intimere Venus-Bereich des 7. Hauses. Mit dieser Jupiter-Plazierung können gesellschaftliche Interessen und Betätigungen in intensivster Form verbunden sein, wobei viel davon abhängt, in welchem Zeichen Jupiter steht. In den meisten Fällen brauchen Menschen mit Jupiter in 7 einen toleranten Partner, von dem keine Beschränkungen ausgehen und der den anderen nicht kontrollieren will. Auch in dieser Hinsicht hat uns Howard Sasportas eine präzise Beschreibung gegeben, die sehr wichtig ist, um Menschen mit einer solchen Planeten-Stellung wirklich zu verstehen:

> So leidet auch Jupiter im 7. Haus immer unter dem Dilemma zwischen Freiheit und Nähe. Der Horoskopeigner braucht Freiheit, um die vielfältigen Facetten des Lebens kennenzulernen, hat aber ebenso ein Bedürfnis nach Sicherheit. (Auf einer archetypischen Ebene sehnt sich der durch Jupiter symbolisierte Geist nach Befreiung von den Einschränkungen durch die Materie, verkörpert durch Hera, und dennoch braucht der Geist die Materie, um eine konkrete Ausdrucksform zu finden.) Im Idealfall finden Menschen mit Jupiter in diesem Haus einen Partner, der ihr Bedürfnis, andere Interessen außerhalb der Beziehung zu verfolgen, teilt und versteht.
>
> Howard Sasportas: *Astrologische Häuser und Aszendenten*

Jupiter im 8. Haus

Grundthema: *Emotionale und seelische Sicherheit*

Das Grundthema umfaßt eine unendliche Zahl von Ausdrucksmöglichkeiten hinsichtlich der Energien des 8. Hauses. Es fällt schwer, Verallgemeinerungen vorzunehmen, wenn man über dieses Haus spricht. Das liegt daran, daß es eine so heikle Aufgabe ist, einen derart tiefgründigen Erfahrungsbereich, der sich auf so vielen Ebenen manifestieren kann, unter bestimmten Begriffen zusammenzufassen. Außerdem ist das Wesen des 8. Hauses so sehr auf das Innere gerichtet – vom bewußten Geheimhalten einmal ganz zu schweigen –, daß es auch nicht einfach war, herauszufinden, welche berühmten Menschen diese Horoskop-Stellung aufweisen. Solche Personen mögen zwar nach Macht und/oder tieferen Erkenntnissen streben, nach öffentlicher Aufmerksamkeit streben sie meist nicht.

Mit der Stellung von Jupiter in 8 ist oft ein großes Interesse an der Erkundung der tieferen Gesetze des Lebens verbunden, auch dann, wenn es dabei zur Konfrontation mit Tabu-Themen kommt. In der Tat ist es so, daß sich diese Menschen von den Themen, die auf andere zwar interessant, zugleich aber angsterregend wirken (Sexualität, Tod, Macht, psychische oder okkulte Gesetzmäßigkeiten und so weiter), zutiefst fasziniert fühlen; sie gehen entschlossen und aufrichtig an diese Fragestellungen heran, was ihnen dann im nachhinein häufig das Gefühl gibt, richtig gehandelt zu haben. Kennzeichnend für sie ist auch die innere Überzeugung, daß sie das moralische Recht haben, ihre eigenen Entdeckungen zu machen, auch wenn die Gesellschaft eine andere Meinung dazu hat. Und ihr Optimismus, sich mit der dunklen Seite des Lebens auseinanderzusetzen, ist äußerst bemerkenswert. Mir ist beispielsweise der Ausspruch einer älteren Dame mit einem Schütze-Aszendenten und dem Horoskop-Herrscher Jupiter in Konjunktion zu Sonne und Neptun im 8. Haus bekannt, die zu ihrer Tochter sagte: »Sterben hört sich nach einem aufregenden Abenteuer an, nicht wahr?«

Wer Jupiter im 8. Haus hat, braucht Zeiten der Einsamkeit, um die verborgenen Dinge zu erkunden, ob sich dies nun auf das eigene Leben oder auf die verschiedenen Formen von Enthüllung und Erforschung bezieht. In diesem Fall ist – in Abhängigkeit von der jeweiligen Bewußtseinsebene – die Sehnsucht kennzeichnend, Erfüllung durch die Entdeckung zu finden, welche Prozesse dem Kern des Lebens zugrunde liegen. Darunter fallen Naturgesetze (wie sie Chemiker, Physiker, Ärzte und Ingenieure zu lernen haben), psychische oder okkulte Gesetze, biologische oder emotionale Energien (Sexualität und das damit einhergehende gefühlsmäßige Bedürfnis, mit jemand anderem zu verschmelzen), finanzielle oder ökonomische Gesetze oder universell gültige religiöse Prinzipien.

Die religiösen Bedürfnisse von Menschen mit Jupiter im 8. Haus sind niemals von orthodoxer Art, und ihre religiöse Sehnsucht ist nur durch tiefe Erfahrungen zu stillen. C. G. Jung (geboren am 26. Juli 1875 in Kesswil/Schweiz um 19 Uhr 32; gestorben im Jahre 1961) ist ein perfektes Beispiel dafür, einschließlich der tiefgründigen Forschung und der Auseinandersetzung mit Tabu-Themen wie Astrologie und Alchimie und der Suche nach Wahrheit, die Jungs ganzes Leben durchdrang. Sein vielleicht bekanntestes Buch heißt *Modern Man in Search of a Soul.* Jungs Suche bezog sich auf alle Weltreligionen, auf die Mythologie, auf Legenden sowie auf Kunst- und Traumsymbole. Die weltumspannende Breite seiner Forschungen ist ein passender Ausdruck der Universalität Jupiters. Jung entdeckte auch die tiefere psychologische Bedeutung von Religion und religiösen Ritualen und Symbolen, einschließlich aller Formen von »okkulten« und esoterischen Traditionen. Eine weitere Erforscherin der universalen religiösen und okkulten Tradition war Helena Blavatsky, die weltweit aktive Förderin der Theosophie (geboren am 12. August 1831 in Ekaterinoslav/Rußland um 2 Uhr 17; gestorben im Jahre 1891). Wie bei Jung stand bei ihr Jupiter – nach der von ihr selbst angegebenen Geburtszeit – im 8. Haus.

Ein weiterer Faktor, der das Geheimnis des 8. Hauses zum Teil erklärt, ist bei Charles Carter nachzulesen. Carter weist darauf hin, daß der Aszendent mit der Vitalität zu tun hat, das 6. Haus mit dem »Gewebe« (wie ich hinzufügen würde: mit dem allgemeinen Gesundheitszustand, insbesondere als Ausdruck der Einstellung und der nervlichen Verfassung des Menschen) und das 8. Haus mit dem gesundheitlichen Zustand, der aus dem »großen wäßrigen Gefäß des Körpers« resultiert. Das ist vielleicht eine tiefgründigere Aussage, als Carter zum Zeitpunkt der Niederschrift dachte. So wurde beispielsweise erst in der zweiten Hälfte des 20. Jahrhunderts damit begonnen, den Einfluß der Emotionen auf die gesundheitliche Verfassung zu erforschen. Carter fährt mit der Feststellung fort, daß das 8. Haus – in gewisser Weise ähnlich wie das 6. – die Launen und das allgemeine Temperament des Menschen beeinflußt. Die Verbindung, die Carter zwischen dem 8. Haus, dem Element Wasser und dem menschlichen Wesen sieht, paßt nicht nur zu dem intuitiven Ausdruck dieses Hauses, sondern auch zu der markanten Sehnsucht, mit anderen zu verschmelzen. Dieses Bedürfnis ist deutlich bei Menschen mit einer Betonung des 8. Hauses wahrzunehmen, wobei es keine Rolle spielt, ob sich dies auf den sexuellen Ausdruck, auf emotionale

Erfahrungen oder auf das hingebungsvolle Verfolgen eines esoterischen Weges bezieht.

Howard Sasportas führt in seinem Buch einige zentrale Beobachtungen an, die belegen, wie Menschen Jupiter in diesem Haus erleben:

> Für Jupiter kann sexuelle Intimität symbolisch als die Verschmelzung zweier Menschen gesehen werden, die dadurch zu etwas Umfassenderem werden können, als der einzelne für sich ist. Schwierige Aspekte zu Jupiter aber sind ein Hinweis auf exzessive sexuelle Bedürfnisse und eine Art »Don Juan«-hafte Sehnsucht nach immer neuen Erfahrungen in diesem Bereich. Andererseits habe ich schwierige Aspekte zu Jupiter im 8. Haus bei Menschen gesehen, denen es nicht leichtfällt, ihre philosophischen und religiösen Überzeugungen mit ihrem Sexualtrieb in Einklang zu bringen. Jupiter in diesem Haus kann die Ansprüche und Erwartungen an sexuelle Beziehungen steigern, so daß der Betreffende enttäuscht ist, wenn er nicht bei jeder Begegnung im siebten Himmel schwebt.
>
> Howard Sasportas: *Astrologische Häuser und Aszendenten*

Mit anderen Worten sieht der Mensch mit Jupiter im 8. Haus die Sexualität in einem breiteren Zusammenhang, nicht nur als physischen Instinkt. Kennzeichnend sind hier häufig auch gewisse emotionale Turbulenzen, wenn der Mensch versucht, diese machtvollen und zum Teil einander widersprechenden Triebe zu verstehen.

Wir können die Diskussion über das 8. Haus nicht abschließen, ohne auf seinen Zusammenhang mit Geschäften und Investitionen hingewiesen zu haben, was ein weiterer Ausdruck des Strebens nach Sicherheit durch das Erlangen von Macht und/oder Wohlstand hinter den Kulissen ist. Moore und Douglas führen für diese Planeten-Position das Schlagwort der »finanziellen Raffinesse« an, was eine passende Beschreibung der Fähigkeiten vieler Menschen mit diesem Horoskop-Merkmal ist. Sie beschreiben eine solche Person als »umsichtigen Organisator«, der aus dem, was andere als »Abfall« einstufen, einen Gewinn ziehen kann. Diese Menschen erkennen die Werte, die dem Kern von Personen

und Dingen zugrunde liegen – was sie von anderen unterscheidet
–, und sie erkennen intuitiv, wohin die Trends der Gegenwart in
der Zukunft führen. Dieses »Handeln aus dem Bauch heraus«
kann sich als verblüffend richtig herausstellen. Das ist ein Grund
dafür, weshalb mit dieser Jupiter-Stellung häufig großer geschäft-
licher Erfolg einhergeht.

Wir sollten noch einige bekannte Persönlichkeiten mit dieser
Horoskop-Stellung erwähnen: den Autor Norman Mailer, dessen
erste erfolgreiche Erzählung kriegerische Auseinandersetzungen
thematisierte und der später ein Buch mit einem Titel veröffentlichte, das dem 8. Haus wahrhaft angemessen ist: *Gefangen im
Sexus*. Eine ganze Reihe von Schauspielern, die rauhe, rebellische
oder bösartige Rollen verkörperten, weisen diese Jupiter-Stellung
auf: James Dean, Clint Eastwood, Henry Winkler, Vincent Price
und Rip Torn (das 8. Haus symbolisiert untergründige, tabuisier-
te Verhaltensformen sowie die dunkle Seite des menschlichen
Charakters). Schließlich ist noch auf Paramahansa Yogananda
hinzuweisen, der Tausenden von Menschen zeigte, wie Emotionen geläutert (Jupiter in dem mit dem Wasser-Element verbundenen 8. Haus) werden können, um inneren Frieden zu erfahren.

Jupiter im 9. Haus

Grundthema: *Lernen auf der Ebene der Identität*

Dieses Haus ist über die Ebene der oberflächlichen Persönlichkeit
hinaus häufig mit der Suche nach der eigenen Identität verbunden,
ohne daß damit gesagt wäre, um welche Ebene es dabei genau
geht. Mit anderen Worten: Mit welchen Idealen, Kräften, Zielen,
mit welcher Philosophie oder Wahrheit identifiziert sich der
Mensch, und wofür setzt er sich mit Enthusiasmus ein? Natürlich
hat das Resultat einer solchen Suche einen dauerhaften und tiefgreifenden Einfluß auf die Einstellung dem Leben gegenüber.
Man könnte insofern dieses Haus den Bereich der Selbstent-
deckung nennen oder auch das Feld der Erfahrungen, auf dem
man nach dem Sinn um des Sinnes willen sucht. Vielleicht ist das
der Grund, weshalb nach vedischer Überlieferung das 9. Haus,

eines der feurigen »Dharma-Häuser«, als das zweitwichtigste (nach dem 1.) angesehen wird. Das 9. Haus hat viel mit dem zu tun, was einigen östlichen Lehren zufolge das »rechte Handeln« genannt wird. Das scheint durch seine Einstufung von Charles Carter als »Haus der Bewußtheit« unterstützt zu werden. Es geht hier um die Ausformung und Weiterentwicklung des höheren Denkens, um die Fähigkeit des Menschen, das Richtige vom Falschen zu unterscheiden und sich dem Prozeß der fortwährenden Selbstvervollkommnung zu widmen. Wenn das höhere Denken nicht entwickelt ist, können Planeten im 9. Haus Ausdruck in einem wilden und gedankenlosen Verhalten finden, wie es als negative Schütze-Manifestation schon in einem früheren Kapitel dargestellt wurde. (So hat zum Beispiel James Earl Ray, der Mörder Martin Luther Kings, Jupiter in diesem Haus. Wenn auch dieser Horoskop-Faktor allein nicht für kriminelle Aktivitäten spricht, läßt doch die Stellung von Jupiter im Widder in Konjunktion zu Uranus die Tendenz erkennen, daß dieser Mensch seine eigene Version von Recht hat, die von allgemeinen Moralvorstellungen weit entfernt sein kann.)

Wenn Jupiter sich in seinem eigenen Haus befindet, stehen natürlich alle Eigenschaften dieses Planeten – ob konstruktive, verschwenderische oder exzessive – im Vordergrund. Bescheidenheit ist deshalb unbedingt erforderlich für Menschen mit einer solchen Horoskop-Plazierung. Weil das ganze Buch mit den verschiedenen Manifestationen der Energie und des Potentials von Jupiter zu tun hat, käme es mir als unnötige Wiederholung vor, noch einmal im einzelnen darauf einzugehen. Ich möchte deshalb lieber kurz in Verbindung mit einigen berühmten Persönlichkeiten besondere Merkmale dieser Stellung zusammenfassend referieren.

Hoffnungen und Träume, die sich auf die Zukunft und auf Ideale beziehen, spielen eine wichtige Rolle bei denjenigen, die Jupiter im 9. Haus haben. Im allgemeinen geht mit dieser Haus-Stellung eine tolerante, philosophische oder optimistische Einstellung einher, womöglich auch eine verspielte und fröhliche Note. Ein Beispiel dafür wäre der Physiker Albert Einstein, der neben seinen wissenschaftlichen Neuerungen für seine tiefen philosophischen Betrachtungen zum Sinn des Lebens und der Wissenschaft bekannt war; auch nahm er die Religion sehr ernst. Er besaß einen ausgeprägten Sinn für Humor. Der britische Mathematiker, Philosoph und Soziologe Bertrand Russell hatte ebenfalls Jupiter im 9. Haus, wie auch die Astrologie-Schriftstellerin Isabell Pagan, deren *Signs of the Zodiac Analysed* dem Leser die tiefere religiöse und philosophische Dimension der Astrologie aufzeigt. Robert Redford hat Jupiter im 9. Haus im Schützen – eine doppelte Verstärkung der Jupiter-Schwingung. Insbesondere in seiner Arbeit als Produzent und Regisseur hat er sich in späteren Jahren dadurch hervorgetan, einige der idealistischsten und moralisch überzeugendsten Filme seiner Generation gedreht zu haben. Ideen und Ideale zu verbreiten ist eine natürliche Gabe der Menschen mit dieser Horoskop-Stellung, ob dies nun durch Kino, Schreiben, Sprechen, Lehren oder einfach dadurch geschieht, daß hier das Leben beispielhaft als Ausdruck des persönlichen Idealismus gelebt wird.

Diese Horoskop-Stellung ist schon seit jeher als günstig für den Umgang mit Fremden und/oder für das Leben in fremden Ländern eingestuft worden. Meiner Beobachtung nach scheint das in vielen Fällen tatsächlich zuzutreffen. Oftmals ist es so, daß sich der Mensch mit einem starken 9. Haus erst dann als er selbst fühlt, wenn er sich außerhalb der Grenzen und psychischen Barrieren seiner Heimat befindet. Ein gutes Beispiel hierfür ist die britische Schauspielerin Vivian Leigh, die schnell zu weltweitem Ruhm kam, nachdem sie in einem amerikanischen Film mitgespielt hatte und darüber hinaus die Rolle der erdverbundenen Amerikanerin Scarlett O'Hara in *Vom Winde verweht* übernahm. Ein anderer Fall der Verbindung dieser Planeten-Stellung mit internationalen Angelegenheiten ist Erich Maria Remarque, Autor von *Im Westen nichts Neues*. Hierbei handelt es sich um ein Buch, das die verwickelte Realität der internationalen Konflikte darzustellen versucht. Remarque verließ seine Heimat Deutschland und wurde US-Staatsbürger.

Jupiter im 10. Haus

Grundthema: *Aktivität auf der materiellen Ebene*

Wenn sich Jupiter in einem weltlichen, ehrgeizigen Haus befindet, das der Tradition nach für Ansehen, Status und Autorität steht, ist es kein Wunder, daß es in diesem Fall nicht nur eine kurze Liste von Beispielfällen geben kann. Wie es Margaret Hone in ihrem hervorragenden Werk *Modern Textbook of Astrology* formulierte, ist Jupiter im 10. Haus ein »glänzender Beleg für Erfolg in weltlichen Angelegenheiten, im Beruf, in geschäftlichen Dingen, im politischen oder gesellschaftlichen Leben.« Das ist die traditionelle Sichtweise, die tatsächlich wohl fundiert ist. Allerdings haben wir es mit dem Saturn-Haus zu tun, was heißt, daß es hier darum geht, der eher unpersönlichen Rolle im Leben gerecht zu werden. Insofern muß es der Mensch mit Jupiter im 10. Haus nicht unbedingt zu Ruhm im Sinne eines Kultes der Persönlichkeit bringen. Viele dieser Personen legen mehr Wert auf Ehre, Ansehen und Autorität als auf flüchtige Popularität und Bekanntheit.

Natürlich heißt das nicht, daß mit Jupiter im 10. Haus kein Ruhm möglich wäre. Jupiter verwirklicht in diesem Haus seine expansiven Tendenzen unter Einbeziehung der Gesellschaft. So weist zum Beispiel der Boxer Muhammed Ali, der für seine Behauptung, der Größte zu sein, bekannt war, diese Stellung auf (was auch durch seinen Löwe-Aszendenten unterstützt wurde). Auch der Graf von Wellington zeichnete sich durch dieses Horoskop-Merkmal aus; er war eine der berühmtesten und heldenhaftesten Personen seiner Zeit, zumindest was das *United Kingdom* und den *Commonwealth of Nations* betrifft. Wir wollen nun aber in die Tiefe gehen und ergründen, was es mit dieser Jupiter-Position auf sich hat.

Mit Jupiter im 10. Haus richtet der Mensch seine Energien auf den Bereich der weltlichen Errungenschaften. Status und Autorität sind sehr wichtig für ihn – manchmal, weil sie es ihm erleichtern, seine Ziele zu erreichen, manchmal lediglich aufgrund rein egoistischer Motive. Diese Jupiter-Stellung weist auf ferne Ideale hin, die der Mensch hat und für die er mit Bestimmtheit und Pflichtgefühl arbeitet. Oftmals ist auch ein großer Optimismus sowie eine Gewißheit kennzeichnend, die dem inneren Gefühl entspringen, einer Berufung zu folgen. Carter weist auf das Verantwortungsgefühl hin, das im 10. Haus zum Ausdruck kommt, und Moore und Douglas führen diese Idee in Zusammenhang mit Jupiter anschaulich aus: »Ein tief verwurzeltes Verantwortungsgefühl und die Fähigkeit für langfristige Planungen verbinden sich hier, was dazu führt, daß der Betreffende es zu einer prominenten Stellung bringt.«

Personen mit Jupiter in 10 haben häufig die Fähigkeit zum Organisieren und Durchführen von wichtigen Projekten und unternehmerischen Arbeiten. Leistungen und greifbare Resultate sind das, was für sie zählt – wobei allerdings in einigen Fällen Status und Anerkennung auch zu reinem Selbstzweck werden. So war es beispielsweise Nelson Rockefeller (Löwe-Jupiter im 10. Haus) nicht genug, außerordentlich reich und Gouverneur des Staates New York zu sein; er strebte unverdrossen die Präsidentschaft der Vereinigten Staaten an, ohne daß er dem Anschein nach gewußt hätte, was er im Falle seiner Wahl hätte machen sollen.

Es gibt eine ganze Reihe von berühmten und großen Malern mit dieser Jupiter-Stellung, zum Beispiel Renoir, Courbet und Seurat. Wenn wir die Aufzählung auch auf Bildhauer ausweiten, wäre noch Auguste Rodin anzuführen, der in der westlichen Welt weithin bekannt ist und dem in Paris ein ganzes Museum gewidmet wurde. Schriftsteller und Musiker: Hier sind zu erwähnen Honoré de Balzac, Victor Hugo und Franz Schubert. Auch der Filmemacher und Schauspieler Orson Welles hat Jupiter in diesem Haus (in den Fischen, im Sextil zu seiner Stier-Sonne und seinem Stier-Merkur). Schon in jungen Jahren galt er als bahnbrechender Regisseur mit der Neigung zu problematischen Themen, ohne vor Kontroversen zurückzuschrecken. Die Tatsache, daß sich sein Mond in einer Konjunktion zu Uranus im Wassermann und im 9. Haus befand, hat ohne jeden Zweifel den kulturellen Einfluß, der von seiner Arbeit ausging, sowie seine Fähigkeit, Themen auf die internationale Bühne zu bringen, noch verstärkt.

Der Gedanke an Orson Welles macht klar, daß Menschen mit Jupiter im 10. Haus ein Image von großer Macht oder von etwas ausstrahlen, das größer ist als das Leben selbst. Dazu möchte ich folgendes anmerken (und ich bin mir sicher, daß Jupiter nichts gegen die bildhafte Note dieser Vergleiche einzuwenden hätte): *Moby Dick* in Herman Melvilles großartigem Werk, das eine heldenhafte Suche darstellt, wird von der Öffentlichkeit mit einem riesigen weißen Wal gleichgesetzt; der Schauspieler Christopher Reeve ist berühmt geworden durch seine Rolle als übermenschlicher *Superman;* der Cowboy-Schauspieler Roy Rogers hatte in über 90 Filmen ein großes jupiterhaftes Tier neben sich, sein Pferd *Trigger.* Eine weitere eindrucksvolle Figur von überlebensgroßem Bild stellt der Römer Augustus Caesar – Eroberer während des »Goldenen Zeitalters« Roms – dar, der auch Jahrhunderte nach seinem Tod im Gedächtnis seiner Landsleute noch lebendig war. Nach der vom Historiker Suetonius, einem Zeitgenossen, übermittelten Geburtszeit steht bei Augustus Caesar Jupiter im 10. Haus.

Eine andere Person mit dieser Planeten-Stellung, die wie Orson Welles auch schon früh auf dem Feld ihrer Berufung zu Anerkennung kam, war der Historiker Arthur Schlesinger Jr. Sein Zwillings-Jupiter stand im 10. Haus, im Trigon zu Merkur und Mond in der Waage; er war bei seinen Schülern sehr angesehen, wozu auch seine Schriften stark beigetragen haben. Die frühere First Lady Betty Ford brach das allgemeine Schweigen über Sucht und Abhängigkeit; ohne Angst vor Kontroversen – wie es bei dieser Jupiter-Stellung häufig der Fall ist – ließ sie freimütig und unverblümt erkennen, was sie zu diesem Thema dachte. Auch Indira Gandhi wies diese Stellung auf (Jupiter stand dabei in Opposition zum Schütze-Merkur), und bei ihr hat vielleicht tatsächlich ein schlechtes Beurteilungsvermögen zu ihrer Ermordung geführt: Sie ließ zu, daß ein Angriff auf das wichtigste Heiligtum der Sikhs unternommen wurde. Im Gegensatz dazu hat der berühmte astrologische Forscher und Statistiker Michel Gauquelin Jupiter im 10. Haus im Zeichen Stier in Opposition zu einem Skorpion-Merkur im 4. Haus. Dies scheint mir ein passendes Symbol für sein langjähriges, geduldiges und umfassendes Sammeln von Daten und Fakten zum Beweis der Gültigkeit der Astrologie zu sein.

Jupiter im 11. Haus

Grundthema: *Gesellschaftliche und intellektuelle Sicherheit*

Menschen mit dieser Jupiter-Stellung neigen dazu, Idealisten, Träumer oder Planer umfassender Projekte zu sein, häufig mit einer optimistischen Ausrichtung. Mit dem zukunftsorientierten Jupiter im zukunftsorientierten 11. Haus steckt die betreffende Person voller Pläne, Ziele und einer Vielzahl von Absichten (der Tradition nach ist das 11. Haus der Bereich der Hoffnungen und Wünsche, und Jupiter an dieser Stelle gilt für gewöhnlich als Hinweis darauf, daß die persönlichen Wünsche in Erfüllung gehen werden). Als Planet mit gesellschaftlicher Orientierung kommt Jupiter naturgemäß frei und schwungvoll zum Ausdruck, wenn es um das Haus geht, das für die menschliche Gemeinschaft im umfassenden Sinn steht. Oft ist damit eine Betonung der gesellschaftlichen Tätigkeit oder Arbeit auf sozialem oder internationalem Feld verbunden. Menschen mit Jupiter in 11 haben häufig das Bedürfnis, für soziale Veränderungen und Reformen zu arbeiten. Ihre Tätigkeitsfelder finden sich oft in der Politik, in Organisationen, Stiftungen oder in beruflichen Verbindungen, die ein gemeinsames – im allgemeinen humanitäres oder progressives – Ziel vor Augen haben.

Das Grundthema von Jupiter im 11. Haus weist auf die Tatsache hin, daß diese Menschen Sicherheit anstreben, indem sie ihre Energien mit einer großen Gruppe oder Bewegung vereinigen, was sich positiv auf ihr Wohlbefinden auswirkt. Mit einem großzügigen Planeten in einem großzügigen Haus sind diese Personen nicht kleinlich mit ihrer Zeit und ihren Mitteln, die sie für ihr großes Ziel zum Einsatz bringen. Moore und Douglas konstatieren, daß es sich um die geborenen Planer und Organisatoren von Gruppenaktivitäten handelt – wenn auch Sasportas zutreffend zur Sprache bringt, daß es der Betreffende bei gesellschaftlichen Aktivitäten womöglich zu weit treibt und seine Energien aufsplittert oder gar verschwendet.

Der andere Aspekt des obigen Grundthemas zielt darauf, daß diese Personen auch nach *intellektueller* Sicherheit streben, was die Anziehungskraft, die von theoretischen Systemen ausgeht, erklärlich macht. Sie suchen die Gegenwart von Menschen, die ihre Ansichten und Konzepte teilen; und manchmal erschaffen sie umfassende mentale Welten, die von großer Originalität zeugen. Einige Beispiele hierfür sind Karl Marx, der sich eine zukünftige Gesellschaft mit absoluter Sicherheit für alle vorstellte (Jupiter im Steinbock im Trigon zu Sonne und Mond im Stier im 2. Haus), der Dichter W. B. Yeats, der sich seine eigene poetische Phantasievorstellung »Byzantinum« schuf – ebenfalls das Muster einer perfekten Welt – und der auch in die irische Politik verwickelt war (Schütze-Jupiter in Opposition zur Sonne und zu Uranus im 5. Haus); und der Priester-Wissenschaftler Teilhard de Chardin, dessen Bücher den Versuch darstellen, die Wissenschaft mit einer tief empfundenen mystischen christlichen Hingabe zu verbinden (Jupiter in enger Konjunktion zu Saturn im Stier).

Eine andere ebenfalls außerordentlich innovative Persönlichkeit – was das Begriffliche und das Gesellschaftliche betrifft – war Maria Montessori (geboren am 31. August 1870, in Chiaravelle/Italien um 3 Uhr 30 LMT; gestorben im Jahr 1968). Bei ihr wirkte der Zwillings-Jupiter im 11. Haus revolutionär in Hinsicht auf die Erziehungstheorien. Auch heute noch, viele Jahrzehnte nach der erstmaligen Veröffentlichung ihrer Schriften, haben ihre Entdeckungen einen förderlichen Einfluß auf die Gesellschaft. Montessori, die 1894 als erste Frau ein Medizinstudium abschloß, entwickelte ein eigenständiges begriffliches System für die Erziehung, welches sie in ihrem Buch *Grundgedanken der Montessori-Pädagogik* ausführlich erläuterte. Bei ihr steht Jupiter nicht nur in den Zwillingen (ein Planet, der mit Erziehung zusammenhängt, im Zeichen des Lernens), Jupiter steht ebenfalls in einer fast genauen Opposition zum Schütze-Saturn im 5. Haus (das Symbol für die Entwicklung eines Erziehungssystems, das mit Kindern zu tun hat). Ihre kämpferische Mars/Uranus-Konjunktion ist in diese Opposition durch ein enges Halbsextil zu Jupiter und ein Quinkunx zu Saturn einbezogen. In der Tat ist der Respekt vor der individuellen Freiheit des Kindes ein Eckpfeiler ihrer Philosophie. Selbstdisziplin, fühlte sie, erwächst spontan aus einer Lernatmosphäre der Unabhängigkeit. Angeblich durch die Astrologie beeinflußt, war Selbstdisziplin für sie ein Ergebnis der Naturgesetze, eine Auswirkung der kosmischen Ordnung, die über die Bewegung der Sterne und Planeten herrscht.

Jupiter im 12. Haus

Grundthema: *Lernen auf der emotionalen und seelischen Ebene*
Der katholische Trappistenmönch Thomas Merton (geboren am 31. Januar 1915 in Prades/Frankreich um 9 Uhr 00 GMT; gestorben im Jahr 1968), dessen religiöse und gesellschaftliche Schriften von großem Einfluß waren, hatte Jupiter in Konjunktion zu Merkur im 12. Haus. Seine Biographin Monica Furlong schrieb, daß es den Anschein hatte, »daß Einsamkeit eine notwendige Nahrung für ihn war.« Sie zitiert Merton, der gesagt hatte: »Einsamkeit findet man nicht, indem man über die Grenzen seines Daseins hinausschaut, sondern indem man darin bleibt.« Und sie fügt hinzu: »In der Einsamkeit, sagte Merton, konnte er Liebe und Ehrfurcht vor anderen finden. Und wichtiger noch, in der Einsamkeit konnte er Gott finden, der nur in Einsamkeit gefunden werden kann, weil, um Merton zu zitieren, Seine Einsamkeit Sein Wesen ist.«

Im Laufe ihres Lebens lernen diese Menschen subtile, wichtige Lektionen auf Ebenen, die manchmal so tief sind, daß die Erkenntnisse nicht in Worte gekleidet oder vom Bewußten erkannt werden können. Für solche Menschen ist es von grundlegender Wichtigkeit, durch die Erforschung und Transzendierung alter emotionaler Muster über die Beschränkungen der Vergangenheit hinauszuwachsen. Sich mit einer positiven Einstellung auf spirituelle Wahrheiten einzustimmen kann ihnen dabei helfen, das Gefühl der Begrenzung, welches das 12. Haus oftmals symbolisiert, zu überwinden. Menschen mit Jupiter in diesem Haus können Erfüllung und Freude finden, wenn sie an Orten der Begrenzung arbeiten (in Krankenhäusern, Gefängnissen, speziellen Schulen etc.) oder für wohltätige oder erzieherische Institutionen.

Eine Tendenz zur Abgeschiedenheit tritt hier mehr oder weniger deutlich in Erscheinung, wenngleich weniger auffällig als bei anderen Planeten im 12. Haus, weil Jupiter eine außengerichtete und schwungvolle Energie repräsentiert. Ein Mensch mit Jupiter im 12. Haus ist meist nicht ehrgeizig (wenn dies nicht von anderen machtvollen Horoskop-Faktoren nahegelegt wird), was daran liegt, daß sein Bedürfnis nach Wachstum und gesellschaftlicher Anteilnahme auf weniger »weltlichen« Aktivitätsfeldern zum Ausdruck kommt. So erklärt es sich, daß bei der verhältnismäßig geringen Anzahl von berühmten Menschen mit diesem Horoskop-Merkmal sehr verschiedene Ausdrucksformen dieses Prinzips zu finden sind.

Mit Jupiter im 12. Haus finden wir eine erhebliche Anzahl von erfolgreichen Sportlern, darunter den Football-Star Larry Csonka, den Tennis-Champion Pancho Gonzales, den Ski-Star Jean-Claude Killy und die Baseball-Größe Warren Spahn. Viele andere könnten noch angeführt werden, darunter auch zahlreiche Olympia-Champions. Wir können uns die Frage stellen, warum dem so ist – wo es sich hier doch nicht um einen marsischen Faktor handelt, der in der astrologischen Symbolik mit Sport in Verbindung gebracht wird. Neben der Herrschaft über das, was sich im Freien abspielt, verleiht die körperliche Aktivität den Eindruck von Expansion, Raum zum Atmen und ein Gefühl der Beschwingtheit. Was die Mannschaftssportarten betrifft, stehen diese für eine eigene Phantasiewelt – dem 12. Haus angemessen, in dem das Individuum danach streben kann, das Unmögliche möglich werden zu lassen, oder wo es zumindest die realistischere Befriedigung erlebt, immer besser zu werden. Weiterhin erfordert in vielen Fällen das Training eine Neigung zum Alleinsein, zur Isolierung vom Rest der äußeren Welt. Und schließlich ist auch eine tiefe Zuversicht notwendig, um die unvermeidlichen Phasen der Niederlagen, Frustrationen und persönlichen Irrtümer zu überstehen. Auf die verschiedenste Art ist man gefordert, das eigene Ego zeitweise zu transzendieren, wenn man im Sport den Gipfel erklimmen will.

Der große Einfluß der Imagination, auf den wir schon eingegangen sind, kommt häufig durch die Kunst zum Ausdruck. Die charismatische Schauspielerin Greta Garbo hatte einen Zwillings-Jupiter im 12. Haus, und sie erklärte schließlich: »Ich möchte allein sein.« Wie Lois Rodden schrieb, zog sie sich 1941 auf dem

Höhepunkt ihrer Karriere vollständig zurück. Bei der Sängerin Dionne Warwick wirkte sich der Stier-Jupiter im 12. Haus in einer erstaunlich ausdrucksvollen Stimme aus; später entschloß sie sich, Talkshows im Fernsehen zu psychologischen Themen zu moderieren. Der Schauspieler Paul Newman hat sich über Jahrzehnte hinweg einer kontinuierlichen Popularität erfreut; jetzt trägt eine Produktreihe von Nahrungsmitteln seinen Namen, wovon der Erlös karitativen Zwecken zufließt. Der Maler Paul Cézanne entwickelte sich erst nach und nach in seinem Leben der Abgeschiedenheit zu einem Künstler; seine erste Einzelausstellung hatte er, als er bereits 56 Jahre alt war.

Einige Schriftsteller mit dieser Jupiter-Position neigen in ihrem Werk zur Übertreibung und Mythologisierung der eigenen Erfahrungen, wodurch sie anscheinend einen »überlebensgroßen« Eindruck erwecken und die Realität romantischer oder spannender machen wollen: Henry Miller und Lord Byron bezogen das eigene Leben in dieses Flair der ausgedehnten Phantasien ein. Zwei andere Autoren gaben sich der Phantasie auf eine andere Weise hin: H. G. Wells erwarb sich große Popularität, indem er sich phantastische und geradezu »unvorstellbare« Abenteuer ausdachte, während Hans Christian Andersen Märchen ersann, die von Menschen überall auf der Welt verstanden werden können. Diese einfachen Märchen sind in mehr Sprachen als jedes andere Buch mit Ausnahme der Bibel übersetzt worden. Andersens Schütze-Jupiter im 12. Haus stand im Trigon zu Mars, Sonne und Merkur. Zusätzlich stieg in seinem Horoskop Schütze auf.

Es gibt einige Diskussionen über das Horoskop von Abraham Lincoln (geboren am 12. Februar 1809 in Hodgenville, Kentucky, »gegen Sonnenaufgang«; gestorben 1865). Ich bin der Ansicht, daß sein Wesen und Temperament – von seinem Mitgefühl für die unterdrückten Sklaven ganz zu schweigen – am besten von einem Horoskop erklärt werden, das Jupiter im 12. Haus aufweist. Lincoln hat nicht nur sein Leben seinen Prinzipien geopfert (und glaubte an ein karmisches Gesetz, wie die zweite Einführungsansprache beweist), sondern hatte auch bei verschiedenen Gelegenheiten prophetische Visionen. Lincolns rauhe und schroffe Wesensart, die Bestimmtheit seiner Handlungen und seine unverblümte Ausdrucksweise könnten gut zu einem Widder-Aszendenten passen, was für einen Jupiter im 12. Haus sprechen würde. In jedem Fall aber befand sich Jupiter bei ihm in den Fischen, was sich ähnlich wie Jupiter im 12. Haus auswirkt.

Wir können dieses Thema nicht abschließen, ohne darauf hinzuweisen, daß Menschen mit Jupiter im 12. Haus sich auch als extravagante oder verantwortungslose Wesen entpuppen und sehr unrealistisch sein können, möglicherweise durch destruktives Verhalten. Ein besonders negatives Beispiel dafür ist Susan Atkins, die Anhängerin und Mord-Komplizin von Charles Manson. Im Gegensatz dazu können wir die hohe moralische Dimension, die mit dieser Stellung verbunden sein kann, bei Simon Wiesenthal sehen, dem bekanntesten »Nazi-Jäger« der ganzen Welt, der es sich zur Aufgabe gemacht hat, alle noch lebenden Verantwortlichen des Nazi-Regimes vor Gericht zu bringen. Auch in seinem Horoskop befindet sich Jupiter im 12. Haus.

6. Der Schütze- und der Fische-Aszendent

Habe keine Angst vor großen Schritten – mit zwei kleinen
Sprüngen kannst du keinen Abgrund überwinden.
David Lloyd George

Jupiter wirkt sich im Leben aller Menschen machtvoll aus, die wichtige Horoskop-Faktoren (und hier vor allem Sonne oder Mond) im Schützen oder in den Fischen haben; besondere Aufmerksamkeit aber sollten wir dann walten lassen, wenn es um eine Person geht, die von Jupiter »beherrscht« wird, das heißt, in deren Horoskop ein Jupiter-Zeichen aufsteigt. Man wundert sich vielleicht zunächst, daß zwei so verschiedene Zeichen zusammen behandelt werden und daß mit ihnen ähnliche Qualitäten und Fähigkeiten einhergehen sollen. In diesem Kapitel werden wir näher untersuchen, worin die bemerkenswerten Ähnlichkeiten dieser zwei Aszendenten-Zeichen bestehen.

Es liegt mir fern, den Vergleich über Gebühr zu strapazieren; die Zeichen haben auch ihre Unterschiede, wovon die Quadrat-Beziehung innerhalb des Tierkreises zeugt. Wir sollten uns aber vor Augen halten, daß die ursprüngliche Idee – vor der Entdeckung Neptuns, der dann ebenfalls den Fischen als Herrscher zugeordnet wurde – die war, daß der Schütze den aktiven Ausdruck von Jupiter und die Fische den passiven darstellen. In modernen Begriffen beinhaltet der Schütze den extravertierten, außengerichteten Ausdruck, während die Fische introvertierter sind und dazu neigen, sich für etwas aufzuopfern oder das eigene Selbst zu unterdrücken.

Bei den Forschungen für dieses Buch wurde mir bewußt, daß es verhältnismäßig wenig berühmte Menschen mit einem Fische-Aszendenten gibt. Und bei denjenigen, die es zu allgemeiner Bekanntheit gebracht haben, liegt das an ihren Leistungen, weniger an ihrer Persönlichkeit (anzuführen sind hier Alexander Graham Bell und Pierre Curie, Mitentdecker des Radiums). Auf der anderen Seite gibt es Dutzende von Berühmtheiten mit einem Schütze-Aszendenten, die ich für die nähere Untersuchung in diesem Kapitel hätte auswählen können.* Diese Entdeckung stellt die Bestätigung meiner Idee und Annahme dar, daß die Person mit einem Fische-Aszendenten dazu neigt, sich vom Rampenlicht fernzuhalten, und keine besondere Anerkennung ihrer Leistungen erwartet, während der Mensch mit Schütze als aufsteigendem Zeichen von seinem Wesen her nach Bekanntheit und allgemeiner Würdigung seiner Handlungen strebt. Es handelt sich bei ihm um den geborenen Führer beziehungsweise um eine Person, die andere zu großen Projekten inspirieren kann. Im Gegensatz dazu beschränkt sich das inspirierende Element des Fische-Aszendenten eher auf die häusliche und private Sphäre, oft kommt sie auch in einer Tätigkeit hinter den Kulissen zum Ausdruck.

Es dürfte für fortgeschrittene Studenten der Astrologie keine Überraschung sein, daß der Schütze-Aszendent bei den Präsidenten der Vereinigten Staaten von Amerika das am häufigsten vertretene Zeichen ist: Bei Madison, Van Buren, Taylor, Fillmore und Theodore Roosevelt sehen wir Schütze als aufsteigendes Zeichen. (Es scheint mir bemerkenswert zu sein, daß Theodore Roosevelt sich sehr gern im Freien aufhielt und ein Naturschützer der ersten Stunde war, was einen typischen Ausdruck des Schütze-Aszendenten – in einem gewissen Ausmaß auch des Fische-Aszendenten – darstellt.) Die größere allgemeine Bekanntheit des Schütze-Aszendenten im Vergleich zu den Fischen stimmt auch mit unserer Entdeckung überein, daß die Stellung von Jupiter im 12. Haus

---

* Daß in nördlichen Breiten die Fische eines der am schnellsten über den Horizont aufsteigenden Zeichen sind – im Gegensatz zum Schützen, der eines der Zeichen ist, die am längsten für den Aufgang brauchen –, ist die statistische Begründung dafür, daß es deutlich mehr bekannte Menschen mit einem Schütze- als mit einem Fische-Aszendenten gibt. Ich glaube aber nicht, daß dies allein eine ausreichende Erklärung ist. Das Wesen der Fische wird im folgenden in diesem Kapitel näher erläutert, woraus klar werden dürfte, warum verhältnismäßig wenig Fälle mit dem Fische-Aszendenten von sich reden machen. In der Tat fällt es viel leichter, Berühmtheiten bei den anderen sehr schnell aufsteigenden Zeichen auszumachen.

die Wahrscheinlichkeit und den Wunsch verringert, öffentlichen Ruhm und große Popularität zu erwerben.

Bevor wir nun in die Details der Charakteristiken beider Aszendenten-Zeichen gehen, scheint es mir notwendig zu sein, noch einige wichtige Bemerkungen anzuführen. Der Aszendent steht für die instinktive Ausrichtung des Menschen, und er hat großen Anteil an der Färbung der individuellen Persönlichkeit – allerdings symbolisiert das aufsteigende Zeichen als solches keine Eigenschaften und Fertigkeiten, die der Mensch bewußt steuern und lenken kann. Oftmals weiß der Mensch nicht einmal etwas von ihnen (anders ist es mit Planeten, die sich in dem betreffenden Zeichen befinden). Diese Energien erheben sich spontan im Inneren als eine Art natürlicher Instinkt. In manchen Fällen wird der Mensch niemals bewußt aktiv, um sie weiterzuentwickeln; in anderen Fällen ergibt es sich mit zunehmendem Alter, daß eine Person ihre Fähigkeiten entdeckt und sie bewußt zu nutzen beginnt. Es wirkt so, als ob die Natur, das Schicksal, Gott oder eine kosmische Intelligenz jeden Menschen mit dem Aszendenten ausstattet, der ihm die Erfahrungen verschafft, die für seine Seele notwendig sind. Das gilt auch dann, wenn kein bewußter Wunsch nach einer solchen Ausdrucksform gegeben ist. In vielerlei Hinsicht stellt der Aszendent das auf das Äußere gerichtete »Bild der Persönlichkeit« dar. Andere Menschen neigen dann dazu, das zu glauben, was sie sehen, auch wenn der Aszendent die innere Person nicht genau widerspiegelt. Wir sehen manchmal einen Jungfrau-Aszendenten bei Menschen, die nicht buchstabieren oder die nicht mit Details umgehen können, den Widder-Aszendenten bei jemandem, der nicht führen kann, und den Löwe-Aszendenten bei einer Person mit wenig Humor und Selbstvertrauen. Man muß auf das Horoskop in seiner Gesamtheit blicken und speziell darauf, ob Planeten im aufsteigenden Zeichen stehen, ob enge Aspekte zum Aszendenten gegeben sind, wo sich der herrschende Planet befindet und welche Aspekte zu ihm vorhanden sind.

Einige traditionell orientierte Astrologen bezeichnen den Planeten, der über den Aszendenten herrscht, als »Herrscher des Horoskops«, was ein Ausdruck der Tatsache ist, daß der betreffende Planet sich deutlich in den Interessen der Person, in ihrem

Bewußtsein und ihrem aktiven Selbstausdruck bemerkbar macht. Wer mit einem Jupiter-Zeichen als Aszendent geboren ist, sollte sich über die vielfältigen Bedeutungen und über das Potential im klaren sein, das mit seiner Jupiter-Stellung verbunden ist. Das Sich-Einstimmen auf diesen Erfahrungsbereich (Haus) und die Energie (Zeichen – auf die eine oder andere Art durch die Aspekte modifiziert) führt zu einem gesteigerten Gefühl der Lebendigkeit, zum Wunsch, sich selbst zum Ausdruck zu bringen, zu mehr Optimismus und zu größerem Selbstvertrauen. In der Tat haben die meisten Personen mit einem Schütze-Aszendenten eine optimistische Haltung, was nahelegt, daß jene mit den Fischen als aufsteigendem Zeichen sich bewußt auf das Potential ihres Jupiters einstimmen sollten. Das könnte ihnen helfen, ihre Selbstzweifel zu überwinden und über die Kleinigkeiten hinwegzusehen, die ihnen so oft zu schaffen machen. Das Jupiter-Zeichen macht deutlich, welch primäre Antriebskraft in den Aktivitäten und im Selbstausdruck des Menschen vorhanden ist, der von diesem Planeten beherrscht wird. Und natürlich zeigt das Jupiter-Haus in diesem Fall, in welchem Lebensbereich der Betreffende in Kontakt mit einem Großteil seiner Lebensenergie kommt und wo er sich mit Situationen und Themen auseinandersetzen muß, die er nicht ignorieren kann und die seine Weiterentwicklung fördern. In diesem Lebensbereich muß man aktiv sein, um seine grundsätzlichen Fähigkeiten und die anregende Basisenergie zum Ausdruck zu bringen. Ist man dazu bereit, kann man sein Leben durch Optimismus und eine gewisse Portion Leichtigkeit erheblich bereichern.

Parallelen im Ausdruck von Schütze- und Fische-Aszendent

Deine Sorgen zeigen, daß du kein Vertrauen in die Güte
Gottes oder in Gott selbst hast. Laß ihn die Dinge auf Seine
Weise vollenden statt auf die Art, die du dir wünschst.
Versuche dich allem anzupassen, was Er tut, dann wirst du
niemals unglücklich sein.
Sardar Bahadur Jagat Singh
(Professor der Chemie und spiritueller Lehrer)

Dieses Zitat ist ein Beleg für die philosophische Einstellung, die mit diesen beiden Aszendenten einhergeht, wenn sie positiv und optimal in Erscheinung treten. Im Idealfall ist beiden Aszendenten der Wunsch eigen, instinktiv dafür einzutreten, andere zu inspirieren, Bedürftige zu unterstützen und allgemein dafür zu sorgen, daß sich Menschen besser fühlen. Sie machen sich selbst kaum einmal besondere Sorgen, und es bereitet ihnen Unbehagen zu sehen, daß andere aus Sorgen oder Angst weder aus noch ein wissen. Sie sind ständig bestrebt, andere aufzumuntern und zur Weiterentwicklung anzuhalten. Beide Zeichen fühlen sich von dem Hier-und-Jetzt-Status zutiefst gelangweilt. Bei beiden handelt es sich um dynamische, veränderliche Zeichen, die immer bestrebt sind zu lernen und die in einer offenherzigen Weise andere an ihrem Wissen, ihrer Inspiration und ihrem Glauben teilhaben lassen möchten. Beiden ist das Bewußtsein eigen, Teil von etwas zu sein, das größer ist als das isolierte individuelle Selbst. Beide sind sich darin einig, sich auf eine visionäre Vorstellung zu beziehen, die für sie grundsätzlich realistisch ist, wenn vielleicht auch in weiter Ferne liegend. Und in der Tat sind ja auch beide Zeichen für ihre prophetischen, intuitiven und manchmal übersinnlich anmutenden Eigenschaften bekannt sowie dafür, ihr Leben an einem Glauben und an der Hingabe an eine Sache oder ein Ideal auszurichten. Diese philosophische Suche nach der wahren Bedeutung des Lebens ist für beide Zeichen charakteristisch. Sie ist der Grund dafür, daß man von diesen weitsichtigen

Visionären oft sagen könnte: »Ein Philosoph ist derjenige, der mit seinen Ansichten seiner Zeit voraus und mit seiner Miete im Rückstand ist.«

Schütze und Fische neigen dazu, viele Worte zu machen, worauf ich bereits in Kapitel 1 hingewiesen habe. Weil beide dazu tendieren, in jedem nur das Beste zu sehen, machen sie sich kaum Gedanken darüber, ob sie nicht allzu optimistisch gestimmt sind. Im Idealfall sind beide einfach nicht »unterzukriegen«! Ihre Zuversicht, insbesondere bei Widerständen, setzt andere immer wieder in Erstaunen. Weil beide dazu neigen, nur das zu sehen, was sie sehen wollen – auch in Verbindung mit Fakten, die nur zu offensichtlich sind –, sollten sie immer wieder den Kontakt zu vertrauenswürdigen, praktisch denkenden Ratgebern suchen. Beide Zeichen sind bekannt dafür, daß sie anderen hilfreiche Ratschläge geben; wenn es um die eigene Situation oder um mögliche Konsequenzen von Entscheidungen geht, sind sie mehr oder weniger hilflos. Das liegt daran, daß es ihnen an Beurteilungsvermögen mangelt, was auch dadurch zum Ausdruck kommt, daß sie im Tierkreis zu den analytischen und skeptischen Zeichen Jungfrau und Zwillinge in Opposition beziehungsweise im Quadrat stehen.

Für Menschen mit Schütze- oder Fische-Aszendent ist der Wunsch kennzeichnend, immer auf Achse zu sein und neue Erfahrungen zu machen, zu reisen und die verschiedensten Leute, Orte und Dinge kennenzulernen. Beide weisen großes Interesse an moralischen, gesellschaftlichen, philosophischen und religiösen Themen auf. Und mit Ausnahme von besonders schüchternen Exemplaren mit Fische-Aszendenten können beide zur Geschwätzigkeit neigen. Das muß nicht unbedingt heißen, daß damit besondere kommunikative Fähigkeiten verbunden wären – sie verlieren sich häufig in ihren mentalen Gedankengängen und vergessen, mit wem sie es eigentlich zu tun haben. Mit anderen Worten: Wenn sie nicht im Hier und Jetzt gut verwurzelt sind oder sich zielgerichtet zum Ausdruck bringen, laufen sie Gefahr, sich in den Weiten ihres umfassenden Geistes zu verirren. Einmal mehr kommt es darauf an, das Horoskop in seiner Gesamtheit zu berücksichtigen, mit einer besonderen Würdigung der Stellung Jupiters. Jupiter in einem Luft- oder Feuer-Zeichen neigt mehr zu

Geschwätzigkeit, zu riskanten Unternehmungen sowie zur Maßlosigkeit als beispielsweise in den Zeichen Jungfrau, Krebs, Steinbock oder Skorpion.

Der Schütze-Aszendent

Es ist schon vieles in diesem Buch angeführt worden, was sich unmittelbar auf Menschen mit einem Schütze-Aszendenten übertragen läßt. Hierzu kann man zum Beispiel manches aus dem 3. Kapitel heranziehen, und es erscheint mir insofern unnötig zu sein,
diese allgemeinen Bemerkungen hier noch einmal zu wiederholen,
auch deshalb, weil im folgenden noch Fälle von berühmten Persönlichkeiten mit einem Schütze-Aszendenten besprochen werden (siehe Anhang). Einige wenige Charakteristiken von Schütze
als aufsteigendem Zeichen möchte ich aber doch kurz anführen.
Personen mit diesem Horoskop-Merkmal sind meist optimistisch, manchmal in einem extremen Ausmaß. Und trotz ihrer in
einigen Fällen unpersönlichen Einstellung zu ihren Mitmenschen
erfreuen sie sich zumeist allgemeiner Beliebtheit, was seine Ursache in ihrer toleranten und wohlmeinenden Haltung hat. Enge
Beziehungen zu unterhalten fällt ihnen jedoch nicht leicht. Esther
Leinbach schreibt hierzu:

Sie geben ihr letztes Hemd für den Freund, und sie haben viele
Freunde. Sie finden es einfacher, neue Freundschaften einzugehen, als an bestehenden Beziehungen zu arbeiten. Ihre Familien
fühlen sich von ihnen aufgrund der vielfältigen äußeren Interessen vernachlässigt. ... Sie sind wunderbare Organisatoren,
was an ihrer Fähigkeit liegt, Dinge und Menschen in sinnvollen
Arbeitsprozessen zusammenzubringen. In ihren Beziehungen
zu anderen wirken sie manchmal etwas distanziert, wobei sie
keine Favoriten oder Günstlinge kennen. Sie lieben alle und
jeden und sind ausgesprochen freimütig, manchmal in einem
Ausmaß, das befremdlich wirkt. Allerdings erwecken sie dabei
einen so unschuldigen Eindruck, daß man keine bewußte Krän-
kung vermutet. Wer Groll gegen sie hegt, macht sich unter Umständen lächerlich.   Esther Leinbach: *Sun Ascendent Rulerships*

211

Schon früh während meines Studiums der Astrologie fiel mir auf, daß viele meiner Bekannten mit einem Schütze-Aszendenten eine große Handschrift haben, mit der Tendenz zu raumgreifenden Schwüngen, die viel Platz einnehmen – so, als ob die betreffende Person ihren beschwingten Optimismus nicht für sich behalten kann (dies kommt besonders gut auf unliniertem Papier zum Ausdruck).

Menschen mit dem Schütze-Aszendenten lieben es, im Freien zu sein, und sie sind nicht so mental geprägt, wie es bei der Schütze-Sonne häufig der Fall ist. Kennzeichnend für sie ist eine physische Rastlosigkeit und eine stärkere Bestimmtheit, ihre Inspirationen und Hoffnungen konkret zum Ausdruck zu bringen, als dies bei der Schütze-Sonne und auch beim Fische-Aszendenten zutrifft. Wie es Howard Sasportas in seinem Buch formulierte: »Ein anderes Bild, das mit dem Schützen verbunden ist, ist das des Suchers, der immer weiter schreitet und der immer wieder etwas Neues findet, dem er sich widmen kann.« Es ist der Impuls zur fortwährenden Expansion, der diese Personen dazu verleiten kann, über ihre Verhältnisse zu leben oder ihre großen Visionen nicht in der Realität, die direkt vor ihrer Nase liegt, zu verwurzeln.

Viele der bisherigen Kommentare über den Schützen waren auf allgemeine Prinzipien sowie auf Menschen bezogen, bei denen die *Sonne* in diesem Zeichen steht. Es erscheint mir lohnenswert, einen Abschnitt aus einem meiner Bücher anzuführen, um den Unterschied zwischen dem Schützen als Aszendenten und als Sonnen-Zeichen zu verdeutlichen:

Optimismus, Schwung, Begeisterung und Großzügigkeit – Eigenschaften, die man bei Menschen mit der Sonne im Schützen oft, aber nicht immer findet, – sind fast immer beim Aszendenten in diesem Zeichen zu beobachten. Alle, die ich persönlich kennengelernt habe, sind »Spaßmacher«. (Das trifft sogar dann zu, wenn das Leben von Enttäuschungen oder Hindernissen geprägt ist.)

Dem Schütze-Prinzip wohnt die Neigung inne, die eigenen Überzeugungen als allgemeine Wahrheiten zu verkünden. Menschen mit dem Aszendenten in diesem Zeichen bringen

ihre Überzeugungen jedoch auf tolerantere Art und in inspirie-
renderer Form zum Ausdruck. Die »Gardinenpredigt« eines
Menschen mit einer Schütze-Sonne erweckt dagegen das Gefühl, von »der Wahrheit erschlagen zu werden«. (Selbstgerechtigkeit ist bei Menschen mit der Schütze-Sonne in deutlicher
Ausprägung vorhanden.) Weitgehend fremd ist dem Schütze-
Aszendenten die ziel- und antriebslose Unzufriedenheit, die
bei Menschen mit der Schütze-Sonne oft wahrzunehmen ist;
bezüglich des Aszendenten besteht anscheinend eine größere
Neigung, für ein Ideal tätig zu werden, während es bei der
Sonne häufig bei geistigen oder theoretischen Erwägungen
bleibt.   Stephen Arroyo: *Handbuch der Horoskop-Deutung*

Paul Wright geht auf die Tatsache ein, daß Menschen mit einem
Schütze-Aszendenten oft »überlebensgroß« werden, zu Idolen
oder zu abgöttisch verehrten Heldenfiguren. Zwei der am meisten
verehrten Gestalten der Geschichte, Leonardo da Vinci und Michelangelo, wurden nach den überlieferten Geburtszeiten mit einem Schütze-Aszendenten geboren. Was die jüngere Vergangenheit angeht, ist hier auf Elvis Presley, Bob Dylan und Charles
Lindbergh hinzuweisen. Der Ruhm von Fred Astaire und George Gershwin steht dem kaum nach, was auch für Shirley Temple,
Bob Dylan, Mickey Rooney und die Sängerin Eartha Kitt gilt.
Der Aszendent von Fred Astaire ist besonders interessant, da
Uranus vom 12. Haus aus und Saturn zehn Grad dahinter im
Schützen in Konjunktion zu ihm stehen. Wir können mit Bestimmtheit sagen, daß Astaires Tanz und sein Image allseits mit
Optimismus, Elan und Frohsinn gleichgesetzt wurden. Astaire
war imstande, seinen innovativen, kreativen und »vergnügungs-
süchtigen« Schütze-Uranus in künstlerischer Form zum Ausdruck zu bringen (Saturn). Astaire war bekanntermaßen auch ein
glühender Verehrer des Pferderennsports.

Wir werden im nächsten Kapitel noch näher auf Jupiter-Aspekte
eingehen – es soll aber an dieser Stelle schon kurz erwähnt
werden, daß viele der angeführten Charakteristiken auch dann in
Erscheinung treten, wenn der Geburts-Jupiter in einem engen

Aspekt zum Aszendenten steht; Jupiter-Themen spielen dann wahrscheinlich eine beherrschende Rolle im Leben. Des weiteren stehen damit vermutlich auch Optimismus und Expansion im Vordergrund, wenn vielleicht auch nicht in dem Ausmaß wie bei denjenigen mit Schütze als aufsteigendem Zeichen, bei denen Spontanität und Enthusiasmus im Übermaß zum Ausdruck kommen. Das Zeichen, in dem sich Jupiter befindet, färbt hier die Manifestationsform, was in manchen Fällen bedeuten könnte, daß damit das optimistische Element Jupiters abgedämpft wird. Ein positives Beispiel hierzu ist Ralph Waldo Emerson, dessen Jungfrau-Jupiter in Opposition zum Aszendenten zu einer analytischen und überlegten – trotz allem aber auch zuversichtlichen – Lebensanschauung führte, die über Jahrzehnte hinweg anregend auf die amerikanische Öffentlichkeit wirkte.

Der Fische-Aszendent

Wir sind schon an früherer Stelle in diesem Kapitel auf die Gemeinsamkeiten eingegangen, die zwischen dem Fische- und dem Schütze-Aszendenten bestehen. Jetzt möchte ich verdeutlichen, was die Fische als aufsteigendes Zeichen vom Schützen unterscheidet. Ich habe bereits darauf hingewiesen, daß Menschen mit Fische-Aszendent dazu neigen, im Hintergrund zu bleiben, daß sie es vorziehen, ihre Handlungen – und nicht ihre Worte – für sich sprechen zu lassen und ihre Energien dafür einzusetzen, andere zu unterstützen und zu ermutigen. Carolyn Dodson schrieb in ihrem im Selbstverlag herausgebrachten Buch:

> Fische-Menschen geben ihre Ideen nur selten zu erkennen, weil sie Angst vor Widerstand oder Ablehnung haben. Dabei scheinen sie mehr über das Universum und seine Wirkungsweise zu wissen als jeder andere. Sie wurden geboren, um das Leben zu glätten und zu verschönern und um uns für die unsichtbaren, unerklärlichen Kräfte empfänglich zu machen, die wir vielleicht nicht verstehen, von deren Existenz wir aber doch wissen.
>
> Carolyn Dodson: *Rising Signs*

In der Tat führen Menschen mit dem Fische-Aszendenten oftmals ein derart abgeschiedenes Leben, daß man sie nicht kennt oder zumindest nicht genau weiß, was sie eigentlich machen. Für sie ist diese Abgeschiedenheit von grundsätzlicher Bedeutung. Weiterhin ist hier eine tiefe Liebe zur Natur charakteristisch, die auch an den Schützen denken lassen könnte, die aber feinfühliger und reflexiver ist. Der künstlerische Ausdruck ist eine Möglichkeit, wie diese Personen ihre empfindsamen Gefühle zum Ausdruck bringen können, zum Beispiel durch das Fotografieren von Naturmotiven, durch Zeichnen oder Malen. Es geht hier um den emotionalen Ausdruck. Oft spielt auch Musik im täglichen Leben eine Schlüsselrolle – ob diese Personen nun selbst musizieren oder lediglich Zuhörer sind (so haben beispielsweise die gefeierten Dirigenten Leopold Stokowski und Zubin Mehta einen Fische-Aszendenten). Zwei weitere populäre Musiker sind der Bandleader Lawrence Welk und der »Beatle« Ringo Starr. Dodson weist auch darauf hin, daß Menschen mit den Fischen als aufsteigendem Zeichen eine tiefe Liebe zum Wasser oder zu Beschäftigungen empfinden, die mit Wasser zu tun haben. Und fast immer, schreibt sie, »sind diese Personen empfindlicher als andere, was Geräusche, Gerüche, Anblicke sowie die Schwingungen des Universums betrifft«.

Mit dem Fische-Aszendenten ist häufig der Anschein einer melancholischen Verfassung verbunden. Diese Menschen fühlen sich jedoch innerlich glücklich – wie es beim Schütze-Aszendenten auch der Fall ist –, wenn sie anderen helfen und andere inspirieren können (allerdings tun sie dies auf nicht so enthusiastische Art). Ihre Sensibilität anderen gegenüber ist bemerkenswert. Kennzeichnend für sie können auch heilerische Fähigkeiten sein. Esther Leinbach bemerkt dazu:

Fische sind geschätzt wegen ihres Mitgefühls und ihrer Fähigkeit, anderen zuzuhören. Die Fische-Person wird sich nicht Hals über Kopf in eine Arbeit stürzen und dir dabei helfen, das Projekt fertigzustellen, wie es der Steinbock wahrscheinlich täte. Für den Steinbock ist es frustrierend und bestürzend zu sehen, daß er keine engen Verbindungen anzieht, wie es dem

Fisch scheinbar mühelos gelingt. Der Fisch hört aber auch länger als jedes andere Tierkreiszeichen zu.

Esther Leinbach: *Sun Ascendent Rulerships*

Wie viele Menschen aus Heilberufen wissen, spielen nicht nur Fachkenntnisse, Wissenschaft und Technik für die therapeutische Wirksamkeit eine Rolle, sondern auch Mitgefühl und die Fähigkeit des Arztes, Heilers oder Therapeuten, aufmerksam zuzuhören. Dieses angeborene Talent gibt Personen mit Fische-Aszendent die Gelegenheit, ihren Mitmenschen auf subtile Weise zu helfen (manchmal sind sie sich gar nicht bewußt, daß sie anderen helfen). Wie dem auch sei – es besteht der drängende Wunsch, anderen oder einem Ideal zu dienen und den Mitmenschen beizustehen. Das ist die Voraussetzung für sie, um wirklich glücklich zu sein. Die jupiterbeeinflußte Großzügigkeit muß aktiv im Leben zum Ausdruck kommen. Ein bemerkenswertes Beispiel für die Dienstbarkeit der Fische stellt das Leben der Astrologin Evangeline Adams dar, die während der ersten Hälfte des 20. Jahrhunderts sehr populär war. Bei ihr befand sich nicht nur der Aszendent in den Fischen, auch die Planeten Merkur, Jupiter und Venus standen in diesem Zeichen. In ihrem Leben wurde sie von mehr als 100 000 Menschen konsultiert.

Für Personen mit einem Fische-Aszendenten ist es von grundlegender Wichtigkeit, mit ihrem inneren Licht in Kontakt kommen zu können. Ein Fische-Aszendent zeugt von einer natürlichen Einstimmung auf das, was über das Physische hinausgeht. Werden diese Bedürfnisse nicht erfüllt, könnte der Betreffende versucht sein, auf anderen Wegen der dumpfen, banalen Realität des uninspirierten Lebens zu entkommen, was auch die Form selbstzerstörerischer Gewohnheiten annehmen kann. Diese Menschen sind oft abhängig von anderen, und wenn sie ihren Fluchttendenzen nachgeben und auf Abwege geraten, verstärkt sich die Wahrscheinlichkeit, daß sie von anderen ausgenutzt werden – wodurch in manchen Fällen das unbewußte Bedürfnis, sich als Märtyrer zu präsentieren, erfüllt wird. Howard Sasportas schreibt hierzu:

Ein Schlüsselbegriff für den Fische-Aszendenten ist das Aufopfern des persönlichen Willens. Geschieht das jedoch in übertriebenem Maße, geraten Menschen unter diesem Aszendenten möglicherweise immer wieder in Situationen, in denen sie von anderen ausgenutzt werden.

Howard Sasportas: *Astrologische Häuser und Aszendenten*

Sasportas klassifiziert drei Typen von Menschen mit Fische-Aszendent: das Opfer, den Künstler und den Heiler oder Retter. Er weist darauf hin, daß die Person mit diesem Aszendenten sich »von ihrer Sensibilität und ihrer Offenheit förmlich überwältigt fühlt.« Deshalb, so können wir schlußfolgern, kommt es für sie darauf an zu lernen, wie sie ihre Sensibilität für andere zum Einsatz bringen und gleichzeitig ihr Selbst schützen kann.

In der astrologischen Literatur wird nicht oft genug auf die innere Stärke, die diese Personen kennzeichnet, hingewiesen. Ihre vermeintliche Formbarkeit und ihre umgängliche Wesensart täuschen darüber hinweg, daß sie eine große Charakterstärke besitzen. Ihre philosophische Einstellung hat nichts Protziges – wie es beim Schütze-Aszendenten häufig der Fall ist; sie ist dennoch typisch für diese Horoskop-Stellung, ebenso wie ein Sinn für Humor, der über die kleinen Widrigkeiten des Lebens hinwegsehen läßt. Isabel M. Hickey mit ihrem Schütze-Aszendenten führt hier eine passende Beschreibung an: »Mitfühlend, sehr empfänglich, liebevoll, sentimental und romantisch.« Es hat oft den Anschein, als seien diese Personen in unserer materiellen Welt fehl am Platze. Tatsächlich müssen sie darauf achten, daß sie sich nicht »durch das Leben träumen, sondern es wirklich leben«.

Trotz der Mitherrschaft von Jupiter bei diesem Aszendenten-Zeichen verlieren sich einige der Betreffenden in Selbstmitleid oder lassen es zu, daß unbestimmte Ängste das Leben dominieren (was womöglich auf den Mitregenten Neptun zurückgeht). Diese Menschen stellen ihr Licht unter den Scheffel. Sie zeigen nicht, wozu sie imstande sind, und machen von ihren großen angeborenen Fähigkeiten keinen Gebrauch. Ich finde es interessant, daß dieses astrologische Symbol im Mittelalter häufig mit einer Schnur dargestellt wurde, die von Mund zu Mund verlief. Nach einer

Legende verhält es sich so, daß ein Fisch tot ist und der andere nur von ihm freikommt, wenn er sich von ihm gewaltsam losreißt. *Sich von der Vergangenheit freimachen* war für Dane Rudhyar (Schütze-Aszendent) ein Schlüsselwort für die 12.-Haus-Phase eines jeden Zyklus, ob es dabei nun um die Tierkreiszeichen oder die Häuser des Horoskops geht. Das erfordert Vertrauen (Jupiter) und Mut. Der Psychologe Rollo May schrieb, daß »Mut die Kraft ist, das Bekannte und Sichere aufzugeben.« Wer die Fische als aufsteigendes Zeichen hat, neigt mehr als die Menschen mit Schütze-Aszendenten dazu, sich Sorgen zu machen. Hier paßt eines meiner liebsten Zitate – es läßt sich gut auf die negative geistige Einstellung anwenden, die sehr vielen Menschen und insbesondere jenen zu schaffen macht, die Quadrate oder Oppositionen zwischen veränderlichen Zeichen aufweisen. Sardar Bahadur Jagat Singh, ein Professor der Chemie, der in hohem Alter noch zu einem großen spirituellen Lehrer wurde, hat geschrieben:

> Haben Ängste je dabei geholfen, Probleme zu lösen? Ängste entstehen aus einer Konfusion des Denkens. Bemühe dich, immer klar zu denken, und lache deine Sorgen und Probleme weg. Selbst der Teufel kann niemandem etwas tun, der lacht. Kostet ein Lachen etwas? Es ist genauso leicht zu lachen, wie sich Sorgen zu machen oder sich zu ärgern. Es kostet nur eine kleine Anstrengung, damit anzufangen. Nach einer Zeit wird es dann zu einer Gewohnheit. *Sardar Bahadur Jagat Singh*

Bei der Suche nach bekannten Persönlichkeiten mit einem Fische-Aszendenten sprang mir eine Tatsache ins Auge, die auf die meisten dieser Fälle zuzutreffen scheint: Oft setzen sich diese Menschen durch ihr Verhalten selbst in die zweite Reihe, mit einem ziemlich zurückhaltenden Verhalten, was sie außerordentlich beliebt macht. Es sind hier so unterschiedliche Personen wie der Senator und Präsidentschaftskandidat Walter Mondale anzuführen, der Baseball-Spieler und »Philosoph« Yogi Berra, die Tänzerin Gwen Verdon, der Komiker Richard Pryor und die olympische Goldmedaillengewinnerin im Eiskunstlauf Dorothy Hamill – sie alle haben einen Fische-Aszendenten. Neben Mondale wären der Senator Robert Byrd und der ehemalige deutsche Bundeskanzler

Konrad Adenauer weitere Politiker von hohem gesellschaftlichem Einfluß. Außerdem finden wir hier Schauspieler wie Robert Redford (der Filme gedreht hat, die das gesellschaftliche Bewußtsein schärften), Robert Duvall (der in vielen kontrovers diskutierten Filmen mitwirkte) sowie David Carradine, dessen berühmteste Rolle – in *Kung Fu* – dazu beitrug, die fernöstliche Philosophie und die fernöstlichen Kampfkünste bekanntzumachen. Es gibt hier viele Bühnen- und Fernsehstars, zum Beispiel Carol Burnett und Raquel Welch, was auch logisch erscheint, da Neptun der Überlieferung nach über die Welt des Films herrscht.

7. Jupiter-Aspekte im Geburtshoroskop

Ich bin ein Christ, ein Quäker, ein Moslem, ein Buddhist, ein Schintoist, ein Konfuzianer und vielleicht ein katholischer Pantheist und eine Jeanne D'Arc, die Stimmen hört – ich bin all dies und mehr.

Carl Sandburg
(geboren mit Jupiter und Sonne auf dem gleichen Grad)

Da ich mich schon in anderen Büchern ausführlich mit der Theorie der Aspekte auseinandergesetzt habe (siehe hier insbesondere Kapitel 6 in *Astrologie, Karma und Transformation*), will ich mich in diesem Kapitel auf einige allgemeine Beobachtungen beschränken, die speziell für Jupiter-Aspekte gelten, und dann systematisch die verschiedenen Jupiter/Planeten-Verbindungen mit Interpretationsrichtlinien abhandeln. Diese Richtlinien sind dazu gedacht, die jedem Aspekt zugrundeliegenden Prinzipien zu erkennen und diese Prinzipien selbständig auf die Lebenssituationen der betreffenden Menschen übertragen zu lernen. Deshalb unterscheide ich im folgenden bei den Jupiter-Aspekten zu den anderen Planeten nicht zwischen herausfordernden und harmonischen Winkelbeziehungen. Diese planetarischen Wechselwirkungen (oder »Verschmelzungen« von Energien) als »gut« oder »schlecht«, als »einfach« oder »schwierig« zu bezeichnen, stellt eine zu starre Einteilung dar. Wie dem auch sein mag – an den Früchten sollen wir erkennen, wie es um den Baum bestellt ist, um es einmal mit der Bibel zu umschreiben. Die Anzahl der berühmten Persönlichkeiten, die in diesem Kapitel angeführt werden, ist ein überzeugender Beweis des kreativen Potentials, das mit »spannungsreichen« Aspekten einhergeht – ebenso für jene, die als »fließend« oder »harmonisch« bezeichnet werden. Es soll auch nicht vergessen werden zu erwähnen, daß »einfache« Jupiter-Aspekte manchmal für Verschwendung oder Trägheit geneigt machen oder den Menschen glauben lassen, daß sich alles zum

Guten wenden wird (wenn nicht andere energetisierende Faktoren im Horoskop, zum Beispiel »spannungsreiche« Aspekte, vorhanden sind).

Das folgende Zitat aus einem meiner Bücher summiert den Einfluß, der ganz allgemein mit Jupiter-Aspekten verbunden ist:

> Jeder Aspekt, an dem Jupiter beteiligt ist, bedeutet eine Prüfung, weil dieser alles, womit er in Beziehung steht, zur Entfaltung bringt. Jupiter zeigt im allgemeinen, wo der Mensch versucht, Dinge zu verbessern und möglichst zu perfektionieren, und in welchen Lebensbereichen die entsprechenden Energien – wahrscheinlich auf einer sehr hohen Ebene – zum Ausdruck kommen. Die mit Jupiter einhergehende Expansion und sein alles durchdringender Optimismus können jedoch auch dazu führen, daß sich die Person in den mit ihm in Beziehung stehenden Bereichen (durch Aspekte, Zeichen und Häuser angezeigt) zu sehr engagiert und das rechte Maß verliert. Im Idealfall aber werden joviale Großzügigkeit, positive Einstellung und Toleranz bezüglich der Weltanschauung den Lebensbereichen, die von Jupiters strahlender Energie versorgt werden, eine Aura von Glanz und Vornehmheit verleihen.
>
> Stephen Arroyo: *Handbuch der Horoskop-Deutung*

Jeder Planet in einem engen Aspekt zu Jupiter ist durch den Impuls und die Energie geprägt, neue Erfahrungen zu suchen und die Bandbreite des Ausdrucks auszuweiten, auch wenn das mit substantiellen Risiken verbunden sein sollte. Welche Dimension der Erfahrung davon auch betroffen ist, hier handelt es sich um den Bereich, wo wir Tore öffnen und durchschreiten müssen, vielleicht mit Vorsicht, auf jeden Fall aber mit Mut. Wir sind aufgefordert, den Geschehnissen im hellen Tageslicht des umfassenderen Verständnisses mit Tapferkeit entgegenzutreten. Viele Autoren haben Jupiter mit »Gelegenheiten« gleichgesetzt, was im allgemeinen auch in Ordnung ist. Bei vielen Gelegenheiten aber – ob nun durch herausfordernde oder durch harmonische Aspekte angezeigt – sind Anstrengungen nötig, damit sich etwas Konkretes ergibt. Grant Lewi fügt unserem Verständnis von Jupiter eine weitere Facette zu, wenn er sagt, daß es uns besonders dann leichtfällt, die betreffenden Energien nutzbringend einzusetzen, wenn sich noch andere Planeten im Jupiter-Zeichen oder im Aspekt zu Jupiter befinden. Das kann auch bei herausfordernden Aspekten gelten, allerdings ist bei diesen deutlich mehr Anstrengung nötig.

Es hat etwas Folgerichtiges, daß der größte Planet (und die Hauptgottheit in verschiedenen Mythologien) von anderen Planeten oftmals nur wenig beeinflußt zu sein scheint. Es ist, als ob Jupiter zu den kleinen Planeten Distanz wahrt; er absorbiert sie eher in sein Energiefeld, als daß er sich an das Energiefeld der anderen anpaßt; er expandiert und verstärkt alles, womit er in Kontakt kommt. Nur Saturn scheint ihn maßgeblich beeinflussen zu können. Aber auch hier ist es so, daß Jupiter immer noch die saturnischen Zwänge und Ambitionen auf seine Weise färbt.

Eigentlich bin ich ein entschiedener Verfechter von kleinen Orben bei der Interpretation von Aspekten, bei Jupiter muß man jedoch wegen seines enormen Einflußbereichs Zugeständnisse machen. Befindet sich Jupiter im Sonnen-, Mond- oder Aszendenten-Zeichen, manifestiert sich die optimistische Jupiter-Energie auch dann deutlich im Wesen und in der Psyche des Betreffenden, wenn es sich nicht um eine genaue Konjunktion handelt.

Es gibt einige allgemeine Bemerkungen, die man zur Persönlichkeit und zur Einstellung von Menschen mit starken Jupiter-Aspekten machen kann. Der Bequemlichkeit und der Klarheit halber können wir den positiven dem negativen Ausdruck dieser Planetenenergie gegenüberstellen, wobei wir allerdings nicht in den Fehler verfallen sollten zu glauben, daß der positive Ausdruck mit den harmonischen Aspekten einhergeht und die weniger konstruktiven Ausdrucksformen unvermeidliche Begleiterscheinungen der spannungsreichen und herausfordernden Aspekte sind. Man muß in aller Aufrichtigkeit anerkennen, daß ein solcher Zusammenhang bestehen *kann* – in keiner Weise aber dürfen wir dies als zwingende Interpretationsregel ansehen. Es handelt sich hier um eine Tendenz, die in Übereinstimmung mit dem Horoskop in seiner Gesamtheit, den persönlichen Erfahrungen und der Bewußtseinsebene des Betreffenden gesehen werden muß.

Charles Carter erwähnt in *Some Principles of Horoskopic Delineation*, daß die »Aktivität des Planeten (Jupiter), wenn dieser gut gestellt ist, ein geordnetes und gesundes Wachstum begünstigt.« Er fährt damit fort, daß sich der positive Ausdruck in Menschen manifestieren kann, die mehr Glück als die meisten anderen haben, was besonders dann zutrifft, wenn sie sich durch Bescheidenheit und gesunden Menschenverstand auszeichnen. Ansonsten, schreibt Carter, besteht die Gefahr, des Guten zuviel zu tun. Jupiter kann in seiner positiven Auswirkung einen gesunden Optimismus und viel Vitalität anzeigen, der negative Ausdruck bezieht sich auf übertriebene Zuversicht, ein schlechtes Urteilsvermögen und vielleicht auf einen überschäumenden oder zusammenhanglosen Einsatz von Energie. Großzügigkeit ist zunächst einmal positiv; sie kann aber letztendlich zur Extravaganz werden oder dazu führen, daß man mehr verspricht, als man halten kann. Idealismus kann zu einer voreingenommenen Rechthaberei führen, Würde kann zu Egozentrik werden. Der blinde Glaube an das Leben kann dazu führen, daß man ohne eine ausreichende realistische Verankerung zum Opfer von Leichtgläubigkeit wird. Ein Übermaß an Jupiter-Energie oder eine nicht integrierte Jupiter-Prägung können bedeuten, daß der Mensch immer wieder über das Ziel hinausschießt, was zur Folge hat, daß er seine Energien in Aktivitäten steckt, die höchstens in ferner Zukunft einmal von Belang sein werden. Beispiele hierfür sind der Möchtegern-Schriftsteller, der schon Listen seiner Bücher anfertigt, noch bevor ein einziges fertig ist, oder die Person, die Hunderte von Stunden damit zubringt, Investmentfonds zu analysieren, ohne überhaupt Geld darin investieren zu können.

Chakrapani, ein Experte der vedischen Astrologie, hat ausgeführt, daß Jupiter in seinem negativen Ausdruck für ein Gefühl der Überlegenheit stehen kann, was in der Tat häufig bei Menschen beobachtet werden kann, die starke Aspekte zu Schütze-Planeten oder verschiedene Aspekte zu Jupiter haben. Dies kann sich als Arroganz, als Hohn oder als Hochmut äußern. Der lebhafte Stolz des Feuer-Elementes – wie er so oft im Zeichen Löwe zu beobachten ist – sowie der Optimismus und die Zuversicht Jupiters müssen diszipliniert und kanalisiert werden, damit sie auf andere nützlich und aufmunternd wirken können. Die vielleicht bemerkenswerteste Manifestation des negativen Jupiter-Ausdrucks ist Unwille, der aufkommt, wenn sich der Mensch in seinem Stolz und seiner Würde gekränkt fühlt. Aus einem für gewöhnlich gutmütigen und toleranten Wesen kann dann plötzlich ein überraschend heftiger Zorn hervorbrechen.

♃☉ *Jupiter/Sonne-Verbindungen*

Das Bedürfnis nach Anerkennung verbindet sich mit dem Verlangen, über das Selbst hinauszuwachsen und eins mit dem zu werden, was größer ist als das Selbst.

Der Sinn für die Individualität schließt Zuversicht und Offenheit für die Gnade ein.

Es sollte keine Überraschung sein, daß viele der berühmten Personen, die wir in diesem Buch bereits angeführt haben, einen engen Sonne/Jupiter-Aspekt aufweisen. Diese Stellung führt häufig zu Anerkennung, weltlichem Erfolg und gesellschaftlichem Vorankommen. Es ist der enorm vitale Austausch, dessen energiereichem und förderlichem Einfluß der Betreffende viel von dem verdankt, was er erreicht hat. Weiterhin ist dies der Hinweis auf eine kreative und optimistische Einstellung. Was könnte man auch anderes sein als optimistisch, wenn Sonne und Jupiter zusammenwirken? Der Wunsch, sich auf größeren Bühnen der Macht und des Einflusses zur Geltung zu bringen, ist ein weiteres Charakteristikum, ebenso die Arroganz, die mit diesen Aspekten einhergeht. Verschwendungssucht und Dünkelhaftigkeit können, aber müssen nicht damit verbunden sein. Um das zu belegen, sei auf den notorischen Geizhals John D. Rockefeller hingewiesen. Er gründete eine Vielzahl von großen Wohltätigkeitsorganisationen, um sich und seiner Familie Steuerausgaben zu ersparen.

Menschen mit einer Jupiter/Sonne-Verbindung verbreiten oftmals eine würdevolle Aura um sich. In einigen Fällen ist diese tatsächlich real – wie bei George Washington (Quinkunx), Paramahansa Yogananda (Quadrat), dem Dalai Lama (Trigon) und der Heiligen Teresa von Avila (Sextil). In anderen Fällen besteht der

Anspruch, als würdevoll zu gelten, auch wenn er auf falschem Schein beruht – wie bei Francisco Franco (Trigon) oder Ronald Reagan (Quadrat). Ich kann nicht verhehlen, daß sich die Sonne/ Jupiter-Beziehungen in unangenehmer oder gar in protziger Weise manifestieren können. Im schlimmsten Fall geht mit ihnen das alles beherrschende Verlangen nach Selbsterhöhung einher. Ich habe sogar das seltenste aller Wesen gesehen: eine arrogante Jungfrau (bei ihr stand auch Jupiter in ihrem Sonnenzeichen, der Jungfrau).

Natürlich gehen auch Ruhm und das Schicksal, zu einem Idol zu werden, häufig mit der Geburt unter diesen Aspekten einher. Elvis Presley (Quadrat), Bob Dylan (Konjunktion), Mick Jagger (Konjunktion) und Marlon Brando (Trigon) haben alle enge Sonne/Jupiter-Aspekte im Horoskop. So verhält es sich auch bei herausragenden kreativen Persönlichkeiten wie Leonardo da Vinci (Sextil), W. B. Yeats (Opposition), Joseph Campbell (Konjunktion), T. S. Eliot (Sextil) und Herman Melville (Opposition). Auch das Showgeschäft kann die Bühne des Selbstausdrucks für Menschen sein, die mit dieser Kombination geboren sind, zum Beispiel der Filmproduzent David Selznick (Quadrat), die Schauspieler Gregory Peck (Konjunktion) und Vivien Leigh (Sextil) und die Sänger Harry Belafonte (Konjunktion) und Richie Valens (Konjunktion).

♃☽ Jupiter/Mond-Verbindungen

Sehr empfänglich für die Verbindung mit einer größeren Ordnung, für das Hinausgehen über das Selbst. Tolerant gegenüber dem *Verhalten* anderer, nicht unbedingt gegenüber ihren Ideen (weil zu sehr in der eigenen Subjektivität befangen).

Eine unbewußte Neigung zur optimistischen Expansion und zu enthusiastischen gefühlsmäßigen Reaktionen.

Mit diesen Aspekten ist eine Tendenz zu Großzügigkeit, Popularität und Glück in vielen Lebensbereichen verbunden. Im allgemeinen gehen mit ihnen, wie Reinhold Ebertin feststellte, »soziale Erfolge und die Durchführung großzügiger Unternehmungen« einher. Der Mensch hat das Gefühl, »daß alles besser werden wird«, was es ihm ermöglicht, das Auf und Ab des Lebens leichter zu verkraften. Es ist der innere Glaube, der nicht von orthodoxer Art sein muß, sondern die verschiedensten Formen annehmen kann. Zum Beispiel hat Joseph Campbell (Trigon) in seinen Schriften über Mythen gezeigt, daß die Wahrheiten der universalen Religionen auch heute noch, in unserer modernen Zeit, sehr vital sind.

Bei dieser Gruppe von Menschen könnte sich die Neigung zur Verschwendung manifestieren, allerdings auch das gezielte Bemühen, die Mittel zur Unterstützung anderer einzusetzen. Manchmal kommen dabei deutlich große Ideale zum Tragen. Ganz allgemein ist die Ansicht kennzeichnend, daß das Leben einen Sinn hat, mit der Folge, daß Personen mit einer Jupiter/Mond-Verbindung ihr Dasein mit Enthusiasmus und ganzem Herzen leben. Manchmal jedoch beschäftigen sie sich zu sehr damit, würdevoll zu wirken – was zu Eitelkeit und übermäßiger Beschäftigung mit dem Eindruck, den sie erwecken, führen kann.

Das Thema der gesellschaftlichen Verbesserungen ist bei einer Vielzahl von Menschen, die mit dieser Planeten-Verbindung geboren wurden, deutlich erkennbar. Bei Jules Verne war es die Konjunktion, bei Walter Mondale, auf den wir im Anhang näher eingehen, das Quadrat. (Einige Mitmenschen werden versucht sein zu sagen, daß er Liberalität und sozialistische Großzügigkeit im Übermaß zeigte.) Auf der anderen Seite des politischen Spektrums sehen wir Ronald Reagan, der mit einer Opposition zwischen Skorpion-Jupiter und Stier-Mond zur Welt kam. Bei Reagan scheint Jupiter für die Distanz und den Schutz verantwortlich gewesen zu sein, die ihm den Titel des »Teflon-Präsidenten« einbrachten – dabei war er eher geizig und gab kaum Geld für wohltätige Zwecke (forderte allerdings die Bürger dazu auf, dies zu tun). Robert F. Kennedy wurde mit der Konjunktion zwischen Jupiter und Mond geboren, John F. Kennedy mit dem Trigon. Beide setzten sich aktiv für eine Politik der gesellschaftlichen Reformen ein. Auch Marlon Brando (Trigon) trat aktiv für die Rechte der Ureinwohner Amerikas ein. Prinz Charles (Trigon) hat sich mehr mit gesellschaftlichen Problemen auseinandergesetzt als jeder andere seiner Vorgänger. Und Karl Marx (Trigon) war wie besessen davon, die Gesellschaft so zu ändern, daß sie angemessen für Bedürftige wurde.

Der unmittelbare Zugang zu den Gefühlen und der unmittelbare Ausdruck von Emotionen, die für diese Menschen kennzeichnend sind (insbesondere bei harmonischen Aspekten), erklären, warum eine ganze Reihe von erfolgreichen Schauspielern diese Planeten-Verbindung aufweisen. Dustin Hoffman und Jack Nicholson haben das Trigon im Horoskop, Omar Sharif und Warren Beatty das Sextil. Alle vier sind bekannt dafür, daß sie gerade bei Frauen sehr beliebt sind. Der Tenor Mario Lanza hat ebenfalls das Sextil im Horoskop, was sich durch die Kraft und die Grazie manifestierte, mit der er emotionale Nuancen in seinem Gesang zum Ausdruck brachte – von seiner weltweiten Beliebtheit beim weiblichen Geschlecht einmal ganz zu schweigen.

Entdeckungen und Erfindungen scheinen ein weiterer Aspekt der Mond/Jupiter-Verbindung zu sein, vielleicht, weil der Betreffende mit ihr intuitiv in die Zukunft blicken kann. Jules Verne, Nikolaus Kopernikus und Leonardo da Vinci wiesen allesamt die Konjunktion auf, Nikola Tesla die Opposition.

♃ ☿ *Jupiter/Merkur-Verbindungen*

Die Art der Kommunikation und des Denkens ist stark durch einen Sinn für das Umfassende, durch Expansion und Optimismus gefärbt. Ein vielseitiger, philosophischer Intellekt mit überfließender Neugier.

Muß die verschiedensten Interessen erkunden und Verbindungen zu anderen herstellen, die auf Vertrauen, einer zuversichtlichen Einstellung der Zukunft gegenüber und einem philosophischen Einklang gegründet sind.

Von dieser Planeten-Verbindung werden alle Formen des verbalen Ausdrucks und der intellektuellen Erforschung symbolisiert. Wir haben es unter dieser Überschrift mit den verschiedensten Ausdrucksformen zu tun: mit den Drehbüchern, Kurzgeschichten und Witzen von Woody Allen (Konjunktion); mit den kunstfertigen Reden und spontanen Aussprüchen von John F. Kennedy (Konjunktion); mit den umfassenden Einsichten in den Werken von Charles Carter, die von einer neuen Ebene des astrologischen Verständnisses künden (Skorpion-Jupiter im Quadrat zu Merkur und Sonne im Wassermann); mit dem philosophischen Suchen von Emerson (Quadrat) und Hesse (Opposition); mit der Dichtkunst von William Blake (Konjunktion), Tennyson (Quadrat), Rimbaud (Sextil) und Whitman (Quadrat); mit den Drehbüchern und der sprachlichen Gewalt von Orson Welles (Sextil); mit den Forschungsarbeiten von Ruskin (Konjunktion), Margaret Mead (Halbsextil) und Freud (Sextil); und mit den Erzählungen von André Gide (Opposition), Henry Miller (Sextil) und H. G. Wells (Trigon). Die verschiedenen verbalen Spielereien, die für Muhammed Ali (Trigon) und John Lennon (Opposition; daneben auch noch dessen Talent für das Songschreiben) kennzeichnend waren, sind weitere Manifestationen dieser auf Sprache und Mentales gerichteten Prägung. John Lennon ist noch in anderer Hinsicht ein gutes Beispiel für einen Charakterzug, der bei dieser Stellung häufig zu finden ist: der unbedingten Wahrheitsliebe, was in manchen Fällen dazu führt, daß die Betreffenden als sehr freimütig und vielleicht sogar taktlos verschrien sind.

Welchem Interessengebiet sich diese Menschen auch widmen, sie lassen dabei enormen Enthusiasmus erkennen und zeichnen sich durch gründliche Methodik aus. Im Idealfall führt dies dazu, daß sie auf ihrem Gebiet unbestrittene Autoritäten sind. Die Industriemagnaten J. Paul Getty und Andrew Carnegie hatten beide Jupiter im Trigon zu Merkur, was beweist, daß dieser Aspekt nicht nur für Künstler wirkungsvoll ist. Die betreffenden Menschen haben eine abenteuerlustige, aktive und optimistische Geisteshaltung; ihre Interessen sind so vielfältig, daß es in der Tat häufig zu einer der problematischeren Ausdrucksformen dieser Planeten-Verbindung kommt: zu viele Ideen oder Interessen zu verfolgen, was zur Zersplitterung der mentalen Energie führt oder dazu, daß man sich nicht auf ein Ziel konzentrieren kann. Diese mentale Spannung ist allerdings eher bei den herausfordernden Aspekten zu finden, manchmal auch bei der Konjunktion.

Alle Aspekte zwischen diesen Planeten können die Ursache von Übertreibung sein, weil mit ihnen die Neigung besteht, in bezug auf die eigenen Ideen weiter und weiter zu gehen und es dabei zu übertreiben. Geistige Unkonzentriertheit ist ein anderes Merkmal, das einigen der Betreffenden zuzuschreiben ist. Das hat seinen Grund darin, daß sie sich schnell von neuen Interessen angesprochen fühlen. Schlimmstenfalls kann diese Planeten-Verbindung für ein schlechtes Urteilsvermögen und für einen voreingenommenen oder arroganten Intellekt sprechen. Im Idealfall dagegen zeigt sich ein umfassendes Verständnis, und Ansichten und Entscheidungen werden auf philosophische, tolerante und manchmal auch inspirierte Weise zum Ausdruck gebracht. Der Mythenforscher Joseph Campbell (Konjunktion), der Mönch und außerordentlich produktive Schriftsteller Thomas Merton (Konjunktion) und die heilige Teresa von Avila (Sextil), deren erbauliche Schriften aus dem 16. Jahrhundert heute noch gelesen werden, sind Autoren, die ihren Lesern dabei halfen, einen Sinn und eine religiöse Bedeutung in ihrem Leben zu entdecken.

♃ ♀ Jupiter/Venus-Verbindungen

Liebe wird offen, großzügig und expansiv zum Ausdruck gebracht. Oftmals ist ein Sinn für Schönheit ein vorherrschender Charakterzug.

Abenteuerlust und der Wunsch nach Weiterentwicklung kennzeichnen die Herangehensweise an Beziehungen; möglicherweise ein Indiz für exzessive Sinnlichkeit und Extravaganz in Geldangelegenheiten oder im Ausdruck von Emotionen.

Bei jeder Kombination der beiden »Wohltäter« Jupiter und Venus ist ohne Einschränkung das Potential für einen ästhetischen Aus-

druck gegeben. Ein gut entwickeltes Gefühl für Harmonie, Form
und Schönheit ist diesen Menschen wichtig; sie richten ihre emotionalen Energien darauf, es in der Wirklichkeit auch tatsächlich
konkret werden zu lassen. Die schlimmsten Manifestationen hiervon sind ein vulgärer Geschmack oder Angeberei. Allerdings ist
es keineswegs so, daß sich nur die herausfordernden Aspekte auf
diese Weise bemerkbar machen. So weisen zum Beispiel alle der
folgenden Künstler ein Venus/Jupiter-Quadrat mit einem Orbis
von nicht mehr als vier Grad auf: Van Gogh, Edgar Degas (dessen
zarte Gemälde mit Ballettszenen wohl kaum als vulgär zu bezeichnen sind) und Gustave Courbet (dessen Kunst eine intensive
Einfachheit sowie die subtile Wiedergabe von Licht zeigt). Bevor
man eine negative Interpretation der Kombination der beiden
Wohltäter vornehmen darf, muß man aufmerksam darauf schau-
en, in welchen Zeichen die Planeten stehen (wobei ebenfalls die
anderen Horoskop-Faktoren gründlich zu untersuchen sind). Die
feine und vergeistigte Musik von Maurice Ravel, bei dem Jupiter
und Venus in einem fast genauen Quadrat zueinander standen und
in Verbindung mit Neptun überdies ein T-Quadrat gegeben war,
stellt ein weiteres Beispiel dieses Phänomens dar. Man könnte
vielleicht sagen, daß der Popstar Elton John (der ebenfalls dieses
Quadrat im Horoskop hat) in seinen Auftritten zu Übertreibungen neigt, wenn er die bombastischsten Kostüme trägt. Mangelndes musikalisches Talent aber kann man ihm sicherlich nicht vor-
werfen!

Bei vielen Menschen mit dieser Stellung ist eine gewisse Würde
und Vornehmheit im Erscheinen offensichtlich, auch dann, wenn
sie nichts mit den Künsten zu tun haben. Sie verfügen über ein an-
ziehendes Wesen, und man sucht ihre Nähe. Häufig ist mit der Ju-
piter/Venus-Verbindung ein mitfühlendes soziales Empfinden
verbunden, zum Beispiel bei Robert F. Kennedy (Jupiter in Konjunktion zur Venus), der in seinen letzten Jahren eine besondere
Zuneigung zu Unterprivilegierten in der amerikanischen Gesellschaft entwickelte und von ihnen sehr verehrt wurde. Arthur
Conan Doyle wies ein enges Sextil zwischen diesen Planeten auf;
er war nicht nur sehr populär, sondern bewies auch Mitgefühl in
Verbindung mit den verschiedensten humanitären und religiösen

Themen. Auf der anderen Seite war auch Mussolini für eine gewisse Zeit bei den Massen beliebt; er brachte seine Venus/Jupiter-Konjunktion offensichtlich auf pompöse und großspurige Weise zum Ausdruck. Die übertriebenen Gefühle, die er zeigte, sind oft bei Menschen mit einer Venus/Jupiter-Verbindung zu beobachten, was insbesondere dann gilt, wenn es sich um herausfordernde Aspekte handelt. Das belegt Ebertin mit dem Ausdruck »überschwengliches Gefühlsleben«. Es kann dabei auch um das nachdrückliche Bemühen um Anerkennung gehen oder um das Bestreben, von anderen Zuneigung zu erhalten, womöglich in einem unstillbaren Ausmaß. Mussolini belegt übrigens, daß mit dieser Kombination auch Eitelkeit verbunden sein kann.

Großzügigkeit sowie ein reichliches Maß an Liebenswürdigkeit – wie an finanziellen Mitteln auch – können von dieser Stellung angezeigt sein. Vieles hängt hier davon ab, in welchem Zeichen sich die Venus befindet. Robert F. Kennedy wurde in eine der reichsten Familien Amerikas hineingeboren, und Henry Ford II. war in gesellschaftlicher Hinsicht ebenfalls außerordentlich wohlhabend. In Fords Horoskop sehen wir Jupiter im Trigon zur Venus sowie ein enges Quadrat zwischen Jupiter und Sonne. Die negative Seite der Venus/Jupiter-Beziehung in Verbindung mit Wohlstand ist die Tendenz zum Geiz oder zur Verschwendung.

Die menschliche Natur zu kennen und ihr gegenüber tolerant zu sein ist in vielen Fällen kennzeichnend für diese Planetenkombination. Dies kann auf verschiedene Weise zum Ausdruck kommen, wie durch Paramahansa Yogananda (Trigon), Emerson (Quinkunx) und Goethe (Opposition) deutlich wird. Der Komponist Claude Debussy, den man wegen seiner musikalischen Schöpfungen oft mit Ravel verglich, wies einen fast ebenso exakten Venus/Jupiter-Aspekt wie dieser auf (allerdings handelte es sich bei ihm nicht um das Quadrat, sondern um ein Sextil). Puccini (Opposition) und Schubert (Sextil) hatten ebenfalls diese Verbindung im Horoskop, mit einem Orbis von weniger als drei Grad, was auch beim Meistergeiger Yehudi Menuhin (Sextil) der Fall ist, der auch in humanitären Angelegenheiten sehr großzügig ist. Auch der Pianist Van Cliburn zeichnete sich durch diese Kombination aus (Trigon). Verschiedene Dichter wie Verlaine, Tennyson (Sextil) und Baudelaire (Konjunktion) sind ein weiterer Beleg für die künstlerische Dimension dieser kosmischen Mischung.

♃ ♂ Jupiter/Mars-Verbindungen

Ein umfassendes Bedürfnis nach physischer, sexueller oder pionierhafter Anregung sowie der Drang nach abenteuerlichen Aktivitäten und Leistungen.

Wünsche und Aktivitäten sind auf Weiterentwicklung und auf umfassende, inspirierende Ziele gerichtet, die mit der Verbesserung des Lebens für andere zu tun haben (was häufig für eine Führungsrolle auf dem gewählten Feld sprechen kann).

Wenn es eine Jupiter-Kombination gibt, die es mit der Sonne/Jupiter-Beziehung in bezug auf Kreativität, Führungseigenschaften und der Lust an der Macht aufnehmen kann, dann die mit dem Planeten Mars. In allen ihren Handlungen von einem starken Willen beseelt zeichnen sich diese Menschen durch den fortwährenden Wunsch aus, den Bereich ihrer Aktivitäten und ihrer Einflußnahme auszuweiten. Sie sind physisch so rastlos, daß ständige Aktivität für sie eine unbedingte Notwendigkeit darstellt, und sie werden schnell unzufrieden, wenn sie kein Ventil für ihren ehrgeizigen Schaffensdrang finden. Dies gilt für weltliche Errungenschaften genauso wie für den sexuellen Ausdruck. Sich mit Enthusiasmus auf alle möglichen Herausforderungen zu stürzen ist bei dieser Kombination der Planetenkräfte ganz natürlich; und wenn sie sich einmal ihrer inneren Stärken bewußt geworden sind, mangelt es diesen Personen auch kaum an Selbstvertrauen. Bei kritischen Aspekten zu einem oder zu beiden dieser Planeten oder bei einer schwachen Stellung von Mars kann es eine gewisse Zeit dauern, bis der Mensch hierfür ein Bewußtsein entwickelt.

Mut ist eine ausgeprägte Begleiterscheinung dieser Konstellation, wie wir an einer Vielzahl von Fällen belegen können: Martin Luther (Konjunktion), der es mit der mächtigen römisch-katholi-

schen Kirche aufnahm, weil er sich von den vielen Abweichungen
von den Idealen der Lehren Jesu abgestoßen fühlte; Amelia
Earhart (Konjunktion) und John Glenn (Sextil), deren Leben
Ausdruck von mutigen Pioniertaten war; der Anti-Kriegs-Akti-
vist Philip Berrigan (Sextil), der sich als Priester der Politik seiner
Regierung wie auch den Anordnungen der katholischen Kirche
widersetzte; sein Bruder Daniel Berrigan (Quadrat), der zusammen mit Philip wegen seiner Anti-Kriegs-Kampagnen vor
Gericht gestellt wurde; Upton Sinclair (Trigon), dessen Reformvorschläge die Literatur und die Gesellschaft tiefgreifend beein-
flußten; der Wissenschaftler Rachel Carson (Opposition), dessen
Buch *Der stumme Frühling* zu einer markanten Veränderung im
Gebrauch von Pestiziden führte; Sigmund Freud (Opposition),
der es wagte, das Schweigen über die wichtige Rolle der Sexualität
im menschlichen Leben zu brechen; Konrad Adenauer (Trigon),
auf dessen Leistungen detailliert im Anhang eingegangen wird;
und zwei Sportgrößen – der Baseballspieler Jackie Robinson
(Trigon) und der Tennis-Champion Arthur Ashe (Quadrat), die
beide in ihrer Sportart gegen die Rassenschranken vorgingen und
sich durch exzellente Leistungen hervortaten. Robinson und Ashe
sind auch gute Belege dafür, daß sich Mars/Jupiter-Aspekte wett-
bewerbsorientiert auswirken können.

Der Astrologe Charles Carter hatte einen Skorpion-Jupiter im
Trigon zum Fische-Mars; seine Arbeit spiegelt nicht nur das Ergebnis vielfältiger Forschungen und den Mut wider, viele der
nichtssagenden altmodischen astrologischen Traditionen zu ver-
werfen – sie ist darüber hinaus ein Beleg dafür, wie intuitiv Menschen mit dieser Planeten-Verbindung sein können. Die auf die
Zukunft gerichtete Abenteuerlust erwächst aus einem Sinn dafür,
wohin die Trends der Gegenwart führen könnten. Auch das kann
als ein Grund gesehen werden, warum diese Personen so oft ihre
weitgesteckten Ziele tatsächlich verwirklichen. Es ist bestimmt
kein Zufall, daß in der folgenden Reihe von wohlhabenden und
mächtigen Männern alle mit dieser Planeten-Verbindung geboren
wurden: J. P. Morgan (Jupiter in Konjunktion zu Mars im Löwen,
im Quadrat zu Saturn); Walt Disney (Mars, Jupiter und Saturn in
Konjunktion zueinander im Steinbock); Howard Hughes (Jupiter

im Stier im Quadrat zu einer Mars/Saturn-Konjunktion im Wassermann); John D. Rockefeller (Jupiter in Konjunktion zu Mars in
der Waage, im Sextil zu Saturn); Joseph P. Kennedy, Vater von
John F. und Richard F. Kennedy (Jupiter in Konjunktion zu Mars
im Skorpion, im Sextil zur Venus); und John F. Kennedy (Jupiter
in Konjunktion zu Mars und Merkur im Stier, im Quadrat zu
Uranus). Die Mars/Jupiter-Verbindung kann aber auch in Form
von intellektuellen Führungseigenschaften in Erscheinung treten,
wie es bei Bertrand Russell (Sextil), C. G. Jung (Sextil) und Margaret Mead (Konjunktion) zu beobachten war. Auch religiöse
Führungsrollen können damit angezeigt sein, wie wir am Leben
der heiligen Teresa von Avila erkennen können (Konjunktion), die
einen neuen Nonnenorden schuf und in Spanien 16 Klöster gründete.

Wir sollten uns also darüber im klaren sein, daß Menschen mit
dieser Planetenkombination in den verschiedensten Lebensbereichen außerordentlich viel vollbringen können. Selbst auf dem Gebiet der Kunst trifft das zu, wo man doch denken könnte, daß der
etwas rauhe und selbstgewisse Mars/Jupiter-Kontakt fehl am
Platz ist. Aber auch hier können die Energie, die Antriebskraft
und die Hartnäckigkeit, die mit dieser Verbindung einhergehen,
zu großen Leistungen führen. Zeugnis davon legen zum Beispiel
ab: Shelley (Konjunktion, unter Beteiligung von Neptun); Toulouse-Lautrec und Mario Lanza (beide Opposition); Proust, van
Gogh, Seurat und Carl Sandburg (alle mit dem Quadrat); Raphael,
Menuhin, Henry Miller und Gregory Peck (alle mit dem Trigon).
Wir können die große Anzahl dieser Fälle als Beweis dafür nehmen, daß der Satz, den Reinhold Ebertin für dieses Prinzip gewählt hat, genau zutrifft: »Erfolgreiches Schaffen.« Es kann sich
zwar auch als Ungeduld, Widerspruchsgeist und als Tendenz,
über das Ziel hinauszuschießen, äußern – in disziplinierter Form
aber steht diese Energie für große Talente und für kreative Fähigkeiten, die einen starken Willen mit einer umfassenden Vision
erfüllen. Das kann zu einer Unternehmungslust führen, die es in
aller Entschiedenheit mit den Hindernissen des Lebens aufnimmt,
um ihre Ziele zu verwirklichen.

Jupiter-Aspekte zu Saturn, Uranus, Neptun und Pluto: Diese Kontakte müssen in Hinblick darauf interpretiert werden, wie sie mit den persönlicheren Faktoren des Horoskops verbunden sind. Ihre isolierte Interpretation führt oft in die Irre.

♃ ♄ Jupiter/Saturn-Verbindungen

(Insbesondere dann wichtig, wenn Jupiter oder Saturn über ein Zeichen herrschen, das im Horoskop betont ist.)

Das Verlangen nach einer umfassenderen Ordnung wird auf erdverbundene Weise zum Ausdruck gebracht und stabilisiert. Ein expansiver Ehrgeiz.

Der Wunsch nach ständiger Weiterentwicklung geht einher mit dem Bedürfnis, bestehende Strukturen zu bewahren.

Wie sich diese Energien auswirken, hängt maßgeblich davon ab, ob Saturn oder Jupiter im Horoskop stärker gestellt ist. Die *herausfordernden* Aspekte zwischen Jupiter und Saturn machen es dem Menschen manchmal schwer, an seinen langfristigen Zielen und Vorstellungen zu arbeiten. Während sich die Konjunktion eher harmonisch auswirkt und zielgerichtete Ambitionen fördert, gehen die dynamischen Aspekte oftmals mit einem tiefverwurzelten Gefühl einher, zu wenig Arbeit, Geld oder Gelegenheiten zu haben – oder vielleicht auch mit der Erkenntnis, daß man sich übernommen hat und sich nun mit zu vielen Dingen auseinandersetzen muß. Ob nun das Gefühl vorwiegt, daß man zuviel oder zuwenig hat – in jedem Fall ist Frustration die Folge. Es besteht mit dieser Verbindung immer die Notwendigkeit, den aktuellen Aufgaben mit Augenmaß zu begegnen.

Zu Beginn muß ich darauf hinweisen, daß mir die Versuche vieler Autoren, diese Verbindung zu beschreiben, sinnlos vorkommen. Die vielleicht am meisten in die Irre führende – und verblüffendste – Phrase, die für die herausfordernden Aspekte

zwischen Jupiter und Saturn benutzt wird, stammt von Marc
Jones, der sie als Beleg für »die letzte Chance des Lebens« nimmt.
Es handelt sich hier um eine dubiose Behauptung, die unglücklicherweise von vielen Autoren aufgenommen wurde. Ich frage
mich, welcher Autorität Herr Jones diese Behauptung verdankt.
Sogar Charles Carter, der sonst vorsichtiger und vertrauenswür-
diger in seinen Aussagen ist, behandelt die »unharmonischen«
Aspekte zwischen Jupiter und Saturn auf eine unangemessen
negative Art und schreibt, daß sie sich kaum in weltlicher Sicht
positiv auswirken. Und doch führt er unmittelbar danach Bei-
spielfälle für diese vermeintlich unharmonische Verbindung an,
die so erfolgreichen Menschen wie Thomas A. Edison (Quadrat),
Robert Louis Stevenson (Quadrat), George Bernard Shaw (Quadrat) und George Washington (Opposition) umfassen. Ich könnte
dieser Liste noch Woody Allen, Konrad Adenauer, Sidney Poitier,
Sigmund Freud, Gregory Peck und den Richter Hugo Black zu-
fügen, die allesamt den Quadrat-Aspekt aufweisen, sowie Jacques
Cousteau (Quinkunx).

Auch die Konjunktion dieser Planeten wurde mit einer Fülle
von negativen Kommentaren bedacht. Diese machtvolle Verbindung von fundamentalen Energien wird oft genug nicht richtig
verstanden. Isabel Hickey konstatiert zum Beispiel, daß sie auf ein
leichtes Leben schließen läßt! Das hätte man den zwei jungen Bur-
schen aus Liverpools Arbeiterklasse namens John Lennon und
(Ringo) Starkey erzählen sollen. John Lennon hatte nicht gerade
das, was man ein heiles und stabiles Zuhause zu nennen pflegt,
und Ringo mußte schon in sehr jungen Jahren die Schule verlassen
und zu arbeiten beginnen. Ein Mann, der mir persönlich bekannt
ist, wuchs als jüngstes von neun Geschwistern in einer armen
Familie in den Südstaaten auf; sein Vater starb, als er sieben Jahre
war. Aufgrund harter Arbeit gründete dieser Mann zu dem Zeitpunkt, als Saturn im Transit über die Konjunktion lief, seine eigene Firma, wodurch er schließlich innerhalb von 20 Jahren zum
Multimillionär wurde (und zwar zu einem glücklichen!). Galileo
Galilei hatte ebenfalls diese Konjunktion in seinem Horoskop; er
mußte sich über lange Zeit hinweg mit den kleinkarierten Autoritäten seiner Zeit auseinandersetzen. Charles Carters Bemerkun-

gen zur Konjunktion sind viel genauer als die zu den unharmonischen Aspekten zwischen diesen beiden Planeten. Er schreibt: »Ein Anzeichen dafür, daß durch harte Arbeit große Ziele verwirklicht werden können. Begünstigt die Konzentration und vollständige Ausrichtung auf ein Ziel; weist auf unerschöpfliche Ausdauer hin.«

Andererseits ist es nicht so, daß die Opposition einen weltlichen Erfolg verhindern würde, was durch J. Paul Getty, Bertrand Russell und Maria Montessori hinlänglich bewiesen ist. Meiner Ansicht nach kommt es beim systematischen und beharrlichen Arbeiten am weltlichen Erfolg darauf an, daß im Bewußtsein des Menschen ein harmonisches Verhältnis zwischen Jupiter und Saturn gegeben ist (darauf bin ich bereits in Kapitel 2 eingegangen). Die herausfordernderen Aspekte können den Menschen vor die Aufgabe stellen, der Entwicklung dieser Ausgewogenheit viel Aufmerksamkeit zu widmen, um in den verschiedenen Lebensbereichen Erfolg zu haben. Die Lektionen, die damit verbunden sind, können Frustrationen und Rückschläge beinhalten – grundsätzlich gilt, daß sie zu bewältigen sind. Bei Menschen mit einer harmonischen Verbindung zwischen Jupiter und Saturn ist diese Balance zweifellos schon von Natur aus ziemlich weit entwickelt und kommt reibungsloser zum Ausdruck. Zugegebenermaßen würde ich, wenn ich es mir aussuchen dürfte, mit welchem Jupiter/Saturn-Aspekt ich zur Welt kommen möchte, mich für das Trigon oder das Sextil entscheiden. Mir ist aber kein Grund bekannt, warum man die anderen Aspekte zwischen diesen mächtigen Planeten herabsetzen sollte. Bei den herausfordernden Aspekten kommt es lediglich darauf an zu lernen, mit einer neuen Einstellung zu leben, was für gewöhnlich heißt, mehr Zuversicht und Geduld zum Ausdruck zu bringen.

Wenn im Horoskop Saturn stärker gestellt ist, könnte man sich selbst durch Ängste, unangemessene Annahmen oder durch negative Einstellungen eingeschränkt sehen. Vielleicht weigert man sich, hart zu arbeiten oder anzuerkennen, daß herausfordernde Jupiter/Saturn-Aspekte ein gewisses Maß an Selbstverleugnung fordern. Man muß sich über seine langfristigen Pläne und Prioritäten klar werden. Wenn Jupiter stärker ist, könnten dessen

hochfliegenden Träume zu überschäumenden Handlungen motivieren oder zu Experimenten führen, die durch die Umsicht und
die praktischen Fähigkeiten Saturns nicht unterstützt werden.
Hier wären also unter Umständen mehr Forschungsarbeit und
eine realistischere Herangehensweise nötig, um zu einer Grundlage zu kommen, die die Realisierung der persönlichen Ideale und
Hoffnungen möglich macht.

Für viele Menschen mit einem herausfordernden Aspekt zwischen Jupiter und Saturn ist ein Mangel an Selbstvertrauen kennzeichnend; es hat den Anschein, daß sie meinen, sich das Wohlbefinden und die Expansivität Jupiters erst verdienen zu müssen.
Und oftmals tun sie das, indem sie Arbeiten und Pflichten übernehmen, die viele Risiken und die Gefahr des Scheiterns in sich
bergen. Es kommt für sie darauf an, weniger pessimistisch zu werden und die Tendenz zu negativen Gedanken und Selbstzweifeln
abzulegen. Die Entwicklung eines religiösen Glaubens oder einer
umfassenden Philosophie kann bei der Ausbildung der inneren
Stärke helfen. Ich bin der Ansicht, daß Ebertin diese Verbindung
richtig zusammenfaßt, wenn er ihr wesentliches Prinzip wie folgt
beschreibt: »Geduld (durch Ausdauer zum Erfolg).«

♃♅ Jupiter/Uranus-Verbindungen

(Insbesondere dann wichtig, wenn Jupiter oder Uranus über ein
Zeichen herrschen, das im Horoskop betont ist.)

Zuversicht und große Pläne für die Zukunft werden auf individualistische und unkonventionelle Weise stimuliert und zum
Ausdruck gebracht.

Das Bedürfnis nach Veränderung, Experimenten und Anregung ist expansiv und macht sich bei allem bemerkbar.

Originalität, Kreativität sowie ein ausgeprägtes Interesse an Politik und sozialen Veränderungen kann von diesen Aspekten angezeigt sein, allerdings hängt viel davon ab, wie sie mit dem Horo-

skop in seiner Gesamtheit und speziell mit dessen persönlichen Faktoren verknüpft sind. Mit dieser Stellung kann ein rebellischer Geist einhergehen, was sich aber beim Trigon und beim Sextil sanfter als ein gesundes Bestreben nach persönlicher Ausdrucksfreiheit äußert. Wissenschaftlicher Forschungsgeist kann damit verbunden sein wie auch ein besonderes Interesse an neuem Wissen in jeder Hinsicht, was sich insbesondere auf solche Entdeckungen und neue Arten des Denkens bezieht, die radikal von der Tradition abweichen. Albert Einstein zum Beispiel wies diese Planeten-Verbindung in seinem Horoskop auf.

Dies ist eine intuitive Kombination, die für plötzliche Erkenntnisse spricht, welche unmittelbares Wissen und Verständnis verleihen, ohne daß der Mensch dabei systematisch-logisch vorgehen muß, um zu Schlußfolgerungen zu gelangen. Natürlich stehen diese intuitiven Erkenntnisse nicht immer in vollständiger Übereinstimmung mit der Realität. Uranus ist schließlich sprunghaft, und Jupiter ist bekanntermaßen für Verallgemeinerungen und die Ignorierung von unliebsamen Details anfällig. Mit dieser Planeten-Verbindung kann der Mensch in vehementer Form für eine Sache Stellung beziehen; außerdem ist sie der Grund für eine häufige, sehr ausgeprägte Freiheitsliebe. Wir können das auch an Washingtons Horoskop ablesen, in dem Jupiter und Uranus in einer harmonischen Beziehung zueinander stehen, und wir können es in Montessoris Erziehungstheorien erkennen (Jupiter steht bei ihr im Halbsextil zu einer Mars/Uranus-Konjunktion). In Fidel Castros Horoskop sehen wir den machtvollen Drang nach Freiheit und nach Revolution, allerdings bekam das kubanische Volk unter seiner Herrschaft nicht die Freiheit, die er selbst für sich beanspruchte. Castros Horoskop weist ein großes Trigon im Element Feuer auf: Jupiter steht in einer genauen Konjunktion mit Uranus im Widder (seine eigenen Regeln machen). Diese Konjunktion wiederum steht im Trigon zum Löwe-Merkur und Schütze-Saturn.

Bei vielen gesellschaftlichen Reformen ist diese Planeten-Verbindung zu sehen, bei Franklin D. Roosevelt zum Beispiel ein enges Trigon, bei John F. Kennedy das Quadrat, bei Prinz Charles die Opposition. Wie Richard Tarnass in seinem bahnbrechenden

Buch über Uranus ausführt, sind Menschen mit der Jupiter/Uranus-Verbindung oft auf die kulturellen, gesellschaftlichen oder wissenschaftlichen Umschwünge ihrer Zeit eingestimmt. Ein Mann, der in seinem ganzen langen Leben die verschiedensten Spielarten von Veränderungen zum Ausdruck brachte, ist Bertrand Russell (er wurde mit einer engen Jupiter/Uranus-Konjunktion im Krebs im 9. Haus geboren; seine Geburtsdaten: 18. Mai 1872, Trelleck/Wales, 17 Uhr 45). Diese Konjunktion stand in einem engen Sextil zu seiner Sonne/Mars-Konjunktion im Stier im 7. Haus, das mit sozialer Bewußtheit in Verbindung steht. Russells aktives Leben zeigt über 90 Jahre bedeutende Leistungen auf mathematischem, philosophischem und erzieherischem Gebiet; er machte ferner durch gesellschaftliche Kommentare, durch Anti-Kriegs-Aktivitäten sowie durch die kühne Infragestellung der traditionellen Normen von Familie, Ehe und Sexualität von sich reden. Die meiste Zeit seines Lebens war er damit beschäftigt, für etwas zu kämpfen. Was ihn auszeichnete, war ein intuitives Wissen um das Bedürfnis der anderen Menschen nach freiem Selbstausdruck. Während des Ersten Weltkrieges verlor er seine Anstellung als Universitätslehrer, weil er sich das Recht genommen hatte, die Beobachtungen, die sein Gewissen aufrührten, freimütig zur Sprache zu bringen. Er traf immer auf Widerstand, und seine internationalen Vortragsreisen und seine über 40 Bücher führten 1950 dazu, daß er den Nobelpreis für Literatur erhielt, womit sein entschiedenes Eintreten für die humanitären Rechte und die Freiheit der Gedanken geehrt wurde. Dies ist eine passende Beschreibung der Energiemischung von Jupiter und Uranus.

Henry Ford, der auch politisch sehr aktiv war und mit verschiedenen revolutionären Modellen zur Bezahlung seiner Arbeiter experimentierte – und außerdem durch eine neue Art der Massenproduktion auch dem kleinen Mann die Möglichkeit eröffnete, ein Automobil zu erwerben –, hatte im Horoskop diese beiden Planeten im Trigon zueinander. Der Astrologie-Schriftsteller Grant Lewi, der einen beträchtlichen Beitrag dazu leistete, den Massen mit seinen Büchern *Astrology for the Millions* und *Heaven knows What* eine intelligente, praktisch anwendbare

Astrologie darzulegen, wurde mit einem Wassermann-Jupiter geboren, der im Sextil zu Uranus steht – sozusagen ein doppelter Jupiter/Uranus. Und der Autor des *Kleinen Prinzen*, Antoine de Saint-Exupéry, brachte seine Jupiter/Uranus-Konjunktion im Schützen nicht nur durch seine berühmten bildhaften Geschichten, sondern auch in einer Vielzahl von Schriften über das Fliegen zum Ausdruck, von seinen Abenteuern in fernen Ländern und der Kriegsmission, die schließlich zu seinem Tode führte, einmal ganz zu schweigen. Er wird von berufener Seite als maßgeblich in der sich entwickelnden Literatur über das Fliegen betrachtet.

♃ ♆ *Jupiter/Neptun-Verbindungen*

(Insbesondere dann wichtig, wenn Jupiter oder Neptun über ein Zeichen herrschen, das im Horoskop betont ist.)

> Ein alles durchdringendes Bedürfnis, Einheit mit etwas zu erfahren, das größer ist als das eigene individuelle Selbst und die nichtigen persönlichen Belange.
>
> Glaubt an die Realität unbeweisbarer Erfahrungen, was zu einer überaktiven Phantasie, der fortwährenden Sehnsucht zu fliehen oder zu dem Gefühl einer bedeutungsvollen Inspiration beitragen kann.

Es ist schwierig, Genaueres über die potentiellen Auswirkungen dieser Planeten-Verbindung zu sagen, als aus den oben angeführten Richtlinien hervorgeht. Menschen haben die Inspiration und psychische Empfänglichkeit, die damit verbunden ist, auf sehr unterschiedliche Art zum Ausdruck gebracht. Natürlich ist das Ergebnis der Kombination der zwei idealistischsten Planeten ein hochfliegender Idealismus, ein umfassendes Gefühl für unbegrenzte Möglichkeiten, die das Leben bieten kann. Dies kann den Menschen zu einem praktischen Idealisten machen, wie es bei Churchill (Opposition), Bertrand Russell (Quadrat) oder Albert Schweitzer (Opposition) der Fall war, oder zu einem idealistischen oder phantasievollen Künstler wie Percy Shelley oder Laurence Olivier (beide mit der Konjunktion) oder zu jemandem, der flüchtet, wie beispielsweise der Herzog von Windsor (Konjunktion), der auf den englischen Thron verzichtete. Ein weiterer praktischer Idealist, Franklin D. Roosevelt, brachte eine reiche Phantasie zum Ausdruck, die darauf gerichtet war, praktische Probleme zu einer Lösung zu bringen (Jupiter in Konjunktion zu Neptun im Stier).

Mit dieser Stellung geht fast immer ein reiches Phantasieleben einher. Allerdings muß man darauf schauen, wie sich hier die anderen Horoskop-Faktoren bemerkbar machen. Joseph P. Kennedy hatte immer davon geträumt, Macht zu besitzen und US-Präsident zu werden, und schließlich übertrug er diesen Traum auf seinen Sohn. Bei ihm selbst steht Jupiter nicht nur in Opposition zu Neptun, sondern auch zu Pluto, was ein Ausdruck eines geradezu besessenen Drangs nach Macht ist (Jupiter stand bei ihm auch noch in Konjunktion zu Mars im Skorpion). Jules Vernes hochfliegende Träume werden von seinem Jupiter/Neptun-Sextil symbolisiert. Er selbst war ein begeisterter Segler, der ausgedehnte Touren in europäischen und afrikanischen Gewässern unternahm (Neptun steht in Verbindung mit der See), und er schuf mit seinem Buch *20 000 Meilen unterm Meer* eines der größten Werke der Abenteuerliteratur. Es ist auch interessant, daß ein weiterer Mensch, der viel mit Wasser zu tun hat – der Goldmedaillengewinner Mark Spitz –, mit Jupiter im Trigon zu einer Neptun/Mars-Konjunktion geboren wurde.

Diese Kombination kann auch für sehr viel Intuition sprechen. Joseph Campbell bediente sich dieser Gabe in reichlichem Maße, um uns zu mehr Wissen über Literatur, Mythologie und die persönliche Suche nach Sinn und Transzendenz zu verhelfen (geboren am 26. März 1904 in New York um 19 Uhr 25 EST). Sein Jupiter (in Konjunktion zu Sonne und Merkur) im Quadrat zu Neptun kam in Werken wie *Der Heros in tausend Gestalten* und *Die Masken Gottes* zum Ausdruck, und das Jahrzehnte, bevor die Jungianischen Studien in der breiten Öffentlichkeit Beachtung fanden. Der Dichter T. S. Eliot, der ebenfalls einen bedeutenden Beitrag zur Wiederbelebung des Interesses an der Mythologie leistete, wies eine exakte Jupiter/Neptun-Opposition im Horoskop auf (geboren am 26. September 1888 in St. Louis/USA um 7 Uhr 45; CST; gestorben im Jahre 1965). Auch der Autor und Übersetzer Robert Bly hat diese Opposition im Horoskop.

Im schlimmsten Fall führen diese Aspekte zu Verblendung und Größenwahn, wie am Leben von Mussolini und Albert Speer zu erkennen ist (beide hatten ein Sextil zwischen diesen Planeten im Horoskop). Im Idealfall dagegen können sie sich als mitfühlende Menschenliebe äußern – was ohne jeden Zweifel bei Albert Schweitzer zutraf (sein Horoskop wird ausführlich im Anhang erläutert) – sowie in einem Sinn für das Metaphysische und die Künste. Ein weiteres Beispiel für diese höhere Jupiter/Neptun-Mischung stellt der Mönch und Schriftsteller Thomas Merton dar, dessen exaktes Quinkunx zwischen beiden Planeten zu inspirierten Schriften führte, die auf Tausende von Menschen aufmunternd und erhebend wirkten.

♃♇ Jupiter/Pluto-Verbindungen

(Insbesondere dann wichtig, wenn Jupiter oder Pluto über ein Zeichen herrschen, das im Horoskop betont ist.)

> Das Bedürfnis, eine umfassende Wiedergeburt zu erleben, stimuliert den Wunsch, Vertrauen in eine größere Ordnung im Universum zu gewinnen.
>
> Sucht nach Weiterentwicklung durch die Macht von transformativen Methoden und Aktivitäten.

Diese Planeten-Verbindung treibt den Menschen dazu, Macht auf der spirituellen, mentalen, okkulten, finanziellen, politischen oder welcher Ebene auch immer zu suchen und auszuüben. Mit dieser Stellung ist häufig ein stark ausgeprägter Wille verbunden, der im Extremfall abstoßend wirkt. Margaret Thatcher weist diese Planeten-Stellung auf (eine sehr genaue Opposition). Diese Menschen müssen darauf achten, ihre persönlichen Ziele nicht mit zu großer

Besessenheit zu verfolgen, und sie sind gefordert darauf zu achten, ob andere vielleicht unter den Konsequenzen ihrer Handlungen zu leiden haben. Im schlimmsten Fall gehen sie manipulierend vor, beuten andere aus oder bringen die dunkle Seite des Lebens zum Ausdruck. Im Idealfall dagegen bringen sie enormen und unbezwingbaren Mut und hingebungsvolle Bereitschaft auf, sich der Reform des Selbst oder der Gesellschaft zu widmen, auch wenn sie persönlich Opfer bringen müssen. Das Leben von Mahatma Gandhi und Ram Dass illustrieren diese positive Auswirkung; bei beiden sehen wir die Konjunktion im Horoskop.

Mit dieser Planeten-Verbindung können Führungsqualitäten sowie ein besonderes Charisma einhergehen. Weiterhin können sich die Betreffenden durch die angeborene Eigenschaft auszeichnen, zugrundeliegende Fakten und untergründige Motive des Verhaltens anderer zu erkennen. Es bestehen vielleicht auch okkulte oder psychologische Interessen oder eine Faszination durch große gesellschaftliche, wirtschaftliche und politische Gebilde. C. G. Jung und Margaret Mead wiesen ein enges Quinkunx zwischen diesen Planeten auf – beide sind bekannt für ihre bahnbrechenden Erkenntnisse über das menschliche Verhalten, die aus tiefgründigen Forschungen resultieren.

Die Ideale, die dem Einsatz des ausgeprägten Willens zugrunde liegen, sind von entscheidender Bedeutung dafür, wie die Energie zum Ausdruck kommt. Man kann noch auf Albert Einstein hinweisen (Quadrat), dessen Forschungen und Einsichten eine Vertiefung des Wissens, auf der anderen Seite aber auch eine tödliche Macht darstellen; auf den Schauspieler Jack Nicholson (Opposition), dessen Projektion der dunklen Seite der menschlichen Natur den Charakteren, die er verkörperte, ein beklemmendes Element hinzufügt; und auf George Gershwin (enges Trigon), dessen instinktives Wissen um die tieferen menschlichen Gefühle ihn in die Lage versetzte, auch seine vermeintlich leichten Lieder mit einer markanten Note zu würzen.

♃ AC *Jupiter/Aszendent-Verbindungen*

Die Eigenschaften der Expansion, der Zuversicht und der Toleranz müssen nach außen hin unbedingt zum Ausdruck gebracht werden.

Vertrauen und Optimismus sind wesentliche Bestandteile des Selbstausdrucks. Sie prägen die individuelle Lebensführung.

Jeder Planet, der den Aszendenten genau aspektiert, fügt dessen Qualität sein eigenes Bewußtsein bei; ganz allgemein macht er es dem Menschen leichter, die Energie des aufsteigenden Zeichens zum Ausdruck zu bringen. Bei allen Jupiter-Aspekten (mit Ausnahme der Konjunktion mit dem Aszendenten) muß das Zeichen, in dem sich Jupiter befindet, in Verbindung mit den Eigenschaften des aufsteigenden Zeichens gesehen werden, will man ein komplettes Bild der individuellen Persönlichkeit und der Einstellung zum Leben gewinnen. Wenn sich Jupiter in einem engen Aspekt zum Aszendenten befindet (was natürlich nur dann zu bestimmen ist, wenn die Geburtszeit genau feststeht), fühlt man viel Vertrauen und Wohlwollen in sich und kann es auch ohne größere Probleme zum Ausdruck bringen. Allerdings könnte man zu lernen haben, daß es darauf ankommt, die entsprechenden Charaktermerkmale mit den anderen Eigenschaften des Selbstausdrucks in Einklang zu bringen (speziell bei den weniger harmonischen Aspekten). Jupiter kann in dieser Verbindung eine große Quelle von Energie und Talenten darstellen, wenn man einmal gelernt hat, sie zu entwickeln und sie zu nutzen. Franklin D. Roosevelt, der länger als jeder andere Präsident der Vereinigten Staaten von Amerika war, hatte Jupiter im genauen Trigon zu seinem Aszendenten; er wurde immer wieder als unbekümmert, optimistisch und lebhaft geschildert, selbst in den dunkelsten Tagen des Zweiten Weltkrieges und der Großen Depression.

Die Verbindung zwischen Jupiter und Aszendent hat zur Folge, daß das Jupiter-Zeichen im allumfassenden psychologischen Muster der Persönlichkeit eine wichtige und herausgehobene Stellung erhält, insbesondere bei Konjunktion, Trigon und Sextil. Wenn hier auch das flammende Element Jupiters – in Abhängigkeit zu dem betreffenden Zeichen – nicht so deutlich in Erscheinung tritt, wird doch auf jeden Fall das jupiterhafte Element der Toleranz und der Wunsch, im alltäglichen Leben die erhabeneren und würdevolleren Qualitäten zum Ausdruck zu bringen, ein ausgeprägter Bestandteil des Charakters sein.

Der Mensch mit einer solchen Verbindung sollte sich nicht unter Wert verkaufen. Das Wachstum, das aus seiner Zuversicht resultiert, kann zur beherrschenden Antriebskraft werden, wenn er bereit und willens ist, ihr Potential zu entwickeln und Risiken auf sich zu nehmen. Die größte Gefahr liegt bei dieser Verbindung in der Tendenz zur Überhöhung der eigenen Person oder in einem übersteigerten Geltungsdrang. Genauso möglich wäre aber auch, daß sich das übertreibende Moment auf die Eigenschaft bezieht, anderen oder der Gesellschaft mehr zu geben, als ratsam ist – ob sich das nun auf Zeit, Reichtum oder auf das Selbst bezieht.

♃ MC *Jupiter/Medium Coeli-Verbindungen*

Ein alles beherrschendes Verlangen, etwas Bedeutungsvolles in der Welt zu leisten.

Fühlt sich berufen, die Lebensbedingungen zu verbessern. Braucht insofern eine Tätigkeit, die Idealismus beinhaltet.

Personen mit engen Aspekten zwischen MC und Jupiter sind in den Augen der Mitmenschen häufig »erfolgreich«, zumindest genießen sie gewöhnlich einen guten Ruf. Mit dieser Kombination sind edle gesellschaftliche Ideale sowie der Anspruch verbunden, im öffentlichen Selbstausdruck konstruktiv zu sein und als tolerant und moralisch integer eingeschätzt zu werden. Im Idealfall kommen bei den Handlungen erhabene Absichten zum Ausdruck, wenn auch – wie immer bei Jupiter – vor der Neigung zur Scheinheiligkeit gewarnt werden muß. Franklin D. Roosevelt ist ein gutes Beispiel für diese Verbindung: Er wies ein genaues Halbsextil zwischen Jupiter und dem MC auf. Der Astronaut und Senator John Glenn hat Jupiter in Konjunktion zum MC; er ist bekannt für seine Aufrichtigkeit und ausgeprägten Moralvorstellungen.

Ebertin konstatiert, daß diese Kombination für Zielbewußtsein und Optimismus steht. Oftmals macht sich schon in jungen Jahren ein Interesse an erhabenen, hohen Visionen bemerkbar. Diese Menschen mögen ihre Visionen über die Jahre hin wechseln, immer aber haben sie ein Ziel vor Augen. Viele fühlen das Bedürfnis, ihre Ideen einer breiten Öffentlichkeit bekanntzumachen, was sich darauf beziehen könnte, daß sie durch Reden, Schreiben, Veröffentlichungen oder Aktivitäten in einem großen Maßstab erkennen lassen, woran sie glauben (für letzteres wäre Jacques Cousteau – Jupiter-Quadrat zum MC – ein Beweis). Das Jupiter-Zeichen gewinnt durch diese Verbindung an Wichtigkeit, seine Energie könnte sehr wohl in der Karriere des Betreffenden oder bei den verschiedenen Tätigkeiten, zu denen er sich berufen fühlt, deutlich zum Ausdruck kommen. Dieser Sachverhalt kann nützlich bei der Karriereberatung sein. Einmal mehr ist aber darauf hinzuweisen, daß die Geburtszeit zweifelsfrei feststehen muß, will man diese Aspekte bei der Horoskop-Interpretation berücksichtigen.

8. Jupiter-Transite

Transite zeigen keine isolierten, unkontrollierbaren
Geschehnisse an. Sie sind Teil eines integralen psychologischen
Prozesses, an dem wir aktiv beteiligt sind.
Donna Cunningham:
An Astrological Guide to Self-Awareness

In diesem Kapitel möchte ich nicht nur über die Transite von
Jupiter zu den verschiedenen Planeten und Eckpunkten des
Horoskops sprechen, sondern auch auf die Transite der anderen
Planeten zu Jupiter im Geburtshoroskop eingehen, die gleichermaßen von großer Bedeutung sein können. Ich möchte mich
dabei in diesem Abschnitt hauptsächlich auf einige besondere
Richtlinien beschränken sowie auf neuere Erkenntnisse über Jupiter-Transite, die ich bislang noch nicht in Buchform dargelegt
habe. Die Betonung liegt hier auf den *neuen Ideen.* Es würde mir
als unnötige Wiederholung erscheinen, alle Gedanken, die ich zu
diesem Thema bereits dargelegt habe, noch einmal im einzelnen
darzulegen. Insofern lasse ich es an dieser Stelle dabei bewenden,
einige der Erfahrungen, die mit Jupiter-Transiten einhergehen, in
Kurzform an beispielhaften Fällen zu erläutern. Für umfassendere
Informationen verweise ich den Leser auf mein Buch *Astrologie*
und Partnerschaft, in dem sich ein längerer Abschnitt über den
Transit Jupiters durch die Zeichen sowie Material zu bestimmten
Jupiter-Transiten findet. Des weiteren möchte ich in Erinnerung
rufen, daß mein Buch *Astrologie, Karma und Transformation*
einige Informationen zum Transit von Jupiter enthält, die präzise
und praktisch verwertbar sind.

Vieles von dem, was hinsichtlich der Essenz von jupitergeprägten Erfahrungen schon detailliert in diesem Buch erforscht worden ist, läßt sich ohne weiteres auf Jupiter-Transite übertragen.
Einige der Richtlinien beispielsweise, die in Kapitel 5 angeführt
wurden, können sehr nützlich dabei sein, die nähere Bedeutung

des Transit-Jupiters durch die einzelnen Häuser genauer zu erkennen. Entscheidend für denjenigen, der sich selbst oder andere durch das Studium dieser Transite besser zu verstehen sucht, ist, den betreffenden symbolischen Hinweis nur als Teil eines umfangreichen Bildes zu sehen, eines Panoramas von kosmischen Energien, die fortwährenden Änderungen unterliegen und die in ständig neuen Verbindungen das Universum und das ganze Leben beeinflussen. Und besonders bei Jupiter mit dessen Neigung zu Übertreibungen, zu übergroßen Erwartungen oder übermäßigem Optimismus muß man darauf achten, nicht den Sinn für Proportionen zu verlieren. Es gilt, die Jupiter-Transite in Verbindung mit den Transiten der anderen Planeten zu sehen, in einigen Fällen auch mit wichtigen Progressionen. Und immer spielt die individuelle Einstimmung des Menschen, die vom Horoskop in seiner Gesamtheit reflektiert wird, eine entscheidende Rolle.

Ich habe schon in früheren Büchern angeführt, daß bei wahrhaft bedeutungsvollen und tiefgreifenden Veränderungen im Leben eine ganze Reihe von Transiten (manchmal auch Progressionen) zu verzeichnen sind. In Verbindung mit der Vielzahl kosmischer Einflüsse kam es zu einer bestimmten Zeit für die betreffende Person zu umfassenden Veränderungen. Anders ausgedrückt: Wenn man versucht, vielversprechende Neuentwicklungen zu erkennen, kommt es nicht nur auf Jupiter-Transite an, es gilt vielmehr, auch die anderen wichtigen Verbindungen wahrzunehmen. Jupiters positive und konstruktive Seite bedeutet, für sich betrachtet, in der Tat eine recht große Chance, daß sich im Leben positive konkrete Auswirkungen ergeben (unter der Voraussetzung, daß andere Faktoren die dazu nötige unterstützende Energie sowie Disziplin und Organisationsvermögen liefern). Die Transite dagegen zeigen ganz allgemein, auf welche Weise sich die Energien auswirken. Sie bringen weniger zum Ausdruck, welche konkreten Geschehnisse damit verbunden sein können. Natürlich kann man mit der Spekulation, daß unter einem Jupiter-Transit eine bestimmte Entwicklung einsetzen oder ein bestimmtes Ereignis eintreffen wird, recht haben. Häufiger aber wird man mit den Prophezeiungen hier falschliegen und damit irreführende Aussagen machen. Es trifft zu, daß unter vielen Jupiter-Transiten

Energie auf expansive, optimistische und vielleicht auch extravagante Weise oder in übertriebenem Ausmaß zur Geltung kommt. Und man kann auch davon ausgehen, daß die individuelle geistige und emotionale Verfassung unter derartigen Transiten einen optimistischeren, lebendigeren Ausdruck annimmt, so daß sich der Mensch beschwingt oder auch inspiriert fühlt oder – in den Worten von Paul Wright – einen verwirrenden, impulsiven Zustand der Hochstimmung erlebt. Auch die körperliche Energie könnte in solchen Phasen expandieren, was besonders für Transite zu persönlichen Planeten oder zum Aszendenten gilt.

Erwähnenswert ist folgendes: Wenn ein Transit-Planet oder der Transit-Jupiter in einem engen Aspekt zum Geburts-Jupiter oder zu einem Geburts-Planeten *stationär* wird (also rückläufig oder direktläufig wird), erlebt der betreffende Mensch eine Phase tiefgreifender persönlicher Veränderungen. Tracy Marks hat beobachtet, daß ein Transit-Planet, der mit einem Orbis von weniger als einem Grad auf einem Geburts-Planeten stationär wird, einer der wichtigsten und machtvollsten astrologischen Einflußfaktoren überhaupt ist. (Ich lasse hier neben der Konjunktion auch den stationären Aspekt beim Quadrat, bei der Opposition und manchmal auch bei anderen Winkelbeziehungen gelten.) Tracy Marks schätzt, daß der Transit-Planet in stationärem Zustand fünfmal kraftvoller ist als bei seiner normalen Geschwindigkeit. Meine Erfahrungen bestätigen diese Einschätzung. Stationäre Phasen der Transit-Planeten gehören zu den am meisten vernachlässigten Faktoren der Kunst der Interpretation. Meiner Ansicht nach sind sie wichtiger als die Rückläufigkeit der Planeten selbst. Und jeder Planet, der sich zum Zeitpunkt der Geburt sehr langsam bewegte (der kurz vor oder nach diesem Zeitpunkt stationär war), sollte als eine Art kosmischer Botschafter einer besonders machtvollen Energie beim betreffenden Menschen gesehen werden. Die Berücksichtigung der stationären Planeten gerät bei der Interpretation aus dem Blick, wenn man sich nur auf Computerprogramm-Ausdrucke stützt und nicht mehr in die Ephemeriden schaut, um herauszufinden, wie schnell sich der jeweilige Planet in Vergleich zu seiner normalen Geschwindigkeit zum Zeitpunkt der Geburt bewegt hat.

Ich empfehle ganz allgemein, bei dem Studium der Transite alle Aspekte zu berücksichtigen, die auf einem Vielfachen von 30 Grad beruhen (wobei ich allerdings einräume, daß die Konjunktion der machtvollste Aspekt ist, gefolgt von Quadrat, Opposition und Trigon; das Sextil, das Quinkunx und das Halbsextil sind in den meisten Fällen von untergeordneter Wirkung). Aber selbst dann, wenn ein Transit-Planet in einem weniger wirksamen Aspekt zu einem Geburts-Planeten steht, sind in stationärem Zustand große Chancen gegeben, daß damit ein bedeutsamer Einfluß auf das persönliche Energiefeld verbunden ist. Wenn wir hier von Aspekten sprechen, sollte noch darauf hingewiesen werden, daß Oppositionen des Transit-Jupiters frustrierender als jede andere Beziehung erfahren werden können. Bei dem ausgeprägten Expansionsbedürfnis, das damit verbunden ist – in welcher Form es sich auch äußern mag –, fällt es manchmal schwer, das Streben nach Weiterentwicklung effektiv zum Ausdruck zu bringen. Es kann zu dem Gefühl kommen, blockiert zu sein und keine Energie zur Verfügung zu haben oder keinen Kanal für die Energie zu besitzen, die doch im Grunde so reichlich zur Verfügung steht. Das ist sicher nicht in allen Fällen so, allerdings sollte dem, der sich mit der Astrologie intensiver beschäftigt, diese Gefahr bekannt sein.

Wie schon an früherer Stelle in diesem Buch gesagt, verspricht Jupiter (beziehungsweise das Zeichen Schütze) häufig mehr, als er halten kann. Paul Wright formuliert: »Der große Wohltäter kommt manchmal, ohne ein Geschenk mitzubringen.« Vielleicht liegen diese enttäuschenden Erfahrungen mit Jupiter aber in erster Linie daran, daß wir nicht wissen, wie es wirklich um diesen Planeten bestellt ist. Oft bestehen unrealistische Erwartungen bezüglich dessen, was Jupiter im Horoskop oder im Transit tatsächlich bedeuten könnte, so daß wir dann wie Kinder mit einem Wutanfall reagieren, wenn sie vom Weihnachtsmann nicht das erhalten, was sie sich wünschen. Ich bin in diesem Buch ausführlich darauf eingegangen, wie wichtig ein ausgewogenes Verhältnis von Saturn und Jupiter ist. Auch das ist ein Punkt, an dem wir Geduld zeigen sollten. Es kommt darauf an, Jupiter Zeit zum Reifen und zum Entfalten zu geben. Es ist unerläßlich, daß derjenige, der Jupiter in einem Horoskop studiert, Vertrauen in das Potential des Betreffenden setzt und aktiv darum bemüht ist, die sich bietenden Gelegenheiten zu nutzen. Weiterhin müssen wir uns darüber im klaren sein, daß Jupiter-Transite oft auch Phasen sind, in denen wir etwas aussäen. Es braucht dann entsprechend den natürlichen kosmischen Rhythmen seine Zeit, bis wir erkennen können, welche Früchte daraus hervorgehen.

Um es anders auszudrücken: Nur weil man während einer Jupiter-Periode eine Vision davon hat, was die Zukunft bringen könnte, muß es nicht sogleich zu entsprechenden Manifestationen kommen. Paul Wright hat gezeigt, daß Jupiter-Transite mit einem ausgeprägten Wunschdenken einhergehen können. Und wie Edison in seinem oft angeführten Ausspruch sagt, ist Genialität zu 90 Prozent Schweiß und lediglich zu einem sehr kleinen Teil Inspiration. Sinngemäß kommt es bei finanziellen Investitionen auf die Risikobereitschaft an, Geld aufs Spiel zu setzen und die Chance beim Schopfe zu packen, wenn sie sich präsentiert – zugleich aber auf das Beharrungsvermögen, um den Verpflichtungen über längere Zeit hinweg nachkommen zu können und nicht sofort beim geringsten Widerstand die Segel streichen zu müssen. Ein vollständiger Jupiter-Zyklus erstreckt sich über fast zwölf Jahre, und dieser Rhythmus läßt uns den Rahmen erkennen, in dem sich Jupiter-Visionen entfalten. Alle drei Jahre ergeben sich durch den transitierenden Jupiter Quadrate und Oppositionen zu dem Horoskop-Ort, von dem aus ein Jupiter-Zyklus seinen Anfang nahm. Immer dann ist es notwendig, Neuanpassungen vorzunehmen, die sich an der ursprünglichen Vision orientieren, die am Anfang des Jupiter-Zyklus stand.

Wir haben Jupiter als einen Weg des Lernens durch Erforschen dargestellt. Die Transite dieses Planeten stellen gute Gelegenheiten dar, unseren Horizont bezüglich dessen zu weiten, was von dem betreffenden Haus oder Planeten, zu dem der Transit besteht, symbolisiert wird. Das umfassendere Verständnis, das Jupiter uns bescheren kann, kommt aber nicht von allein. Es entwickelt sich nur durch vielfältige Erfahrungen, insbesondere in Verbindung mit außengerichteten Aktivitäten und/oder einer ausgeprägten Risikobereitschaft, welche sich mit Phasen von verstärkter Reflexion, praktischen Erwägungen, Erkundungen und auch Zweifeln abwechselt. Ein neues tieferes Verständnis – eine der größten Gaben Jupiters – ergibt sich erst, wenn man sich mit der Welt auseinandergesetzt und den Versuch unternommen hat, sein Leben zu verbessern, und die Chance nutzt, in neue Erfahrungsbereiche vorzustoßen. Ohne solche von Vertrauen beseelten Unternehmungen würden sich niemals Fortschritte ergeben, auf welcher Ebene auch immer. Auch käme es weder zur Weiterentwicklung in charakterlicher Hinsicht noch zur Ausbildung von Weisheit. Jupiter begünstigt aktive, risikobereite Persönlichkeiten, das Leben aber begünstigt Menschen, die geduldig, ausdauernd und bescheiden sind. Eine positive Einstellung zu bewahren und zuversichtlich in die Zukunft zu schauen – auch angesichts von sich erst allmählich einstellenden Erfolgen oder ausgeprägten Fehlschlägen – ist die Lektion Jupiters. Manchen ist sie schon von Geburt an vertraut, die meisten aber müssen sie erst durch Erfahrung lernen. Die Offenheit und Vertrauensseligkeit Jupiters zu bewahren ist eine sehr viel produktivere Art, den Jupiter-Weg des Lernens zu gehen, als in eine negative oder defensive Haltung zu verfallen. Ein Sprichwort sagt: Die Menschen könnten mehr aus ihren Fehlern lernen, wenn sie nicht so damit beschäftigt wären zu leugnen, daß sie sie begangen haben.

Jupiters essentielle Natur schließt eine intensive Einstimmung auf die Zukunft ein, was zur Folge hat, daß Enthusiasmus und Ungeduld natürliche Begleiterscheinungen der Jupiter-Transite sind. In solchen Phasen kann es zu einer Vorahnung bedeutungsvoller Entwicklungen kommen, bis zu vier oder sechs Monate vor dem exakten Transit (dies gilt besonders dann, wenn sich Jupiter vor einer kommenden Transit-Konjunktion zu einem Geburts-Planeten oder -Punkt schon längere Zeit in dem betreffenden Zeichen aufhält). Meiner Erfahrung nach sind mit exakten Jupiter-Transiten zu Planeten oder Punkten des Horoskops sehr häufig markante Erfahrungen verbunden (speziell dann, wenn der Orbis nicht größer als ein halbes Grad ist). Mir sind auch viele Fälle bekannt, wo mit dem gradgenauen Transit-Aspekt von Jupiter zu einem Horoskop-Planeten wichtige Ereignisse zusammenfielen! Es mutet an, als habe Zeus dem betreffenden Menschen seinen

Blitz gesandt, was zu überraschenden Geschehnissen, neuen Ideen, umfassenden Visionen und inspirierenden Einsichten führen kann, die mich manchmal an Uranus erinnern. (Uranus-Transite rütteln uns bekanntermaßen auf und versetzen uns in die Lage, neue Erfahrungen zu machen und neue Wege der Bewußtheit zu beschreiten.)

Richtlinien für die Interpretation
von Jupiter-Transiten

Jupiter öffnet uns mit seinem Transit neue Tore für Pläne und zukünftige Möglichkeiten. Er kann uns inspirieren und uns mit neuer Hoffnung erfüllen oder uns ein Ziel vermitteln, das wir anstreben. Für gewöhnlich verleiht er das Verlangen nach Verbesserungen und Weiterentwicklung, welches Gebiet oder welche Dimension des Lebens er auch beeinflußt. Jupiter bringt den Menschen dazu, zu neuen Erfahrungsbereichen vorzustoßen, mit mehr außengerichteten Aktivitäten und/oder mehr gesellschaftlichen Kontakten als zuvor.

Jupiter-Transite erfüllen uns häufig mit mehr Mut, das zu tun, was wir tun wollen – bewußt oder unbewußt. Sie können auch den Menschen antreiben, nach Freiheit im Ausdruck zu streben und sich den nötigen Freiraum zu verschaffen, was energetisierend und motivierend wirkt. In solchen Zeiten kann es ganz einfach sein, auf das zu bauen, was sich von selbst ergibt, und über die beschränkenden Einflüsse hinauszuwachsen. Unter einigen Jupiter-Transiten könnte man sich frei fühlen, bestimmte Dimensionen des Selbst – die durch Einflüsse in früheren Jahren oder aufgrund der beruflichen oder der persönlichen Situation unterdrückt wurden – zum Ausdruck zu bringen.

In Verbindung mit den Transiten Jupiters erhalten wir Chancen. Wir müssen aber dazu bereit sein, sie sogleich zu nutzen, ansonsten vertun wir sie. Jupiter ist nicht geduldig mit furchtsamen Leuten. Jupiter-Transite scheinen eher zu einer übertriebenen Risikobereitschaft als zu vorsichtiger Bescheidenheit zu führen. Manchmal kommt in solchen Zeiten etwas zur Blüte, in anderen Phasen erscheint nur die Vision dessen, was die Zukunft bringen kann; erst Jahre später sind die Früchte erkennbar. In jedem Fall kommt es darauf an, daß der Mensch willens ist, aufgrund der Verheißungen eines umfassenderen Potentials aktiv zu werden.

Bei bestimmten Jupiter-Transiten hat man den intuitiven Eindruck, daß diese oder jene Möglichkeit realisierbar ist, wenn man nur optimistisch genug ist, in der entsprechenden Richtung aktiv zu werden. Glücklicherweise ist der Mensch in solchen Zeiten häufig mit einer Extraportion Zuversicht ausgestattet, was ihn in die Lage versetzt, vertrauensvoll eine neue Vision des Lebens zu wagen. Ganz konkret gefragt: Wenn man nicht unter einem Jupiter-Transit dem großen Traum nahezukommen versucht, wann dann?

Unter dem Einfluß von Jupiter-Transiten drängt es den Menschen, bestehende Grenzen zu überschreiten. Die innere Motivation kann sich auf materiellen Fortschritt und Wohlstand sowie auf größeres persönliches Wachstum und einen größeren Selbstausdruck beziehen. Jupiter-Transite signalisieren, daß es an der Zeit ist, einen bestimmten Aspekt des Lebens weiterzuentwickeln. Man weiß nie, welche Wohltaten und positiven Entwicklungen diese Transite bringen können, wenn man nicht das persönliche Potential erschließt und sich über die individuellen Ängste, Gewohnheiten, Selbstzweifel und Sorgen erhebt. Absolute Aufrichtigkeit zu zeigen ist oftmals schmerzhaft und gleichzeitig die Quelle einer besonderen Stärke, die man unter Jupiter-Transiten entwickeln kann, um sich mit dem verheißungsvollen, dabei aber doch furchterregenden Potential der eigenen Zukunft auseinanderzusetzen. In solchen Zeiten erkennt man die Richtigkeit des Bibelwortes: »Die Wahrheit wird dich frei machen.« Das Wichtigste ist, daß wir mit uns selbst genauso aufrichtig und bedingungslos ehrlich sein müssen wie mit anderen.

Einige andere häufige Manifestationen unter Jupiter-Transiten:

• Beförderung oder der erfolgreiche Ausgang eines Projektes.

• Weltlicher Erfolg oder weltliche Ehren.

• Religiöse Erfahrungen, mit und ohne Verbindungen zu gesellschaftlichen Aktivitäten.

• Reisen – im wörtlichen Sinn (insbesondere lange Reisen in ferne Länder) und in übertragener Bedeutung, wenn es zur Entwicklung eines neuen Verständnisses und neuer Sichtweisen kommt.

• Veröffentlichungen, Publizität sowie die befriedigende Erfahrung, sich von schwerem Druck zu befreien.

• Der Versuch, zu viele neue Erfahrungen zu machen, woraus die Zersplitterung der Energie und die Verschwendung der persönlichen Ressourcen resultiert.

Jupiter-Transite zum Aszendenten

Diese Transite stärken die physische Energie und das Selbstvertrauen. Sie versetzen den Menschen in die Lage, seine Persönlichkeit auf dynamischere Weise in die Welt zu projizieren. Manchmal ist damit eine starke Ausrichtung auf Ziele der Zukunft, auf Visionen oder Pläne zur Weiterentwicklung verbunden. Besonders die Konjunktion ist von großer Bedeutung, weil mit ihr ein neuer, zwölf Jahre dauernder Zyklus der persönlichen Entfaltung beginnt. Man sollte aufmerksam darauf achten, welche Visionen und Träume den Geist beschäftigen, wenn die Konjunktion exakt ist, weil dies häufig verläßliche Hinweise auf zukünftige Möglichkeiten sind.

Zu dieser Zeit öffnen sich Türen in umfassendere Bereiche des Lernens und der sozialen oder religiösen Erfahrung. Eine Person, die den Transit Jupiters über den Deszendenten erlebte (also die Transit-Opposition zum Aszendenten), hatte eine religiöse Erfahrung, die ihr Leben veränderte. Eine junge Frau, die aufgrund mangelnder finanzieller Mittel ihre College-Ausbildung unterbrechen mußte, erlebte eine radikale Verbesserung ihrer Situation, als der Transit-Jupiter im Trigon zu ihrem Aszendenten und dabei gleichzeitig im Sextil zu ihrem Geburts-Jupiter stand. Die Verwalter eines privaten Fonds, die von ihrer Lage gehört hatten, gaben ihr ein Stipendium, obwohl sie sich nicht einmal darum bemüht hatte. Damit waren alle Ausgaben, die sie tätigen mußte, abgedeckt.

Ich habe festgestellt, daß viele Leute umgezogen sind, als Jupiter über ihren Aszendenten lief, oft in eine geräumigere Wohnung, die mehr Platz zum Atmen bot. Manchmal kam es auch zu zeitweiligen oder dauerhaften Aufenthalten im Ausland. John Lennon hatte – unter anderem – den Transit-Jupiter in Konjunktion zum Aszendenten, als er zum ersten Mal in die USA reiste, um in der Fernsehshow von Ed Sullivan aufzutreten. Diese Erfahrung öffnete den Beatles neue internationale Horizonte und trug wesentlich zur Verbreitung ihres Ruhms bei.

Wenn Jupiter über den Aszendenten läuft, richtet man sein Augenmerk auf die Zukunft und beginnt einen neuen Zyklus. Dadurch kann es sich ergeben, daß viele der zu diesem Zeitpunkt angefangenen Aktivitäten ein größeres Ausmaß annehmen, als man ursprünglich für möglich hielt. In anderen Fällen wiederum besteht eine prophetisch anmutende Einsicht in das Potential, das ein solcher Moment birgt, wie im Falle des Unternehmers, der plötzlich in einer Vision seine Firma mitsamt ihren Produkten, ihrer Struktur und sogar ihrem Namen vor sich sah. Er realisierte seine Vision während der folgenden zwölf Jahre. Als Jupiter im Transit bei Maria Montessori über den Aszendenten lief, erwarb sie ihren medizinischen Abschlußgrad. (Sie war die erste Frau, der das in Italien gelang.) Unter dem gleichen Transit ergab sich für Annie Lennox die Gründung der Musikgruppe *Eurythmics*. Und eine andere junge Frau mußte sich intensiv mit verschiedenen Beziehungen auseinandersetzen, beschäftigte sich eingehend mit pädagogischen Fragen und erhielt Angebote für zwei Reisen in fremde Länder, als sich der gleiche Transit bei ihr ergab.

Jupiter-Transite zum Medium Coeli

Im Gegensatz zu den Transiten zum Aszendenten haben diese Transite für gewöhnlich weniger dramatische Auswirkungen; sie scheinen auch nicht so unmittelbare Folgen zu haben und die physische Vitalität in keinem nennenswerten Ausmaß zu erhöhen. Weiterentwicklung, Beförderung oder Anerkennung können damit verbunden sein sowie Expansion in Zusammenhang mit dem Beruf, in anderen Fällen aber auch das Bedürfnis nach größerem gesellschaftlichen Ansehen, was zu entsprechenden Aktivitäten Anlaß geben könnte. Häufig führt der Transit zu gesteigertem Selbstvertrauen, was sich in mehr Anerkennung oder in Gelegenheiten, sich zu verbessern, niederschlagen kann. Das gilt auch, wenn die Auswirkungen nicht sogleich offensichtlich sind.

In einigen Fällen steht diese Phase dafür, daß man die Früchte von vorher geleisteter Arbeit ernten kann oder erlebt, daß ein Arbeitsprozeß oder eine Initiative früherer Tage nun positive Ergebnisse hervorbringt. Ein Veranstalter riskierte all seine Ersparnisse für ein internationales Ereignis, das sich als bemerkenswerter Erfolg herausstellte und ihm reichen Gewinn einbrachte – und zwar genau, nachdem Jupiter über seinen MC gelaufen war. Der Schriftsteller Norman Mailer veröffentlichte sein Werk *Die Nackten und die Toten*, als Jupiter in Konjunktion zu seinem MC stand. Es wurde millionenfach verkauft und begründete seinen lebenslangen Ruf. Ein angesehener britischer Priester hatte zum ersten Mal den Wunsch verspürt, sich weihen zu lassen, als sich dieser Transit bei ihm ereignete.

Im allgemeinen kann man unter dem Transit Jupiters zum MC damit rechnen, daß die persönliche Berufung klarer wird und sich in Verbindung damit neue Ziele ergeben. Zumindest dürfte die Vorstellung, worin die individuelle Berufung zu sehen ist, deutlicher hervortreten.

Jupiter-Transite zur Sonne

Diese wichtigen Transite stärken die körperliche Vitalität wie auch die persönliche kreative Energie. Während dieser Perioden sind Zuversicht und Optimismus stärker als sonst ausgeprägt, und manchmal kommt es in ihnen zu prophetischen Träumen, zu Hinweisen oder zu Visionen. Auf der grundsätzlicheren Ebene erlebt der Mensch zu diesen Zeiten eine Expansion seines Identitätsgefühls und seiner Bewußtheit. Manchmal ergeben sich auch religiöse Erfahrungen, Begegnungen mit spirituellen Lehrern, Aufenthalte in Ashrams oder in Orten der Besinnung.

Ganz allgemein kommt es während solcher Zeitabschnitte häufig zu Reisen als Ausweitung des persönlichen Erfahrungsbereiches und der individuellen Kreativität. John Lennon hatte den Transit-Jupiter in Opposition zur Sonne (sowie in Konjunktion zu seinem Aszendenten), als er die überaus erfolgreiche erste USA-Reise unternahm. Annie Lennox zog nach London, um an der *Royal Academy of Music* zu studieren, als Jupiter in Konjunktion zu ihrer Sonne stand. (Als sich der gleiche Transit-Aspekt zwölf Jahre später wiederholte, begann ihre internationale Starkarriere mit den *Eurythmics.*) Eine andere, wenn auch weniger bekannte Sängerin, erfuhr einen Karriereschub und neue herausfordernde Chancen, als sie für fünf Tourneen mit einer Gruppe von Künstlern aus fünf verschiedenen Ländern ins Ausland ging. Diese Periode fiel in das Jahr, in dem der Transit-Jupiter dreimal in Konjunktion zu ihrer Sonne stand.

Der Autor Arthur Schlesinger wurde während einer Phase mit verschiedenen Transiten – darunter Jupiter in Konjunktion zu der Geburts-Sonne – mit dem Pulitzer-Preis ausgezeichnet. Sir Alexander Fleming, der mit dem Nobelpreis gewürdigte Entdecker des Penicillins, war auf dem Titel des *Time-Magazine* zu sehen und wurde zum Ritter geschlagen, als Jupiter im Transit über seine Sonne lief. Während des gleichen Transits wurde Indira Gandhi von der Kongreßpartei zur Präsidentin gewählt.

Man sollte immer mit Zuversicht auf die kreativen Inspirationen bauen, die sich dann ergeben, wenn Jupiter im Transit die Geburts-Sonne aktiviert. Während einer solchen Zeit ist das kreative Potential – welcher Art es im einzelnen Fall auch sein mag – gestärkt und der Optimismus, der dazu notwendig ist, die kreativen Impulse tatsächlich zum Ausdruck zu bringen, maximiert. Das ermöglicht es selbst schüchterneren Menschen, schöpferische Risiken einzugehen und das in die Realität umzusetzen, was sie schon lange Zeit als kreatives Talent in sich gefühlt haben. Maria Montessori schrieb das Buch über Erziehungsmethoden, als der transitierende Jupiter in Konjunktion zu ihrer Sonne stand.

Jupiter-Transite zum Mond

Diese Transite beinhalten zwar nicht so viele kreative Leistungen wie die zur Sonne, sie gehen aber auch mit einem gesteigerten Selbstbewußtsein und Wohlbefinden, mit weltlichem Erfolg, mit Ehrungen oder ganz allgemein mit dem Gefühl, daß alles wie von selbst läuft, einher. Die meisten Menschen haben zu dieser Zeit ein verstärktes Bedürfnis, ihre Gefühle und ganz persönlichen intuitiven Ansichten über das Leben zum Ausdruck zu bringen. Das geht im allgemeinen auch mit Leichtigkeit und viel Sensibilität vonstatten (bei Spannungsaspekten allerdings könnte auch eine

Art innere Reibung auftreten). Alles in allem ist dies die Zeit, die persönlichen natürlichen Impulse nach außen hin zur Geltung zu bringen und vielleicht eine positive Reaktion der Mitmenschen zu bekommen.

Oftmals besteht unter diesen Transiten das Bedürfnis, die persönliche Lebenssituation, das Zuhause, das Familienleben oder die Verbindung zu den Eltern zu verbessern. Auch ist der Mensch bestrebt, eine tiefere Zufriedenheit in sich selbst zu erfahren. Manchmal rücken die Faktoren, die mit der privaten Sphäre zusammenhängen, in den Blickpunkt, während in anderen Fällen eine verstärkte Auseinandersetzung mit der Öffentlichkeit die Folge ist. Ob man nun mit einem mehr oder weniger öffentlichen Leben zufrieden ist oder nicht, kann ein weiteres Thema sein, das jetzt viel Aufmerksamkeit fordert.

Viele Persönlichkeiten haben Preise gewonnen, Ziele erreicht oder anderweitig ein Gefühl der Befriedigung erfahren, als der Transit-Jupiter ihren Mond aktivierte. Diana Ross hatte ihren ersten Nummer-1-Hit mit den *Supremes*, als der Transit-Jupiter in Konjunktion zu ihrem Mond stand. Der renommierte Fußballtrainer Matt Busby (der sogar in einem Beatles-Song erwähnt wird), führte unter dem gleichen Transit die britische Nationalmannschaft zur Europameisterschaft.

Jupiter-Transite zu den anderen persönlichen Planeten

Jupiter-Transite zu Merkur

Diese Transite aktivieren in fast allen Fällen die persönliche Neugier und fördern neue Pläne und Ideen. Hat der Betreffende ausgeprägte intellektuelle Neigungen, könnte er in diesen Zeiten damit beginnen, in Verbindung mit einem Studium neue Interessen zu verfolgen oder sehr viel über andere Gebiete zu lesen. Manchmal sind hiermit Ideen und Vorstellungen im Übermaß verbunden, vielleicht auch das Bedürfnis, die Pläne einem breiteren Publikum bekanntzumachen. Andere Personen wiederum fühlen sich vielleicht herausgefordert, neue Fertigkeiten zu erlernen oder gesellschaftliche Kontakte zu knüpfen. Im Idealfall zeigt sich das

Bewußtsein nun von einer erhabeneren und optimistischeren Seite, und die Denkprozesse werden umfassender und schließen mehr in sich ein. Mit anderen Worten: Das Denken wird durch den Wunsch nach Verbesserungen und durch das Verlangen, neue Horizonte zu erkunden, stimuliert.

Jupiter-Transite zur Venus

Diese Transite beeinflussen die Expansion der angeborenen Charakterzüge, die sich auf Geselligkeit, Romantik/Erotik, Kunst oder das Finanzielle beziehen. Für viele Menschen rücken nun Beziehungsfragen in den Blickpunkt. Wer keine Beziehung hat, fühlt sich möglicherweise jetzt besonders einsam. Diese Probleme nehmen jetzt im Bewußtsein einen besonders großen Raum ein. Oftmals besteht das ausgeprägte Bedürfnis, in den genannten Bereichen Fortschritte zu machen, wobei wieder vor der Jupiter-Tendenz zu Übertreibungen oder Habgier zu warnen ist. Besondere zwischenmenschliche Erfahrungen sind jetzt wahrscheinlicher als zu anderen Zeiten – was sich gleichermaßen auf Gefühle der Anziehung und der Abstoßung erstrecken kann.

Jupiter-Transite zu Mars

Die physische Vitalität ist unter den meisten dieser Transite gestärkt wie auch die Tendenz zu Ungeduld, Reizbarkeit und eigenwilligen Selbstdarstellungen. Im Idealfall wird sich der Mensch, wenn Jupiter die Mars-Energie expandieren läßt, vitaler und kräftiger fühlen und, von frischem Mut beseelt, neue Aufgaben in Angriff nehmen oder neue Initiativen einleiten. Häufig besteht in diesen Zeiten ein verstärktes sexuelles Verlangen. Alles, was mit der Selbstbehauptung zu tun hat, steht jetzt im Mittelpunkt, was dazu führen kann, daß man sich unter diesen Transiten als Herr seines Schicksals fühlt. Viele Menschen machen die Erfahrung, daß sie speziell in solchen Zeiten viel Kraft haben und ehrgeizig sind. Deshalb können auch Führungseigenschaften zum Ausdruck gebracht werden. Risikobehaftete Unternehmungen und die Sehnsucht nach Abenteuer sind ebenfalls in vielen Fällen mit Jupiter-Transiten zu Mars verbunden wie auch die Fähigkeit, mit viel Energie große Fortschritte hinsichtlich der verschiedensten

Ziele zu machen – unter der Voraussetzung, daß die übergeordneten Visionen genug Realitätssinn verraten.

Jupiter-Transite zu Jupiter

Da ich in meinem Buch *Astrologie und Partnerschaft* ausführlich zum Jupiter-Zyklus Stellung genommen habe, möchte ich hier nur darauf hinweisen, daß die Jupiter-Rückkehr zum Ort der Geburt sowie die Transit-Quadrate und -Oppositionen immer als potentielle Schlüsselphasen der Entwicklung zu sehen sind. Insbesondere die Konjunktion, die sehr viel Energie für die persönliche Weiterentwicklung freisetzt, sollte niemals unberücksichtigt bleiben; sie steht für eine Zeit, in der man sich einer neuen Vision für die Zukunft verschreiben sollte – unabhängig davon, ob das eine wichtige und totale Veränderung zur Folge hat oder lediglich geringfügige Anpassungen in der Einstellung und Erwartung in bezug auf den Sinn des Lebens. Die Konjunktion des Transit-Jupiters zu Jupiter (in geringerem Ausmaß auch das Quadrat und die Opposition) steht für eine Schlüsselphase der Neuorientierung, was die Ideale und Visionen der Zukunft betrifft. Eine Erneuerung des Vertrauens (in das Leben, das Selbst, in Gott, in die Wahrheit oder die persönlichen Ideale) und ein klarerer Blick dafür, welche Richtung das eigene Leben in Zusammenhang mit diesem Glauben nehmen wird, ist womöglich das beste Ergebnis, das aus dem Jupiter-Transit zu Jupiter resultieren kann.

Jupiter-Transite zu Saturn

Hierbei handelt es sich für die meisten Menschen um wichtige Zeitabschnitte. Saturn hat oft mit Beruf, Berufung, Prioritäten, langfristigen Ambitionen sowie mit umfassenden Lebensstrukturen zu tun. Wenn Jupiter Saturn aktiviert, rücken viele dieser Themen in den Blickpunkt, weil der Mensch die starke Verpflichtung fühlt, in den betreffenden Lebensbereichen Fortschritte zu machen. In diesen Zeiten hat man oft das Bedürfnis, hart zu arbeiten, auch wenn nicht sofort erkennbar ist, welche Früchte das einmal tragen wird. Es gilt, sich ins Gedächtnis zu rufen, daß Saturn seine Zeit braucht. So entdeckte Sir Arthur Fleming beispielsweise das Penizillin, als Jupiter in Konjunktion zu seinem Saturn stand, was später zur Verleihung des Nobelpreises führte.

Diese Transite haben einen dynamischen Einfluß auf die gesamte Lebensstruktur und auf die langfristigen Ziele und Ambitionen, die nun aus einer optimistischen Stimmung heraus eine deutliche Expansion erfahren. Möglich sind auch Fortschritte in bezug auf den Beruf. Zumindest wird der Mensch erkennen, wie auf den betreffenden Gebieten des Lebens Fortschritte gemacht werden können, durch Initiativen, Ausbildung oder Studium, durch das Ergreifen von Chancen oder andere Aktivitäten.

Saturn markiert im Horoskop oft einen Punkt der Beschränkung, der Spannung, der negativen Einstellung oder anderweitig hemmender Energieblockaden. Wenn Jupiter solche Tendenzen *ausweitet*, können damit ernsthafte psychische oder körperliche Probleme einhergehen (das gilt insbesondere für das Quadrat und die Opposition). Man sollte während der ganzen Zeit, die diese Transite in Anspruch nehmen, aktiv an der »Ent-Spannung« arbeiten. Im schlimmsten Fall wird man eine intensive Verstärkung der beschränkenden Tendenzen erleben – was es ratsam erscheinen läßt, regelmäßig während solcher Phasen zu meditieren oder T'ai Chi, Yoga oder andere Methoden zur Lösung von Streß zu betreiben. Wir sollten uns aber darüber im klaren sein, daß man durch konzentrierte Anstrengungen zu solchen Zeiten auch Großes leisten kann, allerdings möglicherweise in Verbindung mit Streß und physischer Anspannung.

Jupiter-Transite zu den äußeren Planeten

Jupiter-Transite zu Uranus

Eine außerordentlich dynamische Kombination (was auch für die Verbindung von Transit-Uranus und Geburts-Jupiter gilt). Die Perioden, in denen der Transit-Jupiter den Geburts-Uranus aktiviert, sind bekanntermaßen Zeiten eines starken Bedürfnisses nach Veränderung und Abwechslung, eines intensiven Verlangens nach größerer Freiheit im Leben oder im persönlichen Ausdruck. Oftmals bestärken sie den Menschen in seinen originellsten und kreativsten Zügen. Mit diesen Transiten kann ein großer Erfindungsreichtum verbunden sein sowie ein vermehrtes Interesse an politischen oder gesellschaftlichen Aktivitäten. Wann immer sich diese beiden Planeten in Verbindung zueinander befinden, sind radikale Veränderungen oder bedeutungsvolle Durchbrüche in den verschiedensten Lebensbereichen möglich. Wie wir später in diesem Kapitel noch sehen werden, können bedeutungsvolle Erfahrungen von persönlicher Befreiung oder radikale neue und klare Erkenntnisse mit diesen beiden Arten von Transiten einhergehen. Es handelt sich um eine Planeten-Kombination, die mental und physisch anregend wirkt, weil das Nervensystem in dieser Zeit stark energetisiert ist.

Jupiter-Transite zu Neptun

Diese Transite erhöhen häufig die psychische Empfindsamkeit und die Sehnsucht nach spirituellen Erfahrungen. Es ist eine Verbindung zweier Planeten, die mit außerweltlichen und idealistischen Ambitionen zusammenhängen. Insofern können diese Perioden für Spiritualität, Religiosität, Phantasiereichtum oder auch für die verstärkte Neigung, vor den Problemen davonzulaufen, stehen. Es könnte zu subtilen, tiefgründigen Veränderungen der persönlichen Bewußtseinsebene kommen, genausogut aber auch dazu, daß man den Boden unter den Füßen verliert und »abhebt« oder in einen Geisteszustand gerät, der auf unrealistischen Annahmen beruht. Das ist eine Zeit, in der man sich weiterentwickeln und seine Interessen ausweiten kann. Gleichermaßen erfährt der kreative Ausdruck eine Intensivierung, wenn man in der einen oder anderen Form künstlerisch tätig ist.

Jupiter-Transite zu Pluto

Wegen Plutos unergründlicher Tiefe ist es schwer, Aussagen zu machen, was sich manifestieren kann, wenn der plutonische Teil des Wesens gestärkt und energetisiert wird. Diese Transite können das Ende eines Lebensabschnitts markieren (allerdings ist das häufiger der Fall, wenn es um Transite von Saturn, Neptun oder von Uranus aus zu Pluto geht). Wie man die inneren Kräfte und Ressourcen einsetzt, könnte nun die beherrschende Frage sein,

was zur Auswirkung hat, daß diese Zeit geeignet für die Weiterentwicklung und Selbstvervollkommnung ist. Der Mensch könnte nun besondere psychische Erfahrungen machen und sehr intuitiv werden – oder Tendenzen zu einem leidenschaftlichen oder
besessenen Verhalten oder Denken aufweisen. Eine solche Phase
ist dazu geeignet, die untergründigen Dimensionen des Lebens an
die Oberfläche (des Bewußtseins) zu bringen und die dunkleren
Seiten der persönlichen Natur aufrichtig anzuerkennen. Es
kommt auf den Wunsch an, diese »Schattenseiten« und niederen
Tendenzen zu verbessern und zu läutern.

Richtlinien für die Transite zu Jupiter

Jupiter symbolisiert ein großes Potential für positive Veränderung. Insofern bedeutet er, im Transit aktiviert (insbesondere durch Jupiter, Saturn, Uranus, Neptun und Pluto, was für längerwährende und intensivere Phasen der persönlichen Veränderung spricht), ein sehr großes Energiereservoir. Die Freisetzung von Kraft, eine umfassende Wahrnehmung der persönlichen Fähigkeiten und viel Selbstvertrauen sind Begleiterscheinungen dieser Transite. Das Bestreben nach Weiterentwicklung prägt sich stark aus. Das in diesen Zeiten wirksame Transformationspotential bezieht sich häufig auf persönliche Überzeugungen, Hoffnungen und Zukunftspläne. Transite zum Geburts-Jupiter sind entscheidend dafür, die sich bietenden Chancen für Wachstum und Fortschritt, von denen ich so oft in diesem Buch gesprochen habe, auch tatsächlich zu nutzen. Wenn der Geburts-Jupiter aktiviert ist, könnte viel Energie in die Pläne für die Zukunft fließen.

Um das Bild zu vervollständigen, muß ich darauf hinweisen, daß selbst von einem Neumond im Aspekt zum Geburts-Jupiter eine Periode besonderer Gelegenheiten angezeigt sein kann. Dies gilt trotz der Tatsache, daß sich dessen Wirkung nur über vier Wochen hin erstreckt. (Hier könnte es allerdings durch eine Reihe von Neumonden immer wieder aufs neue zu engen Aspekten zum Geburts-Jupiter kommen, wodurch der Jupiter-Rhythmus länger, für einige Monate nämlich, zur Wirkung käme.) Des weiteren ist darauf hinzuweisen, daß der Transit-Mars ebenfalls einen wenn auch kurzen optimistischen Energieschub bringt, wenn er den Geburts-Jupiter aktiviert. Der Einfluß wird beträchtlich länger dauern, wenn Mars am Himmel zur Zeit des exakten Aspektes zu Jupiter stationär wird. Dann erhöhen sich die Chancen für bedeutungsvolle jupiterhafte Wagnisse oder Verbesserungen stark.

Eine Dimension Jupiters, auf die ich besonderen Nachdruck legen sollte, ist seine Verbindung zu religiösen Erfahrungen. Daraus ergibt sich oft, daß Transite zum Geburts-Jupiter mit persönlichen Erlebnissen verbunden sind, die man als religiös bezeichnen kann. (Wie schon früher in diesem Kapitel erwähnt, sind solche Erfahrungen auch dann recht häufig, wenn Jupiter im Transit auf Horoskop-Faktoren einwirkt.)

Es gibt gute Gründe dafür, das Jupiter-Prinzip mit dem in Verbindung zu bringen, was Jung den »religiösen Instinkt« der menschlichen Psyche nannte, weil dieser Planet uns dahingehend stimuliert, unser Bewußtsein zu erweitern und uns mit einer größeren Wesenheit zu vereinigen. Wie bereits erwähnt, kann dieser Instinkt sehr stark aktiviert sein, wenn der Geburts-Jupiter durch Transite energetisiert wird. Ich habe Fälle von religiösen Erfahrungen beobachtet, die mit der Opposition des Transit-Neptuns zum Geburts-Jupiter zusammenfielen, mit dem Transit-Pluto im Halbsextil zum Geburts-Jupiter und mit vielen anderen Verbindungen. Ich möchte an dieser Stelle besonders auf Uranus-Transite zu Jupiter eingehen, die auf verblüffende Weise mit ungewöhnlichen Erfahrungen aller Art zusammenfallen, einschließlich aufrüttelnder religiöser Erweckungen.

Professor Richard Tarnass stellt in seinem Buch umfangreiches Forschungsmaterial zu der Beziehung zwischen Uranus und Jupiter vor. Auf vielen Seiten finden sich dort faszinierende Verbindungen zu wichtigen geschichtlichen Ereignissen. Die Essenz seiner Erkenntnisse über dieses Planetenpaar gibt das folgende Zitat wieder:

Jupiter/Uranus-Transite scheinen immer wieder mit plötzlichen Erweckungen zusammenzufallen, dem Gefühl eines unerwarteten Glücks im Leben, der Euphorie der Befreiung, ... der glücklichen Entdeckung einer kindlichen Freude am Universum im Augenblick der Wiedergeburt. Dies ist der Augenblick des Quantensprungs des Bewußtseins ... Jupiter/Uranus-Transite gehen häufig mit dem einher, was der Psychologe Abraham Maslo »Gipfelerfahrung« nannte ... In ihrer höchsten Form fallen Jupiter/Uranus-Transite mit dem ekstatischen Erleben der spirituellen Befreiung zusammen: der Befreiung des Prometheus. Richard Tarnass: *Prometheus, the Awakener*

Tarnass führt viel gründlich recherchiertes Material in seinem Buch an, das die metaphysische Manifestation der Verbindung dieser beiden Planeten belegt. Der Astrologe, der bei seinem Klienten diese Dimension bei Transiten außer acht läßt, ist schlecht beraten. Es gibt beim Transit zum Geburts-Jupiter die verschiedensten Manifestationsmöglichkeiten: vom religiösen Erwachen und der Gipfelerfahrung bis zur vagen Vorstellung, daß man mehr Sinn im Leben finden muß. Ein bewußter Astrologe könnte deshalb daran interessiert sein, mehr über diesen Lebensbereich in Erfahrung zu bringen und ihn gemeinsam mit dem Klienten zu erkunden.

Auf der konkreteren Ebene können noch viele andere Jupiter-Wohltaten oder -Einsichten mit dem Uranus-Transit zum Geburts-Jupiter einhergehen. Jacques Cousteau erwarb sein Schiff *Calypso* mit Hilfe der finanziellen Unterstützung eines Menschenfreundes, als der Transit-Uranus bei ihm im Quadrat zu Jupiter stand. Albert Einstein strebte nach Unabhängigkeit im Denken und widmete sich seinem ganz persönlichen und einzigartigen Weg der Wahrheitssuche, wobei er die allgemein übliche Art, wie Autoritäten ihre Ideen präsentierten, ablehnte. Einige Jahre später, als der Transit-Uranus in Konjunktion zu seinem Geburts-Jupiter im 9. Haus stand, wurde Einstein plötzlich als Folge seiner bahnbrechenden physikalischen Forschungen weltberühmt. Amelia Earhart erhielt ihre Fluglizenz, als der Transit-Uranus sich in Opposition zu ihrer Jupiter/Mars-Konjunktion befand – eine ungewöhnliche und befreiende Errungenschaft für die Frauen jener Zeit. Der Historiker Arthur Schlesinger gewann 1945 zum ersten Mal den Pulitzer-Preis, als Uranus im Transit über seinen Jupiter im 10. Haus lief (und sich der Transit-Jupiter im Zeichen der Geburts-Sonne befand). Im Jahre 1965 publizierte er sein Werk *A Thousand Days: John F. Kennedy in the White House*, womit er zum zweiten Mal diesen Preis gewann. Wieder aktivierte Uranus dabei Schlesingers Jupiter im 10. Haus, dieses Mal im Quadrat.

Diese Beispiele mögen erhellen, warum Jupiter so lange Zeit als der »große Wohltäter« betrachtet wurde. Die Auswirkungen, die mit ihm einhergehen, können von dramatischer Art sein, müssen es aber nicht. Was noch wichtiger ist: Jupiter gibt uns die Chance zur Weiterentwicklung und Vervollkommnung. Er eröffnet uns die Möglichkeit, zu unserem eigenen Nutzen und zu dem der Mitmenschen unser Leben zu verbessern. Glück setzt einen Glauben an das Leben voraus sowie eine aufrichtige Dankbarkeit für das, was das Leben uns beschert. Wenn wir aus den Lektionen Jupiters eine optimistische Einstellung zum Leben gewinnen und uns bereitwillig mit den verschiedensten Menschen und persönlichen Erfahrungen auseinandersetzen, sollten wir dazu in der Lage sein, diese Reise auf unbekanntes Gebiet erfolgreich zu bewältigen – mit Fröhlichkeit und auch mit Dankbarkeit der größeren Macht gegenüber, die uns vom Inneren her unterstützt, wenn wir nur vertrauensvoll in die Zukunft schreiten.

Anhang

Beispielhoroskope

Albert Einstein
von Barbara McEnerney

Das Leben und die Arbeit Albert Einsteins liefern ein besonders erhellendes Beispiel für die Wirkungsweise Jupiters in dem revolutionären Zeichen Wassermann. Ohne Zweifel hat Einstein seinen festen Platz im Pantheon der Wissenschaftler, die unsere fundamentalen Ansichten über das, was Realität ist, verändert haben.

In der Geschichte der exakten Wissenschaften kommt nur einer Handvoll Menschen – zum Beispiel Nikolaus Kopernikus und Isaac Newton – eine solche Ehre wie Albert Einstein zu: eine Revolution des wissenschaftlichen Denkens herbeigeführt zu haben. Seine Einsichten in das Wesen der materiellen Welt zwangen Physiker und Philosophen, diese Welt mit neuen Augen zu sehen.

Roger H. Stuewer, Auszug aus:
McGraw Hill Encyclopedia of World Biography

Die innovativen, traditionszerstörenden Eigenschaften von Jupiter im Wassermann erhalten hier durch die Opposition zu Uranus im 3. Haus eine noch viel größere Spannung. Dieser Aspekt ist der Ausdruck dessen, daß es Einstein gelang, intuitive Gedankensprünge zu vollziehen, die ohne Beispiel waren. (Der Physiker Robert Oppenheimer hat die Schriften Einsteins zur Relativitätstheorie – die jener geschrieben hatte, als er gerade Mitte 20 war – als »lähmend schön« bezeichnet.) Der ungeheure Eindruck, den die Einsteinschen Entdeckungen auf die Gesellschaft machten, ist durch die Stellung Plutos im 11. Haus (soziale Veränderungen und wissenschaftliche Forschungen) angezeigt. Pluto steht hier genau

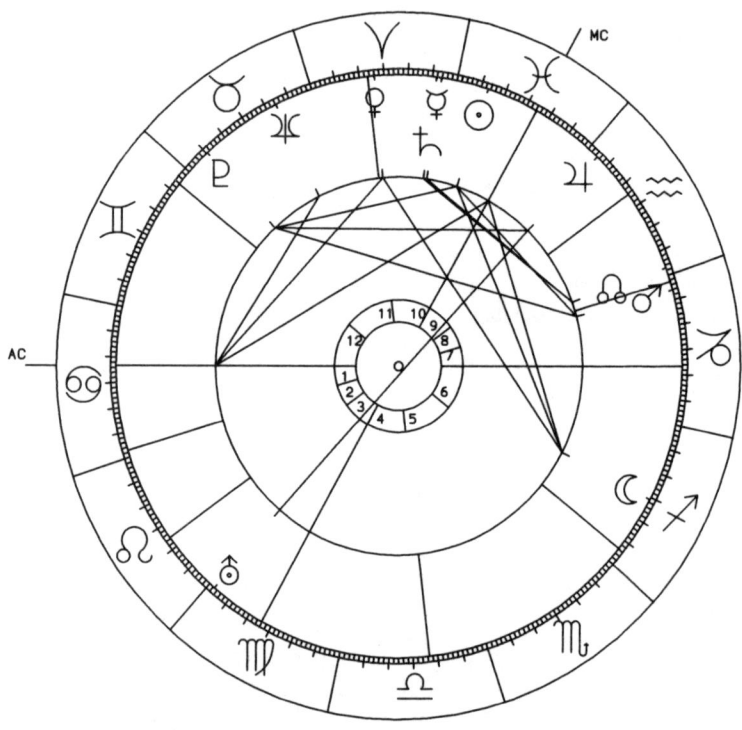

Albert Einstein, 14. März 1879, 11:30 LMT, 10:50 GMT, Ulm

im Schnittpunkt der Jupiter/Uranus-Opposition, wodurch ein T-Quadrat gegeben ist. Zugleich ist das ein Hinweis, daß hier tiefe Geheimnisse der Physik gelüftet wurden. Dieser transformierende Einfluß erreichte das Weltbewußtsein am 7. November 1919, als die *London Times* mit der triumphalen Überschrift erschien: »Revolution in der Wissenschaft, neue Theorie des Universums, Newtonsche Vorstellungen hinweggefegt« (zitiert nach Roger Highfield und Paul Carter: *Die geheimen Leben des Albert Einstein.* Der Zeitungsartikel berichtete, daß britische Wissenschaftler die empirische Bestätigung der Einsteinschen Ideen gefunden hatten. Während des Jahres 1919 erlebte der 40jährige Einstein die Uranus-Opposition zum Radix-Uranus. Und im November diesen Jahres stand der Transit-Uranus in genauer Konjunktion zu Einsteins Radix-Jupiter im 9. Haus.

Einige Jahre vorher war Einstein beim Schweizer Patentamt in Bern angestellt. In seiner Einstein-Biographie schreibt Kenji Sugimoto, daß »der junge Mann dafür bekannt war, keinen Wert auf Äußerlichkeiten zu legen und seiner Kleidung keine besondere Aufmerksamkeit zu schenken. So erschien er beispielsweise oft in grünen Pantoffeln mit Blümchenmuster im Büro.« Dieses humoristische Detail illustriert eine herausragende Facette von Einsteins Charakter: wassermannhafte Gleichgültigkeit dem gegenüber, was andere dachten, und Entschlossenheit, seinen ganz persönlichen, einzigartigen Weg zu gehen. Seine Freundin Antonina Vallentin notierte: Der Kampf gegen die Macht des Konventionellen im Leben kostete ihn große Mühe und brachte ihm viele Probleme ein (Zitat von Hilaire Cuny in Louis de Broglie: *Einstein*). Einsteins Horoskop ist in gewissem Sinn dreifach wassermannhaft/uranisch: Wassermann, Uranus und das 1. Haus sind in die oben angeführte Aspektkonfiguration eingebunden. Wassermann stellt den Unterton für die von Jupiter beherrschte Fische-Sonne und den Schütze-Mond dar, der der Herrscher des Horoskops ist. Wassermann-Themen sind in Einsteins Schriften von herausragender Bedeutung und in der Wahrnehmung seiner Person durch andere. Stuewer schreibt:

In seinem wissenschaftlichen und persönlichen Leben war er vollkommen unabhängig. Dieser Zug manifestierte sich in seiner Herangehensweise an wissenschaftliche Probleme, in seiner unkonventionellen Art, sich zu kleiden, in seiner Verbindung zur Familie und zu Freunden und in seiner Distanz zum akademischen Betrieb und zur Regierungspolitik (was keinen Widerspruch zu seinem ausgeprägten sozialen Bewußtsein darstellt).

Roger H. Stuewer, Auszug aus:
McGraw Hill Encyclopedia of World Biography

Die wassermanntypische Eigenschaft, eine intellektuelle Distanz zum Ausdruck zu bringen, versetzte Einstein in die Lage, die Rätsel der Physik aus einem vollständig neuen Blickwinkel zu betrachten. Wie das folgende Zitat aus seiner eigenen Autobiographie klarmachen dürfte, prägte die Wassermann-Suche in dem erweiterten Jupiter-Sinn sein ganzes Leben. Von jungen Jahren an, schrieb er, empfand er den Wunsch,

> ... mich von den Ketten des »Persönlichen« freizumachen, von einer Existenz, die von Wünschen, Hoffnungen und primitiven Gefühlen bestimmt wird. Da draußen gab es diese unermeßliche Welt, die unabhängig von uns Menschen existiert und vor der wir stehen wie ein großes, ewiges Rätsel, das höchstens zum Teil unserem Denken und Beobachten zugänglich ist. Das Sich-Versenken in diese Welt versprach mir Befreiung, und ich stellte schnell fest, daß viele Menschen, die ich schätzte und bewunderte, zu innerem Frieden und innerer Sicherheit gefunden hatten, als sie sich dieser Tätigkeit verschrieben. Die mentale Auseinandersetzung mit der außerpersönlichen Welt im Rahmen unserer Möglichkeiten präsentierte sich meinem Geist – halb bewußt, halb unbewußt – als ein erstrebenswertes Ziel.
>
> Albert Einstein: *Autobiographical Notes*

Die luftgeprägte unpersönliche Wassermann/Uranus-Ausrichtung wird bei Einsteins Beziehungen deutlich – wenn auch die Beschreibungen aus erster Hand zunächst einmal auf die wasserverbundene Sensibilität einhergehen, die man bei einer Fische-Sonne und einem Krebs-Aszendenten erwarten darf. Einsteins Schwiegersohn machte sich Gedanken über den Eindruck, den sein Schwiegervater hervorrief, und formulierte dann: »Diese Macht erwächst aus dem freundlichen Ausdruck, der sein ganzes Wesen mit einer Art strahlenden Sanftheit umgibt« (Zitat von Cuny). Ein Freund geht auf das Paradoxe in Einsteins Verhalten ein: »Er war ein Mann, der anscheinend zutiefst mit dem Schicksal jeder fremden Person fühlen konnte, während er bei einem engeren Kontakt dazu neigte, sich sofort in seinen Panzer zurückzuziehen« (zitiert von Highfield und Carter). Natürlich hatte sich Einstein als Wissenschaftler, der den Nobelpreis gewonnen hatte (mit einem reich besetzten 10. Haus), sehr viel Ruhm erworben. Und mit dem Trigon von Venus in Haus 10 zum Schütze-Mond war seine Popularität wahrhaft außergewöhnlich. Es ist deshalb verständlich, daß er sich gezwungen fühlte, seine Privatsphäre zu schützen (was ja überdies bei dem Krebs-Aszendenten ein natürlicher Instinkt ist). Einstein erkannte selbst die tiefergehende Wassermann/Uranus-Distanz, die seine Beziehungen färbte:

Er habe sich niemals im Leben von ganzem Herzen einem Land oder einem Staat, seinem Freundeskreis oder auch seiner Familie zugehörig gefühlt, zitieren die Autoren Roger Highfield und Paul Carter Einstein in ihrem Buch *The Private Lives of Albert Einstein*. Solche Bande seien für ihn immer von einer unbestimmten Zurückhaltung begleitet gewesen. Der Wunsch, sich in sich selbst zurückzuziehen, sei im Laufe der Jahre immer stärker geworden. Dabei war er sich darüber bewußt, daß dies einen Verlust darstellte. Für ihn habe sich aber insofern ein Ausgleich ergeben, als er sich von den Sitten, Meinungen und Vorurteilen anderer unabhängig gefühlt habe. Er sei nicht versucht gewesen, seinen Geistesfrieden auf ein in seinen Augen solch unsicheres Fundament zu gründen.

Beide Ehen Einsteins waren problematisch. Er sprach von der Ehe als »einer Unternehmung, bei der ich zweimal ziemlich unrühmlich gescheitert bin« (zitiert von Abraham Pais in *Einstein Lived here*). Die Beziehungen zu seinen beiden Söhnen waren ebenfalls gespannt. Daneben aber hatte Einstein Freunde, die ihm sein ganzes Leben lang treu blieben, und zu seiner Schwester, die in späten Jahren unter einer Behinderung zu leiden hatte, empfand er eine besondere Zuneigung. In dem Kreis der weiteren Bekannten wurde die egalitäre, freiheitsliebende Seite seines wassermanngeprägten Wesens deutlich. Seine Stieftochter gab hierzu eine passende Bemerkung: »Einsteins Interesse – oder sein Desinteresse – hing niemals von dem Titel oder der Klasse des Betreffenden ab. Womöglich konnte sich ein armer Bettler über Stunden hinweg seiner Aufmerksamkeit erfreuen, während vielleicht eine wichtige Persönlichkeit in rauher Form abgewiesen wurde« (von Cuny überliefert).

Es war die »globale Familie« und weniger die eigene, der Einsteins besondere Aufmerksamkeit galt. Es überrascht dann auch nicht, daß Einsteins Wassermann-Jupiter (wie auch die Fische-Sonne im 10. Haus und die äußeren Planeten im 11. Haus) zu den verschiedensten humanitären Aktivitäten führte. Er trat für den

Pazifismus ein, forderte internationale Zusammenarbeit und war – nach seinen Erfahrungen aus erster Hand, was den Antisemitismus der Nazis mitsamt der Drohung anging, ihn zu ermorden – für die zionistische Sache aktiv (1952 wurde ihm die Präsidentschaft des gerade gegründeten Staates Israels angetragen, die er aber zurückwies). Nachdem es 1945 zum Atombombenabwurf auf Japan gekommen war, verband er sich mit anderen Wissenschaftlern und sprach sich nachdrücklich gegen den Einsatz von Nuklearwaffen aus. Einstein bemerkte, daß sein Ruhm eine Verpflichtung war, und setzte die ihm zugeschriebene Autorität dafür ein, gegen soziale Ungerechtigkeiten in der Gesellschaft zu protestieren, ohne jede Rücksicht auf sein persönliches Ansehen.

In Einsteins Leben können wir den Versuch erkennen, die Fische-Sehnsucht nach einem transzendenten Sinn mit dem Wassermann-Jupiter im 9. Haus und dessen beharrlicher Suche nach einem Glaubenssystem, das nicht im Widerspruch zur wissenschaftlichen Forschung steht, zu vereinen. Die Spannung zwischen diesen beiden Bedürfnissen trat während einer stark religiösen Phase in seiner Jugend deutlich hervor.

Einstein schreibt in seinen *Autobiographical notes* selbst dazu, er habe – obwohl er ein Kind vollkommen ungläubiger (jüdischer) Eltern war – einen Zeitraum tiefer Religiosität erlebt. Dieser habe jedoch ein abruptes Ende genommen, als er zwölf war. Durch die Lektüre einiger populärer wissenschaftlicher Werke habe er die Überzeugung gewonnen, daß viele der Geschichten der Bibel nicht stimmen konnten. Die Konsequenz daraus sei für ihn ein geradezu fanatisches Freidenkertum gewesen, verbunden mit der Einschätzung, daß die Gesellschaft die Jugend bewußt hinters Licht führt. Dies sei für ihn eine tiefgreifende Erfahrung gewesen, aus der ein Mißtrauen gegenüber jeder Art von Autorität resultiert habe.

Interessanterweise wurde Uranus, als Einstein zwölf war, auf 27 Grad Waage stationär: genau im Trigon zu Einsteins Geburts-Jupiter im Wassermann.

Trotz dieser Desillusionierung lehnte Einstein die verschiedenen religiösen Perspektiven nicht vollständig ab. Allerdings verwarf er ganz allgemein anthropomorphe Gottesvorstellungen und orthodoxe Dogmen. (Er wurde deshalb auch von konservativen religiösen Autoritäten angeklagt, daß er den Atheismus fördere und statt dessen die Wissenschaft zum Gott erhebe.) Die Verbindung von Fische- und Wassermann-Impulsen in ihm kommt in den folgenden Bemerkungen zum Ausdruck:

> Ich bin der Ansicht, daß alle höheren Spekulationen auf wissenschaftlichem Gebiet ihren Ursprung in einem tiefen Gefühl von Religiosität haben. Ohne eine solche Grundlage würden sie keine Früchte tragen.
>
> Albert Einstein, zitiert von Dennis Ryan: *Einstein and the Humanities*

Und die berühmte Zeile aus einem Essay von Einstein:

> Wissenschaft ohne Religion ist wie der Lahme, Religion ohne Wissenschaft wie der Blinde.
>
> Albert Einstein: *Science and Religion*

Einstein bediente sich des Begriffs »kosmische Religion«, um seine Haltung von den traditionellen Religionen abzugrenzen. Bei seiner Abneigung gegenüber Autoritäten ist es nicht überraschend, daß er eine geistige Nähe zu Häretikern fühlte (welche ihrem Wesen nach zutiefst wassermannhaft sind):

> Die religiösen Genies aller Zeiten haben sich durch ein religiöses Gefühl ausgezeichnet, das kein Dogma kennt und dem Menschen kein Gottesbild aufdrängt. Keine Kirche kann ihre zentralen Lehren darauf gründen. Wir finden gerade unter den Häretikern aller Zeiten die Männer, die vom höchsten Ausdruck religiöser Gefühle erfüllt sind – und die ihren Zeitgenossen doch in vielen Fällen als Atheisten galten, manchmal allerdings auch als Heilige. In diesem Licht betrachtet haben Männer wie Demokrit, Franz von Assisi und Spinoza etwas gemeinsam.
>
> Albert Einstein, zitiert von Abraham Pais: *Einstein Lived here*

Einsteins spirituelle Gedanken weisen auf eine Jupiter/Neptun-Beziehung hin, zusätzlich zu der Jupiter/Uranus- und Jupiter/Pluto-Beziehung, auf die wir schon zu sprechen gekommen sind. Jupiter befindet sich im Schnittpunkt eines Dreiecks, von dem aus

Quintile zu Neptun im 11. Haus und zum Schütze-Mond im 6. Haus ausgehen. Damit stehen dann wiederum Mond und Neptun in einem Biquintil zueinander. Bei einem so subtilen und komplexen Geist wie Einstein ist davon auszugehen, daß ein solcher Einfluß deutliche Konsequenzen hat. Bill Tierneys Beschreibung des Quintil-Aspektes trifft dann auch auf bemerkenswerte Weise auf Einstein zu: »In Hinsicht auf Quintile herrscht allgemein die Meinung vor, daß sie Anzeichen für ungewöhnliche Facetten menschlicher Fähigkeiten, ein bemerkenswertes Maß an kreativem Genie, seltener Erkenntnisfähigkeit und hohen geistigen Fähigkeiten sind.« (Bill Tierney: *Dynamik der Aspektanalyse*) Einsteins mit dem Wassermann-Jupiter verbundene Suche nach wissenschaftlicher Erkenntnis stand in Einklang mit einem neptunischen Gefühl für Wunder und einer besonderen ästhetischen Würdigung der Schönheit der Strukturen des Universums (Neptun im Stier). Sein Schütze-Mond im 6. Haus unterstützte Einstein bei der Ausformulierung seiner beeindruckenden intuitiven Wahrnehmungen. Er half dabei, sie (mit Hilfe von Merkur/Saturn!) in die Formelsprache der Physik zu kleiden.

Eine bewegende Aussage aus Einsteins *Mein Weltbild* faßt die spirituellen Sichtweisen, die zu seinem revolutionären wissenschaftlichen Werk führten, zusammen:

Das Schönste, was wir erleben können, ist das Geheimnisvolle. Es ist das Grundgefühl, das an der Wiege von wahrer Kunst und Wissenschaft steht. Wer es nicht kennt und sich nicht mehr wundern, nicht mehr staunen kann, der ist sozusagen tot und sein Auge erloschen. Das Erlebnis des Geheimnisvollen – wenn auch mit Furcht gemischt – hat auch die Religion gezeugt. Das Wissen um die Existenz des für uns Undurchdringlichen, der Manifestationen tiefster Vernunft und leuchtendster Schönheit, die unserer Vernunft nur in ihren primitivsten Formen zugänglich sind, dies Wissen und Fühlen macht wahre Religiosität aus; in diesem Sinne und nur in diesem gehöre ich zu den tief religiösen Menschen. Albert Einstein: *Mein Weltbild*

Bob Dylan
von Stephen Arroyo

Der als Robert Zimmermann am 24. Mai 1941 geborene Liedermacher und Troubadour, besser unter dem Namen Bob Dylan bekannt, stellt in verschiedener Hinsicht ein gutes Beispiel für einen
Schütze-Aszendenten dar. Bei Dylan haben wir es mit einem besonders jupiterbetonten Menschen zu tun, weil bei ihm Jupiter als
herrschender Planet auch noch in Konjunktion zur Sonne steht
(Jupiter befindet sich auch in Konjunktion zu Uranus – revolu-
tionäre Originalität – und sogar noch in einer weiten Konjunktion
zum Mond). Es gibt nur wenige Liedermacher, die so kreativ waren und deren Werke derart häufig von anderen Künstlern aufgegriffen wurden. Dylans Werk umfaßt Dutzende von international
bekannten Klassikern, von denen die meisten heute noch so aus-
sagekräftig und frisch sind wie an dem Tage, als sie geschrieben
wurden.

Dylans Lieder spiegeln seinen Schütze-Aszendenten (und den
starken Jupiter-Einfluß) wider:

• Moralische und ethische Themen waren ihm immer wichtig,
von den Protestsongs der 60er Jahre bis hin zu den Liedern, die er
25 Jahre später schrieb.

• Eine philosophische Einstellung zum Leben zieht sich durch
viele seiner Werke, zum Beispiel in *Don't think twice, it's all right*,
was eine Widerspiegelung des immerwährenden Optimismus des
Schütze-Aszendenten darstellt (allerdings ist sich Dylan der
Schattenseiten des Lebens, der Ungerechtigkeiten und Schmerzen
bewußt).

• Religiöse und philosophische Belange spielen für ihn in seiner
persönlichen Suche eine große Rolle. Dies äußerte sich in hingebungsvollen christlichen Songs und Kommentaren, im Eintreten
für soziale Gerechtigkeit und in an der Zen-Philosophie ange-
lehnten Wortgespinsten, die an eine »kosmische Komödie« denken lassen. Es kam auch in ernsthaften philosophischen Fragestellungen zum Ausdruck, die über die traditionellen Religionen

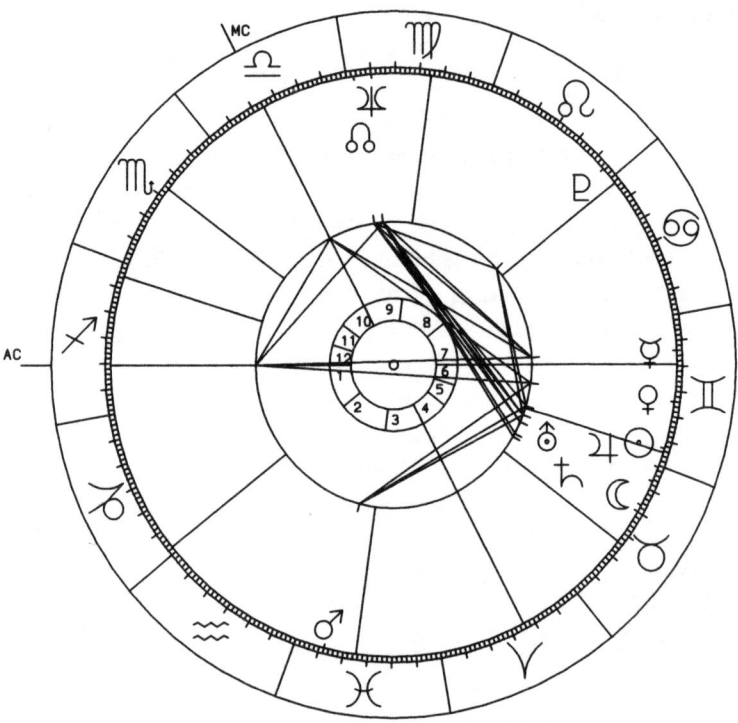

Bob Dylan, 24. Mai 1941, 21.05 CST, 03:05 GMT, Duluth MN, USA

weit hinausgehen, zum Beispiel in einem seiner originellsten Alben, das allerdings relativ wenig beachtet wurde, *John Wesley Harding*.

• Der Idealismus des Schütze-Aszendenten wird in seiner Arbeit deutlich, ebenso die markante Ausrichtung auf die Zukunft: *The Times, They are a Changin'*. Hier macht sich eine prophetische und fast schon archetypische Form des Ausdrucks bemerkbar, die Anklänge an die Bibel wachruft.

Wir sollten darauf hinweisen, daß Neptun als Planet der Vision, der Musik und der Phantasie im 9. Haus steht und daß sich Dylans Mars in den Fischen befindet, dem Zeichen, das von Neptun und

Jupiter gemeinsam beherrscht wird. Das ist ein passendes Symbol dafür, daß er sich trotz seiner natürlichen Schüchternheit ziemlich bestimmt zur Geltung bringen konnte.

Des weiteren ist meiner Meinung nach die Stellung Jupiters im Stier von grundlegender Bedeutung. Eine deutlich ausgeprägte Erdverbundenheit versetzte Dylan in die Lage, seine phantasievollen Vorstellungen mit konkreten und tiefgründigen Details anzureichern, ohne die es nicht geht. Außerdem ermöglichte sie ihm, sich auf die rhythmischen Prozesse von Ebbe und Flut und die natürlichen Zyklen einzustimmen.

Hermann Hesse
von Barbara McEnerney

Kurz vor seinem 60. Lebensjahr schrieb Hermann Hesse, der gefeierte deutsche Erzähler und Dichter, die folgende Beobachtung nieder: »Das Schreiben ist jedes Mal ein verrücktes, aufreibendes Geschäft, eine Fahrt in einer Nußschale auf hoher See, ein einsamer Flug durch das Universum.« Durch das Schreiben konnte Hesse mit seinem Schütze-Aszendenten in seinen turbulenten persönlichen Erfahrungen einen Sinn erkennen und sich auch in dunklen Zeiten den Glauben bewahren. Bei ihm befindet sich Jupiter sogar im Schützen, in der Nähe des Aszendenten und in Opposition zu Merkur in den Zwillingen. Hesse war der geborene Schriftsteller: »Von meinem dreizehnten Jahr an war es mir klar, daß ich entweder ein Dichter werden wollte oder gar nichts.« Die allgemeine Anerkennung, die Hesses literarisches Werk weltweit erfuhr, steht astrologisch in enger Verbindung zu seinem Aszendenten und zum Schütze-Jupiter. Der Erfolg, der sich mit seiner ersten Erzählung *Peter Camenzind* 1904 gewissermaßen über Nacht einstellte, ging wie die Verleihung des Literatur-Nobelpreises 42 Jahre später mit Uranus-Transiten zu der Merkur/Jupiter-Opposition und zu der Aszendent/Deszendent-Achse einher. Der Schütze-Einfluß läßt sich bis in Hesses Kindheit zurückverfolgen. Er macht sich bemerkbar in den Themen, die Hesse beschäftigten, sowie in der Tatsache, daß er für seine Leser – die wie er selbst in einer Zeit von persönlichen und gesellschaftlichen Krisen intensiv nach dem Sinn des Lebens suchten – die Rolle eines spirituellen Lehrers erfüllte.

Im süddeutschen Calw geboren, wuchs Hesse in einem Haus auf, das durchdrungen war vom multikulturellen Geist, wie er mit dem Schützen in Verbindung gebracht wird. Seine Eltern sowie sein Großvater mütterlicherseits waren als Missionare in Indien tätig gewesen, wo dann auch seine Mutter zur Welt gekommen war. Hesses Großvater, der bei der Familie lebte, leitete das missionarische Verlagshaus in Calw. Für Hesse mit seiner Krebs-Sonne waren die kindlichen Erfahrungen von entscheidender Bedeutung, und in seiner Autobiographie beschreibt er lebhaft, wie

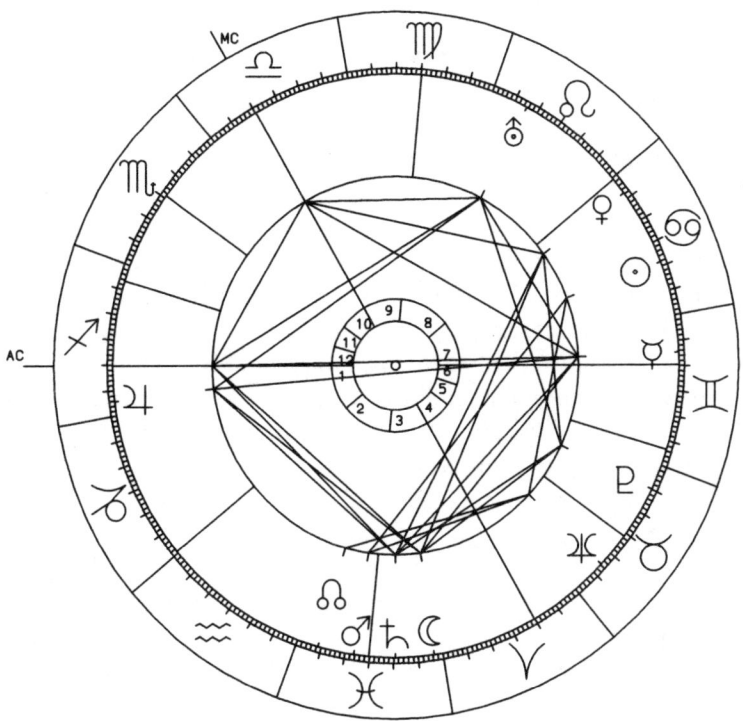

Hermann Hesse, 2. Juli 1877, Calw/D, 18.30 LMT, 17:55 GMT

sein Zuhause von einer Schütze-Atmosphäre beherrscht wurde (es ist zu beachten, daß sich in seinem Horoskop der Schütze-Jupiter im Quadrat zum Fische-Mond befindet):

Viele Welten, viele Teile der Erde streckten Arme und Strahlen aus und trafen und kreuzten sich in unserem Hause ... Hier wurde gebetet und in der Bibel gelesen, hier wurde studiert und indische Philosophie getrieben ... hier wußte man von Buddha und Lao Tse. Gäste kamen aus vielen Ländern, den Hauch von Fremde und Ausland an den Kleidern, mit absonderlichen Koffern aus Leder und aus Bastgeflecht und dem Klang fremder Sprachen.

Hermann Hesse: *Eigensinn*

285

Ernst Rose schreibt zum Sprachenreichtum im Hesse-Heim in *Faith from the Abyss* folgendes: »Er hörte seinen Großvater in Englisch, Französisch, Italienisch und in ostindischen und malaiischen Dialekten reden.« Diese vielsprachige Tradition macht sich auch in einem anderen schützehaften, weltumspannenden Aspekt von Hesses Leben bemerkbar: Seine Bücher sind in 35 verschiedene Sprachen übersetzt worden, einschließlich neun der verbreitetsten Dialekte Indiens. In Japan ist er der populärste deutsche Schriftsteller. Fast 15 Millionen Exemplare wurden von seinem ins Englische übersetzten Werk im Zehn-Jahres-Zeitraum von Mitte der 60er bis Mitte der 70er Jahre in den USA verkauft – »ein literarisches Phänomen«, das nach dem Hesse-Biographen Joseph Mileck »ohne Beispiel in Amerika ist«. Hesse, der Sohn eines Missionars-Paares, hatte die Sonne im Krebs – er hatte einen machtvollen Einfluß auf viele Länder der Welt und blieb doch fest in Europa verwurzelt.

Hesses Kindheit war von den verschiedensten Schütze-Einflüssen gekennzeichnet, ebenso von einer tiefen, streng asketischen und repressiven Spiritualität, was durch die Saturn/Mond-Konjunktion in den Fischen zum Ausdruck kommt. Hesse selbst lehnte die enge orthodoxe Form der Religion ab; er hatte sehr mit den emotionalen Narben, die diese ihm einbrachte, zu kämpfen. Dennoch fühlte er sich weiterhin verpflichtet, nach Wegen zu suchen, um »in den zeitlosen Bereich des Geistes vorzudringen«. Das war das Gebiet, auf dem Hesse sich am ehesten zu Hause fühlte und das er als seine eigentliche literarische Domäne ansah« (zitiert nach Theodore Ziolkowski aus der Einführung zu Hesses *Autobiographical Writings*). Der Schütze-Jupiter forderte dabei die konservative Saturn/Mond-Konjunktion dazu heraus, nach weiteren spirituellen Horizonten zu suchen. Umgekehrt unterstützte der Saturn im 3. Haus in den phantasiereichen Fischen Hesse dabei, seinen jupitergeprägten Erkundungen durch das Schreiben eine Form zu verleihen.

Ein Ausdruck von Hesses spiritueller Suche war sein lebenslanges Interesse an östlichen Philosophien (was wiederum in Übereinstimmung zu seiner Schütze/Fische-Prägung stand). Dieses Interesse wurde zuerst durch die Tausende von Bänden umfassende Bibliothek seines Großvaters geweckt, die nicht nur, wie sich Hesse erinnerte, Lehrwerke zur Theologie und östlichen Philologie enthielt, sondern auch Übersetzungen der Heiligen Bücher des Ostens. Über die Jahre hinweg lernte Hesse den Hinduismus, den Buddhismus und besonders auch die taoistische und chinesische Philosophie zu schätzen (Richard Wilhelms 1924 erschienene Übersetzung des *I Ging* war stark von Hesses Sichtweisen geprägt). Einige von Hesses Novellen wie *Siddharta* und *Die Morgenlandfahrt* stellen den direkten Ausdruck seines Verständnisses der östlichen Weisheiten dar. Hesses breitgefächerte multikulturelle Spiritualität wird aus der folgenden Beschreibung des »indischen Tanzidols, das in meines Großvaters märchenhaftem Glaskabinett stand«, deutlich:

> Hinter seiner Form, hinter seinem Gesicht und Bild wohnte Gott, weste das Unendliche, das ich damals, als Knabe, ohne Namen nicht minder verehrte und kannte als später, da ich es Shiva, Vishnu, da ich es Gott, Leben, Brahman, Atman, Tao oder ewige Mutter nannte. Es war Vater, war Mutter, es war Weib und Mann, Sonne und Mond. Hermann Hesse: *Eigensinn*

Während Hesse unter dem Einfluß des Schütze-Jupiters über das Enge und Provinzielle hinauswuchs, das mit dem Krebs verbunden sein kann, bewahrte er sich doch seine Wurzeln in der eigenen Kultur und Überlieferung. Ralph Freedman schreibt hierzu: »Als Missionar im besten Sinne des Wortes konnte Hesse darangehen, eine andere Welt und eine andere Identität kennenzulernen. Er konnte sie zu der eigenen machen und dabei doch sein christliches und westliches Selbst bewahren« (Ralph Freedman: *Hermann Hesse – Eine Biographie*). Hesse hatte ein »zweifältiges Selbst, er war Deutscher und Romantiker, Taoist und Buddhist, er lebte gleichzeitig in zwei scheinbar entgegengesetzten inneren Welten«. Der Brückenschlag zwischen diesen Welten macht die Universalität seiner Erzählungen aus, die in ihrem Kern autobiographisch geprägt sind (Hesse nannte sie »Biographien der Seele«). Ernst Rose beschreibt die Reaktion eines indischen Gelehrten auf *Siddharta*: »Er war erstaunt, einen Europäer zu finden, der den Geist des Landes verstanden hatte.« Hesse selbst ging in seiner

Autobiographie auf den Ost-West-Dualismus ein. Im folgenden
Zitat nimmt er auch selbst Bezug auf seinen Schütze-Aszendenten. (Einer seiner besten Freunde, Josef Englert, war Astrologe;
vielleicht war er es, der Hesse in Kontakt mit der Astrologie gebracht hatte.) Hesse schreibt noch einmal über die Gottheiten in
der Sammlung seines Großvaters:

> Diese Gottheit, und noch andere, haben sich meiner Kinder-
> jahre angenommen und haben mich, lange schon ehe ich lesen
> und schreiben konnte, mit morgenländischen, uralten Bildern
> und Gedanken so erfüllt, daß ich später jede Begegnung mit in-
> dischen und chinesischen Weisen als eine Wiederbegegnung, als
> eine Heimkehr empfand. Und dennoch bin ich Europäer, bin
> sogar mit dem aufsteigenden Zeichen des Schützen geboren,
> und habe mein Leben lang tüchtig die abendländischen Tugen-
> den der Heftigkeit, der Begehrlichkeit und der unstillbaren
> Neugierde geübt.   Hermann Hesse: *Eigensinn*

Es ist zu vermuten, daß in dem Wort »Tugend« ein ironischer Unterton mitschwingt.

Hesses freimütiges Geständnis, daß sein Leben den östlichen
Vorstellungen der ihn faszinierenden Losgelöstheit und Heiterkeit oft nicht gerecht wurde, war realistisch. Seine glühende spirituelle Suche wurde durch die inneren Konflikte angefacht, die von
dem T-Quadrat in den veränderlichen Zeichen symbolisiert sind
(mit der Saturn/Mond-Konjunktion in den Fischen im Schnittpunkt). Hesse hatte gegen Depressionen, Selbstmordgedanken,
Alkoholabhängigkeit und starke Fluchttendenzen zu kämpfen.
Die Auseinandersetzung mit diesen Schattenseiten des Lebens
kommt auch in dem genauen Halbquadrat der Sonne zu Pluto
zum Ausdruck (sowie in deren Halbquadrat zu Uranus im
8. Haus). Die Psychoanalyse durch einen Therapeuten, der von
C. G. Jung geschult worden war, trug mit zu Hesses Heilung bei.
Hesse bezog sich in der Novelle *Demian* auf diese Erfahrungen.
In ihr werden auch die betörenden Träume dargestellt, für die er
mit seiner Fische-Betonung natürlich besonders anfällig war.

Mitte 40, als der Transit-Pluto in Konjunktion zur Radix-Sonne
im 7. Haus stand, erlebte Hesse eine besonders schwere Krise. Der

Konflikt zwischen den spirituellen und sinnlichen Seiten seines Wesens eskalierte, und er hatte unter einer explosiven Ehe zu leiden, die auch nicht von Dauer war. (Bald nach diesem Transit fand Hesse seine Lebensgefährtin Ninon, mit der ihn eine warmherzige und anteilnehmende Partnerschaft verband.) Als dieser Pluto-Transit sich seinem Ende zuneigte, verfaßte Hesse den *Steppenwolf*, was ein Anzeichen dafür ist, daß er das Handwerk des Schreibens (Merkur in den Zwillingen) dafür einsetzte, den emotionalen Aufruhr in sich zu transformieren und einen Sinn in seinen Erfahrungen zu erkennen. Wie es Ernst Rose formulierte: »Die Klarheit von Hesses Sprache war als Schutz gegen das Chaos gedacht.« (Merkur in den Zwillingen im Quadrat zu Fische-Planeten!) Astrologen werden in Ernst Roses Kommentar zu dieser Erzählung die klassisch-dunkle plutonische Reise wiedererkennen:

> Steppenwolf bedeutet buchstäblich den Gang durch die Hölle, durch das Inferno der modernen Seele, mit dem Willen zu bestehen... Es handelte sich dabei um die erste deutsche Erzählung, die den Abstieg in die Kellergewölbe des Unbewußten in Verbindung mit dem Streben nach spiritueller Integration darstellte. Ernst Rose: *Faith from the Abyss*

Diese plutonische Erzählung wurde für viele Amerikaner während der turbulenten Phase Mitte der 60er Jahre zu einer Art Bibel – zu der Zeit, als die Transit-Konjunktion von Uranus und Pluto weitreichende radikale und transformative Kräfte freisetzte. Dabei handelte es sich um eine ganz andere Bibel als die, die Hesses Missionarseltern mit sich führten. Vielleicht muß man aber auch hier Einschränkungen machen: Hesse selbst nannte das Neue Testament »eine Fundgrube der wertvollsten und gefährlichsten Weisheiten«.

Der Schütze symbolisiert nicht nur den Reisenden, sondern auch den Führer – denjenigen, der das Ziel kennt und anderen den Weg weisen kann. Mit Jupiter im Schützen dicht am Aszendenten wurde Hesse, nach den Worten von Ralph Freedman, zu »einer mythischen *persona*, zu einem Pilger, dessen Worte sich lesen wie eine heilige Schrift«. Besonders die Jüngeren wählten Hesse zu

ihrem Idol und überschütteten ihn mit Briefen. Die überlebens-
große Dimension des Schütze-Aszendenten nahm nach Hesses
Tod im Jahre 1961 dramatische Ausmaße an. Ralph Freedman
beobachtete:

> In seiner amerikanischen Inkarnation wurde er zu einem
> Mythos – einer Mischung aus Jesus und Buddha, über alle zeit-
> genössischen Schemata und geographischen Zuordnungen er-
> haben. In dieser ahistorischen Rolle ergab sich nach seinem Tod
> eine explosive Zunahme des Ruhms, die alles, was er zu Leb-
> zeiten erfahren hatte, noch beträchtlich überstieg.
>
> Ralph Freedman: *Hermann Hesse – Eine Biographie*

Freedman arbeitet heraus, daß bei allem Auf und Ab der Popularität Hesses vor und seit dem Scheitelpunkt der 60er Jahre der
Autor besonders in Zeiten sozialer Krisen viel gelesen wird. Das
hat seinen Grund wohl darin, daß Hesse die Macht des Glaubens
angesichts persönlicher und gesellschaftlicher Krisen aufzeigt.
Wie ein weiterer Schriftsteller mit Jupiter im 1. Haus – Ralph
Waldo Emerson – besaß er einen »unerschütterlichen Glauben an
den Wert des Individuums, selbst dann, wenn dieses sich gegen die
sozialen Werte seiner Umgebung wandte« *(Zitat aus der Hesse-
Biographie Freedmans)*.

Hesses letzter Roman, *Das Glasperlenspiel*, an dem er von
Mitte 50 bis Mitte 60 arbeitete, stellt den Höhepunkt des lebenslangen Suchens nach der verbindenden Vision dar, welche die
Spannung der Polaritäten der Existenz lösen helfen sollte. Der angeführte Abschnitt aus dem Gedicht *Stufen*, das ein Bestandteil
dieses Romans ist, bringt Hesses positive schützegeprägte Lebensphilosophie als eine Reise zum Ausdruck:

> Wir sollen heiter Raum um Raum durchschreiten,
> An keinem wie an einer Heimat hängen,
> Der Weltgeist will nicht fesseln uns und engen,
> Er will uns Stuf' um Stufe heben, weiten.

Kaum sind wir heimisch einem Lebenskreise
Und traulich eingewohnt, so droht Erschlaffen,
Nur wer bereit zu Aufbruch ist und Reise,
Mag lähmender Gewöhnung sich entraffen.

Es wird vielleicht auch noch die Todesstunde
Uns neuen Räumen jung entgegensenden,
Des Lebens Ruf an uns wird niemals enden ...
Wohlan denn, Herz, nimm Abschied und gesunde!

Hermann Hesse: *Stufen*; aus: *Das Glasperlenspiel*

Ringo Starr
von Stephen Arroyo

Der als Richard Starkey in einer Arbeitersiedlung Liverpools geborene zukünftige Schlagzeuger der Beatles verließ die Schule im Alter von 14 Jahren. Zehn Jahre später hatte er es als Mitglied der populärsten Band der Welt zu weltweitem Ruhm gebracht. Ringo Starr stellt in vielerlei Hinsicht das perfekte Beispiel eines Menschen mit Fische-Aszendent dar: ein zurückhaltendes, liebenswürdiges, sichtbar mitfühlendes, verletzliches Wesen (durch die Krebs-Sonne noch verstärkt) und zufrieden damit, eine Rolle im Hintergrund zu spielen. Und doch würden viele Menschen mit der Beobachtung übereinstimmen, daß Starr die vereinigende Energie der Beatles war – trotz der Tatsache, daß er im Hintergrund blieb, nur selten ein Solo hatte und nur selten allein sang. Die Songs, die er vortrug, wiesen ein Element der Geringschätzung der eigenen Person und der Komik auf, wie zum Beispiel in *Yellow Submarine* (ein gelungenes Bild der Krebs-Sonne und des Fische-Aszendenten). Kennzeichnend für Starr war die einnehmende Einfachheit. Er wollte niemals den Gesang oder die Leadgitarre Harrisons übertönen. Er unterlegte die verschiedensten Songs mühelos mit einem flüssigen, einnehmenden und verspielten Rhythmus. Starrs Rhythmen trugen zu dem typischen Beatles-Sound bei, der innovativ war und sich zugleich durch eine bestimmte Einfachheit auszeichnete.

Der machtvolle Jupiter (der zusammen mit Neptun der Herrscher des Horoskops ist) im Stier sowie im Sextil zur Sonne versetzten Starr in die Lage, eine unkomplizierte, erdverbundene und dabei doch stets liebenswerte und optimistische Energie zum Ausdruck zu bringen, die, ohne daß dafür Worte nötig gewesen wären, für unverfälschte Lebensfreude stand. Anders ausgedrückt ist Ringo Starr damit das typische Beispiel des Menschen mit einem Fische-Aszendenten, der sich einer größeren Kraft, einer Gruppe, einem Ideal oder einem künstlerischen Ausdruck hingibt, ohne daß das Ego dabei im Weg stünde.

Es sollte erwähnt werden, daß Starr mit seinem reich besetzten 5. Haus (einschließlich der stark gestellten Sonne an der Häuser-

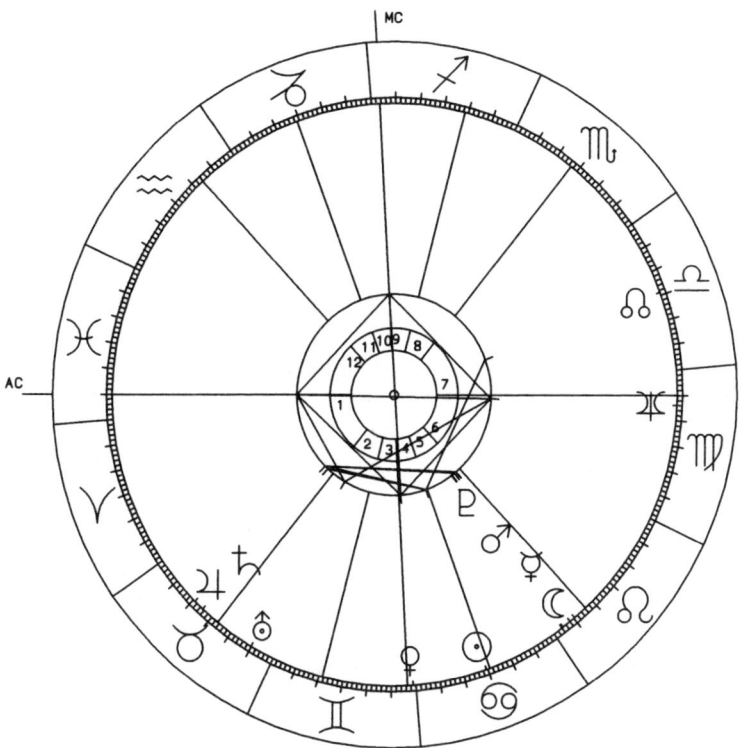

Ringo Starr, 7. Juli 1940, 23:05 GMT, Liverpool

spitze) und seiner Krebs/Löwe-Prägung in einer Reihe von Filmen mitspielte und auch bei Kindersendungen im Fernsehen aktiv war. Seine Zwillings-Venus trägt zu der Fähigkeit bei, schnell Kontakt zu jüngeren Leuten zu bekommen.

Walter Mondale und Konrad Adenauer
von Stephen Arroyo

Bei der Untersuchung von Horoskopen berühmter Persönlichkeiten mit Fische-Aszendenten kommen bei diesen zwei Politikern bemerkenswerte Parallelen zum Ausdruck. Mondale war sozial sehr aktiv, er war ein liberaler US-Senator, später Vizepräsident unter Jimmy Carter und dann Präsidentschaftskandidat der Demokratischen Partei, verlor aber gegen Ronald Reagan. Danach ging er als US-Botschafter nach Japan. Adenauer war von 1917 bis 1933 Bürgermeister von Köln, er wurde dann von den Nationalsozialisten seines Amtes enthoben und zeitweilig inhaftiert. Nach dem Krieg wurde er der erste Bundeskanzler Westdeutschlands. Diese Position bekleidete er über einen bemerkenswert langen Zeitraum: von 1949 bis 1963.

Wie es den Fischen entspricht, war für beide kennzeichnend, daß sie das Vertrauen mächtiger Autoritäten besaßen, daß sie die richtige Person am richtigen Ort seien – sie selbst strebten nicht aktiv danach, Macht zu übernehmen. Mondale war nach dem Verzicht seines Vorgängers zum Generalstaatsanwalt von Minnesota bestellt worden, und später wurde er zum US-Senator ernannt, ehe er dazu gewählt worden war (um das Amt von Hubert Humphrey zu übernehmen, dessen Amtszeit noch nicht abgelaufen war). Als Abgeordneter des Kongresses, der in gesellschaftspolitischer Hinsicht der aktivste der gesamten US-Geschichte war, wurde er einer breiten Öffentlichkeit bekannt.

Adenauer war jemand, der seine administrativen Fähigkeiten unter Beweis gestellt hatte und der nach Beendigung des Zweiten Weltkrieges nicht im Ruf stand, mit den Nationalsozialisten gemeinsame Sache gemacht oder sympathisiert zu haben. Das ließ ihn in der Zeit, als die neue politische Struktur Westdeutschlands Form annahm, in den Augen der Alliierten akzeptabel erscheinen.

Astrologisch gesehen haben beide Männer nicht nur einen Fische-Aszendenten, sondern auch noch Jupiter als herrschenden Planeten in einem Wasser-Zeichen, was einen Hinweis auf die subtilen strategischen Manöver darstellt, die typisch für sie waren.

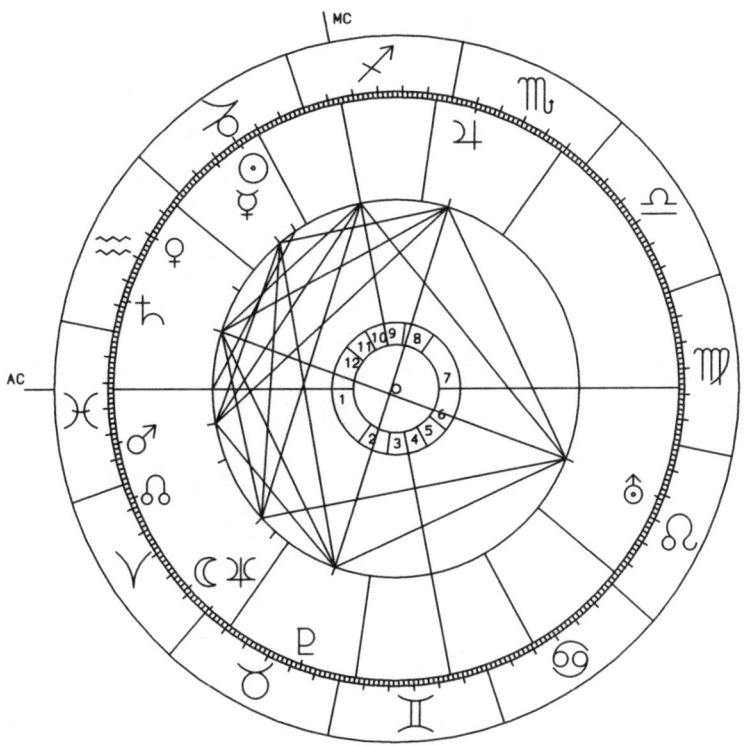

Konrad Adenauer, 5. Januar 1876, 10:30 LMT, 10:02 GMT, Köln

Außerdem kamen beide am 5. Januar zur Welt und hatten die Sonne im 11. Haus, das mit Politik in Verbindung steht, auf 14 Grad Steinbock. Beide weisen einen kraftvollen, extravertierten Planeten im Fische-Zeichen im 1. Haus auf, was vielleicht die Erklärung dafür ist, daß beide erfolgreicher und selbstbewußter als die meisten anderen Menschen mit dem Fische-Aszendenten waren. Bei Mondale handelt es sich hier um Jupiter, bei Adenauer um Mars. Adenauers Mars steht auch noch im Trigon zu Jupiter, was zur Folge hat, daß dieser doppelt von Jupiters Expansivität und wohltätigem Ansporn geprägt ist. In Mondales Horoskop befindet sich Jupiter nicht nur in Konjunktion zu Uranus (ein perfektes Symbol für einen Visionär der radikalen gesellschaftlichen

295

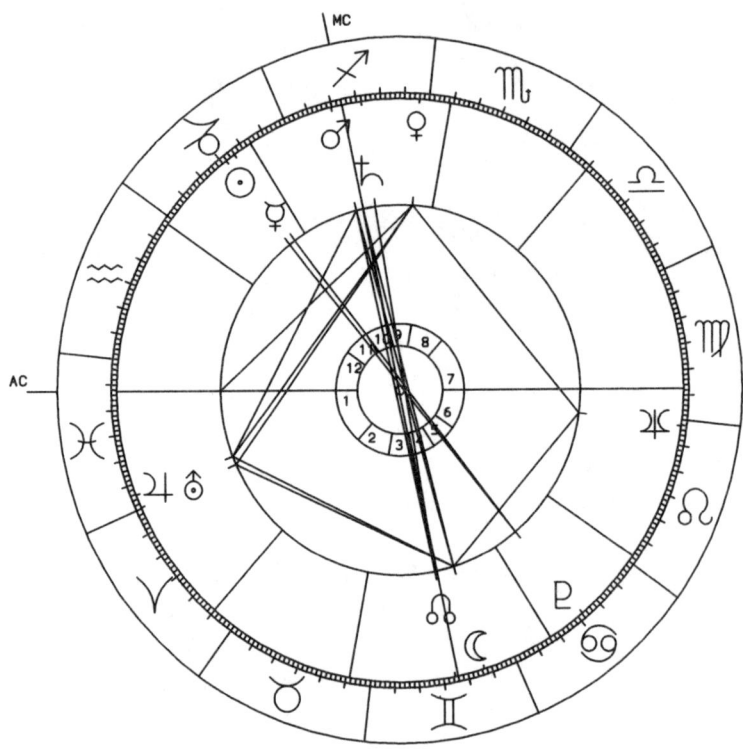

Walter Mondale, 5. Januar 1928, 10.30 CST, 16:30 GMT, Ceylon/MN/USA

Veränderung mit der potentiellen Einstimmung auf die Wünsche der Massen – weil sich die Konjunktion in den Fischen befindet), sondern überdies im Schnittpunkt eines T-Quadrates, das Mars (im Schützen!) und den Mond umfaßt.

Mondales Horoskop ist so jupiterbetont, daß seine liberalen und toleranten Ansichten, seine ausgeprägten Moralvorstellungen, seine Rechtskenntnisse sowie seine scheinbar unerschöpfliche Bereitschaft, für soziale Programme Mittel zu beschaffen (selbst wenn sich kein Empfänger finden sollte), nicht verwundern können. Neben der bereits angesprochenen Fische-Betonung steht der Schütze-Mars in einer Konjunktion zum Schütze-Saturn am MC, und auch die Venus befindet sich im Zeichen

Schütze im 9. Haus. Mondales Steinbock-Prägung in Verbindung mit der Tatsache, daß Saturn im Schützen steht, halfen dabei, die visionären Vorstellungen zumindest teilweise auf die konkrete Ebene zu bringen. Das erklärt, weshalb er in der Politik und in den alltäglichen Kämpfen der realen Welt tätig war, statt sich nur auf Reden zu beschränken oder sich mit der Rolle eines Kommentators am Rande des Geschehens zufriedenzugeben.

Adenauer scheint ebenfalls eine Art praktischer Idealist gewesen zu sein: Saturn im Wassermann (dem Zeichen, das par excellence für gesellschaftliche Aktivität spricht), im fast genauen Quadrat zu Jupiter. Dieses Quadrat bremste ihn nicht – wie es einigen astrologischen Traditionen zufolge zu erwarten gewesen wäre –, sondern machte ihn zu einem zielstrebigen und disziplinierten Arbeiter, was auch am Leben vieler anderer Menschen zu sehen ist, die hartnäckig versuchen, die persönlichen Visionen der Zukunft real werden zu lassen. Was war es, das Adenauer zu einer herausragenden Figur werden ließ? Ein Grund dafür ist, daß er einem verwüsteten Land die Demokratie nahebrachte und es aufblühen ließ. In der Londoner *Times* war anläßlich seines Todes folgendes zu lesen:

In den ersten Jahren der Bundesrepublik war es das Verdienst Dr. Adenauers gewesen, über unbedingtes Selbstvertrauen zu verfügen. Er war der unerschütterlichen Überzeugung, daß Westdeutschland fest mit Europa und der Atlantischen Gemeinschaft verwoben werden mußte. Für die Deutschen war seine wertvollste Leistung vielleicht die, daß er dem deutschen Volk wieder Selbstrespekt gab und neue Freunde sowie eine Rolle im Weltgeschehen verschaffte. Auf seinem Höhepunkt eine alles überragende Gestalt, zeichnete ihn ein Gefühl für das Unvermeidliche aus, das alle besitzen, die in einem bestimmten Augenblick der Geschichte auserwählt zu sein scheinen.

Auszug aus der Londoner *Times*

In vielerlei Hinsicht war Konrad Adenauer der Vater des neuen Deutschland, der dessen ökonomisches Wachstum, demokratische Institutionen und Gefühle förderte, die die ganze Welt überraschten und Bewunderung hervorriefen.

Schon in jungen Jahren nahm Walter Mondale regen Anteil an der lokalen Politik (was auch bei Adenauer der Fall war). Wir können darauf nicht näher eingehen – es ist hier nur Platz für bestimmte charakteristische Züge sowie seine allgemeinen Leistungen auf der nationalen Ebene. Sein ganzes Leben lang fühlte sich Mondale den machtlosen Angehörigen der unteren Klassen verpflichtet – was vielleicht durch die außerordentlich starke Fische-Betonung erwartet werden könnte. Mondale war in verschiedenen Positionen aktiv in der Bürgerrechtsbewegung. Außerdem war er an den neuen Gesetzen (Stichwort *Great Society*), die Mitte der 60er Jahre verabschiedet wurden, beteiligt. Er leistete einen beträchtlichen Beitrag beim Kampf gegen die Probleme der alten Menschen und Kinder, die in Armut aufwachsen und unterernährt sind. Ohne Zweifel hat der Fische-Einfluß sehr dazu beigetragen, daß Mondale bei seinen diesbezüglichen Aktivitäten erfolgreich war. Wie in *Current Biography* zu lesen stand, machte sich auch »ein selbstkritischer Sinn für Humor« sowie ein unverfälschtes und eher reserviertes Verhältnis zur Politik bemerkbar.

Nachdem Mondale unter Carter zum Vizepräsidenten gewählt worden war, führte er das Amt engagierter als jeder andere seiner Vorgänger: Er beschäftigte sich nicht nur mit der Innenpolitik, sondern kümmerte sich noch um 13 andere Bereiche, einige davon waren von sehr heikler Natur. Später dann, als er sich um die Präsidentschaft bewarb, kam es in Verbindung mit seiner Jupiter/Uranus-Konjunktion zum Bruch mit einer Tradition: Er entschied sich für Geraldine Ferraro als Vizepräsidentin. Das war das erste Mal, daß von einer der großen Parteien eine Frau für dieses Amt vorgeschlagen wurde. Mondales weitere Leistungen umfassen ein wichtiges Buch über den Mißbrauch der Macht des Präsidenten (*The Accountability of Power*), Reformvorschläge zum Steuerrecht und eine Initiative, in der er den Machtmißbrauch von FBI und CIA anprangerte.

John Lennon
von Stephen Arroyo

John Lennon ist mit dem Quinkunx-Aspekt zwischen Sonne und Jupiter vielleicht nicht als überaus jupitergeprägte Persönlichkeit einzustufen – allerdings befindet sich sein Stier-Jupiter in einer engen Konjunktion zu Saturn. Diese Stellung ist ein Hinweis darauf, daß Lennon sich intensiv mit dem neuen Zyklus der sozialen Veränderungen identifizierte, die immer zum Zeitpunkt einer Jupiter/Saturn-Konjunktion in Erscheinung treten. Sie läßt erkennen, daß er seine kreative Energie dafür einsetzte, seinen Glauben in etwas Konkretes umzusetzen. Mit der Stellung im Stier ist angezeigt, daß Lennon realistisch veranlagt war und daß er die ästhetischen Elemente des Alltags (siehe hierzu den Abschnitt über Jupiter im Stier) und die erdigen Rhythmen des Rock'n Roll sehr schätzte.

Es gibt noch weitere Gründe, Lennons Horoskop abzudrucken. Wie ich im einzelnen noch ausführen werde, haben wir es bei ihm mit einer Vielzahl von Aspekten und Aspektmustern zu tun, die faszinierend sind und die uns nähere Informationen über eine der kreativsten und kulturell einflußreichsten Persönlichkeiten der jüngeren Vergangenheit liefern. Das Horoskop eines Menschen, der nicht nur in der Welt der Kunst, sondern in der Weltgemeinschaft überhaupt für umfassende Veränderungen verantwortlich war, sollte meiner Ansicht nach weithin bekannt gemacht werden. Dabei beziehe ich mich auf die Geburtszeit, die meiner Ansicht nach die richtige zu sein scheint (es gibt für Lennon mindestens drei verschiedene Horoskope). Das vorliegende Geburtsbild mit dem Widder-Aszendenten beruht auf der Geburtszeit, die von Pauline Stone, seiner Stiefmutter, nach der Auskunft von Lennons Vater überliefert ist. Es scheint mir in der Tat aussagekräftiger als die anderen Horoskope zu sein und die Talente, die Persönlichkeit und das Leben John Lennons besser widerzuspiegeln.

Zunächst einmal hat er mit diesem Horoskop den Mond am Anfang des Wassermann-Zeichens, was sicherlich besser zu seinem sozialen Bewußtsein paßt als ein Steinbock-Mond, der den

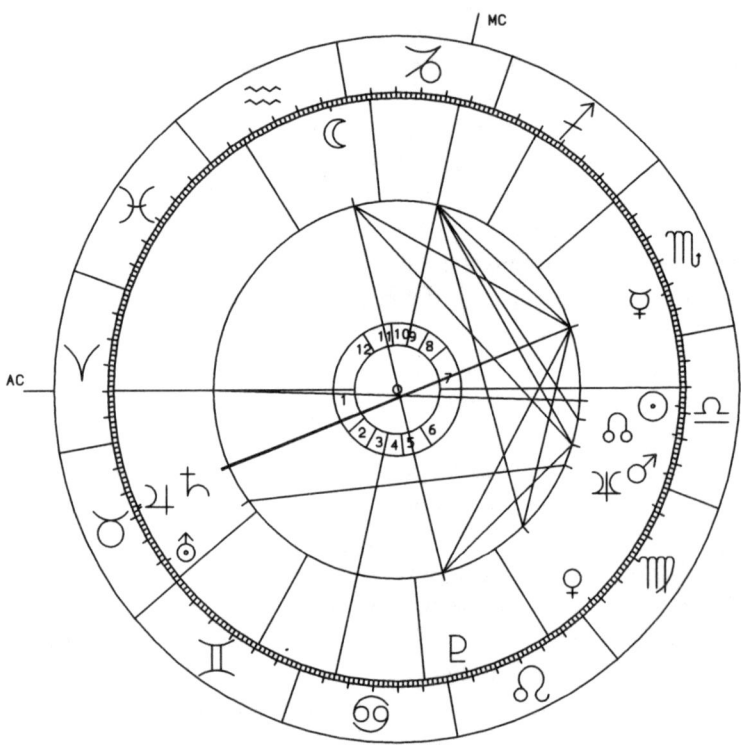

John Lennon, 9. Oktober 1940, 17:30 GMT, Liverpool

anderen Horoskopen von Lennon entsprechen würde. Mit dem Mond am Anfang des Wassermanns kommt es zu einer außerordentlich kreativen Horoskop-Konfiguration, was im folgenden noch näher erläutert werden wird. Weiterhin ist damit die Originalität und die rebellische Einstellung, die Lennon schon früh zum Ausdruck brachte, gut zu erklären. Auch paßt die Beziehung zu Yoko Ono (Wassermann-Sonne) und die Bedeutung, die Lennon dieser Verbindung zuschrieb, genau zu dem Geburtsbild, in dem die Sonne an der Spitze des 7. Hauses und Merkur im 7. Haus stehen. Diese Faktoren weisen auf einen Menschen hin, für den enge Arbeitsbeziehungen von alles überragender Wichtigkeit sind. (Es ist in diesem Zusammenhang auch an die erstaunliche

Partnerschaft mit Paul McCartney zu erinnern.) Damit erhält die Geistesverwandtschaft zu dem oder den Partnern entscheidende Bedeutung – und Lennon war sich sicher, diese bei Yoko Ono gefunden zu haben.

Das Wissen um das, was die Massen fühlen und in gesellschaftlicher Hinsicht wollen, ist ein weiterer passender Ausdruck des Wassermann-Mondes. Diese Stellung geht oft mit der Fähigkeit einer, sich in die Gefühle der Allgemeinheit hineinversetzen und die intellektuellen Trends der Zeit wahrnehmen zu können. Wie George Gershwin (Sonne in der Waage und Mond im Wassermann) den Finger am Puls seiner Zeit hatte und eine unvergleichliche Popularität erlangte, brachte es John Lennon mit seinen Beatles zu einer beispiellosen Position. (Es sollte nicht unerwähnt bleiben, daß John LeCarré, der Autor von Agenten- und Spionageromanen, ebenfalls die Sonne in der Waage und den Mond im Wassermann hat. LeCarré gilt als der international erfolgreichste und angesehenste Autor seines Genres, und das seit mehr als 30 Jahren.)

Meiner festen Überzeugung nach war vor allem John Lennon dafür verantwortlich, daß sich die Musik der Beatles künstlerisch, gesellschaftlich und in bezug auf psychische Transformationsprozesse manchmal auf »Messers Schneide« bewegte.* Man könnte sagen, daß auch sein Horoskop etwas davon zum Ausdruck bringt. Es läßt viel Schärfe im Wesen sowie schneidende Einsichten erkennen. Die Stellung Merkurs und seine Aspekte weisen auf umfassende und tiefgründige Intelligenz hin. Weiterhin ist damit angezeigt, daß Lennon seine Einsichten kreativ und freimütig zum Ausdruck brachte. Merkur steht nicht nur im Skorpion, sondern auch noch im Quadrat zu Pluto: ein doppelter Hinweis auf intensives Nachdenken und Erforschen der Gesetzmäßigkeiten des Lebens einschließlich der Tabubereiche. Merkur steht weiterhin im Sextil zur Jungfrau-Venus, was ihm ästhetische Qualität

---

* Zwei Wochen, nachdem ich dieses geschrieben hatte, sah ich ein Fernsehinterview mit dem Musiker Elton John, der Lennon gekannt und mit ihm gearbeitet hatte. Es verblüffte mich zu hören, daß Elton sagte, Lennon habe immer »auf des Messers Schneide gelebt«.

und eine Schärfe des Witzes und der Analyse verlieh. Schließlich befindet sich dieser Planet noch in Opposition zu der Jupiter/ Saturn-Konjunktion. Dadurch war Lennons Denken auf gesellschaftliche Veränderungen gerichtet.

Ein weiterer Faktor, der für die Gültigkeit dieses Horoskops sowie für ein Leben in heiklen Umständen spricht, ist der Widder-Aszendent. Schon in jungen Jahren war Lennon bekannt dafür, daß er gern die Rolle des »harten Kerls« spielte, mit Lederjacke und einer schroffen Persönlichkeit. Arroganz und Rauheit ist durch die Stellung von Mars im Sonnen-Zeichen Waage angezeigt. Mars steht für derartiges Verhalten, und der Widder ist dafür bekannt, daß er sich niemals mit Wiederholungen, mit der Tradition oder Beschränkungen zufriedengibt, sondern immer neue Aktionsbereiche erschließen möchte. Diese Eigenschaft ist bei John Lennon deutlich zum Ausdruck gekommen. Er fühlte sich ständig herausgefordert, nach neuen Formen der Musik wie des Lebens überhaupt zu suchen. Das wirkte sich als machtvolle und kreative Rastlosigkeit aus, die die Ursache dafür war, daß die Beatles mit jedem neuen Album künstlerisches Neuland betraten.

Es gibt viele Beziehungen zwischen Mars- und Venus-Faktoren in diesem Horoskop, was oft ein Anzeichen für künstlerische Kreativität ist. Hier ist nicht nur die Opposition des Widder-Aszendenten zur Waage-Sonne anzuführen, sondern auch das enge Halbsextil zwischen Mars und Venus. Wenn der Aspekt so genau ist, stellt er einen wichtigen Einfluß dar. Des weiteren befindet sich Mars in dem von der Venus beherrschten Zeichen Waage, und Merkur, der Herrscher der Waage (welche ihrerseits über die Sonne herrscht), befindet sich im Skorpion, der von Mars/Pluto regiert wird.

Zusammengefaßt kommen hier viel Intelligenz und Intuition auf dem Gebiet der künstlerischen Kreativität zum Ausdruck. Lennon schuf große Kunst und beschäftigte sich zum Zeitpunkt seiner Ermordung damit, auch seinen Lebensstil zur Kunst zu erheben. Das geht einher mit einer komplexen Horoskop-Konstellation, an der nicht weniger als sechs wichtige Faktoren beteiligt sind. Wenn der Leser Verbindungslinien zwischen Mond, Pluto, Venus und Mars zieht, wird eine Dreiecksstruktur von großer dynamischer Wirkung deutlich, was mit der Exaktheit der Aspekte zu tun hat. Berücksichtigt man weiter, daß sich Merkur im Quadrat zu Mond und Pluto sowie im Sextil zur Venus und zum MC befindet, tritt ein aus sechs Faktoren bestehendes Muster hervor, dessen Komponenten in energetisierender Wechselwirkung zueinander stehen. Dadurch wird ein öffentliches Leben von großer Intensität angezeigt. Wahrscheinlich wird John Lennon immer, wenn ein intensiver Transit zu einem dieser Faktoren stattfand, gemerkt haben, daß sein ganzes Leben für den betreffenden Zeitraum tiefgreifend beeinflußt wurde. Die Tatsache, daß das MC eng mit dieser Konfiguration verwoben ist, scheint ein besonders passendes Merkmal für eine Persönlichkeit zu sein, die ein öffentliches Leben führte und die für weite Kreise zu einem öffentlichen Symbol geworden war.

Mahatma Gandhi
von Barbara McEnerney

Mohandas (Mahatma) Gandhi, Sozialreformer und treibende Kraft der indischen Unabhängigkeitsbewegung, wird häufig als »moderner Heiliger« angesehen. Schon zu Lebzeiten gaben ihm herausragende Männer wie der indische Dichter und Nobelpreisgewinner Rabindranath Tagore den Titel »Mahatma«, was »Große Seele« bedeutet. Gandhi aber versuchte mit seiner Waage-Sonne im 12. Haus, solche Auszeichnungen nach Möglichkeit zu vermeiden. Er, der so oft die Politik der britischen Regierung durchkreuzte, gab die kokette Äußerung von sich: »Da ich jemand bin, der Widerstand leistet, würde ich gerne den Antrag stellen, daß jeder, der mich Mahatma nennt, als kriminell eingestuft wird.« Gandhi hat ein außergewöhnliches Leben geführt, in dem das Jupiter-Prinzip eine wichtige Rolle spielte, besonders in Verbindung mit der Konjunktion zu Pluto. In Gandhis Horoskop gibt es viele Aspekte zu Jupiter, und Jupiter ist Bestandteil eines T-Quadrates in fixen Zeichen in den kardinalen Häusern. Gandhis Philosophie und moralische Einstellung sowie seine Suche nach »Wahrheit« – die er mit Gott gleichsetzte – durchdrangen alle Dimensionen seines Lebens.

Die Jupiter/Pluto-Konjunktion verstärkte mit ihrem dynamischen Effekt Gandhis Drang, Veränderungen herbeizuführen. Er inspirierte die Massen Indiens, gegen die jahrhundertelange Unterdrückung durch das Britische Empire vorzugehen. Bei ihm verschmolzen die freizügigen Jupiter-Ideale mit der magnetischen Anziehungskraft von Pluto, was aus den ehrerbietigen Worten von Albert Einstein deutlich wird:

> Gandhi hat bewiesen, daß durch das zwingende Vorbild eines überlegenen moralischen Lebens eine machtvolle menschliche Gefolgschaft zusammengebracht werden kann. In unserer Zeit der äußersten moralischen Dekadenz war er der einzige wahre Staatsmann, der für die höheren menschlichen Prinzipien in der Sphäre der Politik stand.
>
> Albert Einstein, zitiert aus Howard Gardner: *Creating Minds*

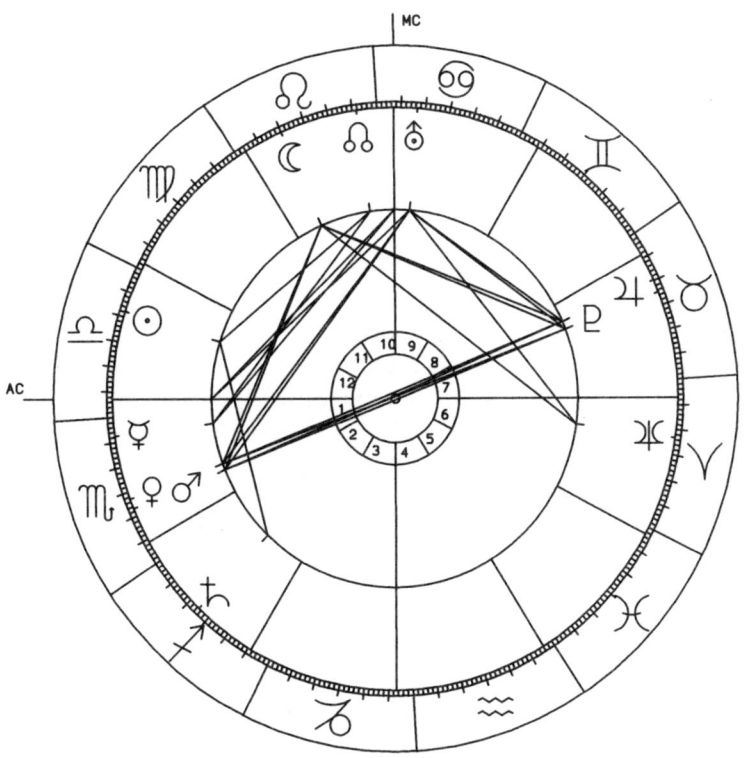

Mahatma Gandhi, 2. Oktober 1869, 07:11 LMT, Porbandar, Indien

Gandhis Interesse an menschlichen Beziehungen und seine Rolle als Friedensstifter, die er schon von Kindheit an hatte, kommen durch seine Sonne und seinen Aszendenten in der Waage zum Ausdruck. Näheres zum Zusammenspiel zwischen der gerechtigkeitsliebenden Waage und der Intensität und dem Ansporn des T-Quadrates, an dem Jupiter und Pluto beteiligt sind, geht aus der Aussage seines Biographen Gerald Gold hervor: »Wenn er sich in seinem Gefühl für Gerechtigkeit und Fairness verletzt fühlte, schien es zu einer Explosion zu kommen, die unweigerlich zu Aktivitäten führte.« Ein anderer Biograph, Martin Green, notierte, daß bei Gandhi »hinter seinem auf Gewaltlosigkeit ausgerichteten Denken vulkanische Emotionen spürbar waren, in kontrollierter und verfeinerter Form. Es war verblüffend zu sehen, wie weit der Mensch in Richtung auf Frieden und Wahrheit gehen kann.« Während der 20 Jahre als junger Anwalt in Südafrika gelang es ihm mit Erfolg, vor Gericht zwischen widerstreitenden Parteien Kompromisse zu erzielen – wobei er sich seines nützlichen Waage-Bewußtseins für menschliche Beziehungen bediente. Er kämpfte auch vehement für die politischen Rechte der in Südafrika lebenden Inder. Die damit verbundenen Erfahrungen führten zur Entwicklung seiner Philosophie des gewaltlosen politischen Widerstandes. Mit dem Mut der Jupiter/Pluto-Konjunktion in Opposition zu Mars wurden seine Kreuzzüge gegen die Ungerechtigkeit mit der Zeit immer kühner und zogen immer weitere Kreise. Jede Herausforderung, die er annahm, spiegelte seine Kernphilosophie der *Satyagraha* wider.

Satyagraha ist ein von Gandhi geprägter Begriff, der darauf zielt, soziale Mißstände durch gewaltlosen Widerstand anzuprangern, der Respekt und sogar Liebe für den Gegner einschließt. Auch hier machen sich wieder die Eigenschaften der Waage-Sonne und des Waage-Aszendenten bemerkbar. Weiterhin war es die Jupiter/Pluto-Verbindung im 7. Haus (Jupiter kurz vor der Spitze von 8), die Gandhi dazu trieb, das konstruktive Transformations-Potential von Beziehungen zu erforschen. Gandhis Ziel war die Umwandlung der Sichtweise des Gegners; er versuchte sie dadurch zu erreichen, daß er als Anhänger der *Satyagraha* bereitwillig das Leid auf sich nahm, das mit Widerstand verbunden ist. In wörtlicher Übersetzung bedeutet *Satyagraha* »die Kraft der Wahrheit und der Liebe« – was als Schlüsselworte für Gandhis Aspektmuster zwischen Mars, Pluto, Jupiter und Venus aufgefaßt werden kann. Gandhi war bemüht, die Prinzipien der venusischen Liebe und der jupiterhaften Suche nach Wahrheit mit Mars/Pluto-Kraft zum Ausdruck zu bringen, um so Ungerechtigkeiten anzuprangern und abzustellen. Diese Dynamik wird von Manmohan Choudhuri in folgendem Zitat näher erläutert:

Obwohl Gandhi Liebe mit Gewaltlosigkeit gleichsetzte, war seine Gewaltlosigkeit doch eine Synthese von Liebe und Kriegsgeist (Venus in Konjunktion zu Mars im Skorpion). Er benutzte die Liebe wie ein Skalpell, nicht nur im Hinblick auf politische oder gesellschaftliche Angelegenheiten. Liebe war das Prinzip, das seiner Meinung nach das ganze Leben prägen mußte, das in allen Aktivitäten und in allen Verbindungen des Menschen zum Ausdruck kommen sollte.

Manmohan Choudhuri: *Exploring Gandhi*

Die Konjunktion von Jupiter und Pluto im 7. Haus befindet sich in einem Venus-Zeichen, also in Opposition zu ihrem Herrscher, der Skorpion-Venus (Venus ist bei Gandhi außerdem Herrscher des Horoskops). Diese Venus-Betonung unterstreicht die Bedeutung der Liebe in Gandhis Philosophie. Gandhi schrieb: »Um den universalen und alles durchdringenden Geist der Wahrheit von Angesicht zu Angesicht zu erkennen, muß man in der Lage sein, die niederste Kreatur wie sich selbst zu lieben« (zitiert von Gerald Gold aus Gandhis Autobiographie). Gandhi erlebte den Rassismus in Südafrika schmerzhaft am eigenen Leibe, als ein weißer Reisender sich über seine Anwesenheit in einem 1.-Klasse-Abteil des Zuges beschwerte. Gandhi weigerte sich, auf seinen Platz zu verzichten, und man zwang ihn auszusteigen. (Später hätte Gandhi es wahrscheinlich vorgezogen, aus Solidarität mit dem verarmten indischen Volk in der 3. Klasse zu reisen.) Die kalte Nacht in dem südafrikanischen Bahnhof war ein Wendepunkt in Gandhis Leben. Von da an focht er unablässig und mit großer Leidenschaft für die Rechte derjenigen, die von der Gesellschaft am stärksten vernachlässigt wurden und die am meisten zu leiden hatten.

Die von der Gesellschaft unterdrückte untere Klasse kann als ein weiterer Ausdruck der Pluto-Symbolik gesehen werden – nach Gandhis Worten die »niedersten Kreaturen«, die von den Glücklicheren verachtet oder auch gefürchtet werden. In Indien galt dasselbe für die »Unberührbaren« oder Parias, Ausgestoßene von niederstem sozialem Rang. Gerald Gold schreibt: »Das Prinzip der Unberührbarkeit wurde selbst von den Parias kaum in Frage gestellt. Gandhi aber sah es als einen der größten Flüche des indischen Landes und der hinduistischen Religion an. Von seinem *Ashram* aus zog er für den Rest seines Lebens dagegen zu Felde.«

Gandhi nutzte den Reformwillen der Pluto/Jupiter-Konjunktion, um die bedauernswerte Lage der Unberührbaren allgemein bekannt zu machen. Er nannte sie *Harijans* (Kinder Gottes). Ungeachtet aller Widerstände – selbst von seiner Frau – erlaubte er es den Parias, in seinem Ashram zu leben, in dem er mit seinen Gefolgsleuten die von ihm propagierte einfache Lebensweise praktizierte. Catherine Busch schreibt, daß er auch »durch das Land reiste und in den Wohnungen von Parias übernachtete, um durch sein eigenes Beispiel das Tabu zu brechen, das auf ihnen lag.« Gandhis Haltung war ein direktes Resultat seiner spirituellen Ansichten: »Das ganze Universum ist aus einer einzigen göttlichen Quelle erschaffen worden. Insofern gibt es keinen Grund, in irgendeiner Hinsicht Unterschiede gelten zu lassen.«

Jeder Teil seines Lebens – selbst die Art, sich zu kleiden – stellte den Ausdruck seiner jupitergeprägten Moral dar. Mit Mars und Venus im 1. Haus in Opposition zu Jupiter und Pluto benutzte er sein Erscheinungsbild als Mittel, die von ihm verabscheuten sozialen Unterschiede zu untergraben. Als junger Mann hatte er es noch geschätzt, teure europäische Kleidung zu tragen. Später ging er zu der Kleidung der indischen Mittelklasse über, um sich am Ende in den einfachen Lendenschurz der ganz Armen zu hüllen. Für Gandhi traf das Jupiter-Bedürfnis, über die Grenzen hinaus zu expandieren, mit dem Pluto-Bedürfnis zusammen, zum Wesentlichen vorzudringen und das Nebensächliche auszumerzen. Manmohan Choudhuri beschreibt das sehr anschaulich:

> In seinem Leben konnte man an den kleinen Veränderungen, die er immer wieder vornahm, erkennen, daß er fortwährend darum bemüht war, sich von Identitäten, Einstellungen und Komplexen zu lösen, die das innerliche Wachstum beschränken, die den Menschen von seiner zentralen Mission abhalten und die zur Verschwendung von Energie führen. Er war bestrebt, alles von sich auszumerzen, was seinem Bewußtsein von der Einheit der menschlichen Familie und der ganzen Schöpfung im Wege stand.
>
> Manmohan Choudhuri: *Exploring Gandhi*

Dieses »Ausmerzen« wurde politisch außerordentlich bedeutungsvoll, als Gandhi die Inder dazu aufforderte, im Ausland hergestellte Kleidung zu boykottieren. Gerald Gold notiert: »Er rief alle dazu auf, die Kleider abzulegen, die nicht in Indien gefertigt worden waren und sie auf einen großen Haufen zu werfen, an den er dann ein Streichholz hielt. Er spornte die Menschen an, sich eigene Kleidung zu spinnen und zu weben.« Und da er alles, was er propagierte, auch persönlich beherzigte, nahm er sich jeden Tag Zeit, um von Hand Garn zu spinnen.

Gandhis Enthusiasmus für das Spinnen war ein Beleg für die extreme Einfachheit seines Lebensstils. Jupiter im Stier ist traditionell ein Hinweis auf materielle Expansion und Sinnenfreude. Gandhis Jupiter/Pluto-Konjunktion im Stier (mit dem zusätzlichen Einfluß der Opposition zu den Skorpion-Planeten) steht jedoch für eine Läuterung des materiellen Aspektes der Bekleidung: »Er löste sich von weltlichen Besitztümern, aß und trank sehr maßvoll, besaß nur wenige Kleidungsstücke und verzichtete soweit wie möglich auf Komfort« (Howard Gardner). Bei Gandhi kehrte sich die Stier-Funktion von innen nach außen. Gardner zitiert Gandhi, der einmal deklariert hatte: »Ich besitze nichts, und doch fühle ich, daß ich vielleicht der reichste Mann der Welt bin.« (Saturn im Schützen im 2. Haus spiegelt ebenfalls Gandhis ideologisch motivierten Verzicht auf Besitz wider.) Natürlich mußte Gandhi, da er in der Tat so gut wie nichts besaß, manchmal auf die Großzügigkeit finanzieller Wohltäter bauen, um seine diversen Ashrams zu unterhalten. Diese Ironie blieb manchen Beobachtern in seinem Umfeld nicht verborgen. Howard Gardner zitiert einen von ihnen, der sagte: »Es kostet sehr viel Geld, Gandhis Leben in Armut zu finanzieren.« Gandhi aber ging es zuallererst um den potentiellen und den symbolischen Wert, sich mit den Ärmsten seines Landes auf eine Stufe zu stellen.

Mit einem Löwe-Mond im 10. Haus, der im Schnittpunkt eines T-Quadrates und in einem engen Aspekt zur Jupiter/Pluto-Konjunktion stand, war Gandhi fähig, sein Anliegen durch dramatische, die Emotionen ansprechende Aktivitäten bekanntzumachen. Eines der Mittel, das die lunare Symbolik und den plutonischen Drang nach Reinigung beinhaltete, war der Einsatz des Fastens, um Druck auf Gegner auszuüben – unter anderem auch zu dem Zweck, die Gewalt zwischen Hindus und Moslems im Zaum zu halten. Gandhi erklärte sich entschlossen, gegebenenfalls bis zu seinem Tod zu fasten. Daraufhin erklärten sich schon bald seine Widersacher zum Kompromiß bereit, weil niemand für das Hinscheiden des Mahatmas verantwortlich sein wollte. Der Löwe-Mond im 10. Haus (als Bestandteil eines großen Trigons im Element Feuer) brachte ihm große Popularität, besonders bei der ärmeren indischen Bevölkerung, die ihn als Heiligen verehrte. Natürlich besaß Gandhi mit seiner Jupiter/Pluto-Konjunktion auch außerordentlich viel Charisma. Howard Gardner schreibt dazu: »Die Macht Gandhis über die indischen Massen war beispiellos. Irgend etwas – vielleicht auch alles – in ihm, in seinem Verhalten und seiner Art zu leben löste eine Resonanz in *seinem* Volk aus.«

Ein Beispiel für Gandhis meisterhafte dramaturgische Fähigkeiten war der berühmte *Salzmarsch* im Jahre 1930. Im Alter von 61 Jahren legte Gandhi zu Fuß die etwa 400 Kilometer zur Küste zurück, wobei er unterwegs eine enorme Gefolgschaft um sich sammelte. Am 6. April brach er das britische Gesetz, welches den Indern die Salzerzeugung untersagte, indem er aus Meerwasser Salz zu gewinnen versuchte. Der Einfluß des Löwe-Mondes im 10. Haus als Brennpunkt des T-Quadrates wird durch Louis Fischers Kommentar zum *Salzmarsch* hervorgehoben:

> Einen Salzbrocken aufzuheben und damit eine mächtige Regierung herauszufordern und zum Kriminellen zu werden ... erforderte Vorstellungsvermögen, Würde und den Sinn der Zurschaustellung eines großen Künstlers. Diese Aktion beeindruckte den einfachen Bauern wie den weltklugen Kritiker. ... Der moralische Einfluß, den Großbritannien über Indien ausgeübt hatte, war erschüttert worden.
>
> Howard Gardner: *Creating Minds*

Gandhi plante den *Salzmarsch* im Februar 1930, in dem Monat, als Pluto entdeckt wurde. Er begann den Marsch am 12. März 1930, einen Tag bevor die Wissenschaftler die Welt von der Existenz Plutos in Kenntnis setzten. (Interessanterweise wurde genau an diesem Tag auch Gandhis ungewöhnliche Übersetzung des hinduistischen Textes der *Bhagavad Gita*, in der es um die kosmische Auseinandersetzung zwischen dem Guten und dem Bösen geht, veröffentlicht.) Zur Zeit seiner Entdeckung befand sich Pluto auf dem 17. Grad im Krebs, im *exakten* Sextil zu Gandhis Geburts-Pluto und im Trigon zu Venus/Mars im Skorpion. Sogleich nach dem *Salzmarsch*, als die erdbebengleichen Auswirkungen eine Kluft zwischen Britannien und Indien trieben, wurde Pluto auf 17 Grad im Krebs stationär. Ohne Frage stellt Gandhi eine typisch jupiterhafte Persönlichkeit dar, indem er zeigte, wie man die plutonischen Kräfte konstruktiv nutzen kann. Das war die größte Herausforderung, der sich die Menschen jemals gegenübergesehen hatten. Pluto kann sich in Verbindung mit gewalttätigen Veränderungen auch negativ auswirken; Gandhi aber brachte ihn in seinem unerbittlichen Streben nach Reformen der Werte und der überlebten gesellschaftlichen Strukturen zum Ausdruck. In einer Zeit, die den Aufstieg der plutonischen Diktatoren sah (Hitler, Mussolini und andere), setzte Gandhi sehr viel Kraft für die Weiterentwicklung der Menschheit ein.

Die Entdeckung Plutos ging auch mit wissenschaftlichen Erkenntnissen einher, die den Bau der Atombombe ermöglichten. Einstein, der über die Entwicklung der Bombe genau Bescheid wußte, machte einige faszinierende Beobachtungen, die Gandhis synchronistische Verbindung mit Pluto und die moralischen Aspekte, die mit ihm zusammenhängen, bestätigen.

In dem auf Gandhis Ermordung folgenden Jahr 1949 besuchte der indische Premierminister Jawaharlal Nehru Albert Einstein im *Institute of Advanced Study* in Princeton. Einstein zog ein Blatt Papier hervor und schrieb eine Anzahl von Daten auf die eine Seite und eine Reihe von Ereignissen auf die andere. Jahrzehnt für Jahrzehnt zeigte er die Parallelen der Entwicklung der Atombombe auf der einen Seite und die Methoden und die Auswirkungen von Satyagraha auf der anderen Seite auf. Diese erstaunlichen Parallelen dienten als Liste der Optionen, die der Menschheit im Atomzeitalter offen stehen. Man könnte sagen, daß durch die Umformung von wichtigen Variablen Gandhi zu neuen Einsichten *in das menschliche Wesen* beigetragen hat, während Einstein im Rahmen von abstrakten Forschungsexperimenten Erkenntnisse über *die natürliche Ordnung* gewann.

Howard Gardner: *Creating Minds*

In Gandhis und Einsteins Horoskop ist ein wichtiger Aspekt zwischen Jupiter und einem transpersonalen Planeten vorhanden. (Bei Einstein handelte es sich um die Jupiter/Uranus-Opposition, die das Symbol für seine Durchbrüche auf wissenschaftlichem Gebiet ist. Näheres hierzu in der Besprechung seines Horoskops an früherer Stelle im Anhang.) Interessanterweise gab es zwischen Einstein und Gandhi einen brieflichen Kontakt. Beide hofften auch, sich eines Tages zu sehen, was durch die Ermordung Gandhis im Jahre 1948 unmöglich gemacht wurde. Ein letztes Zitat von Einstein läßt erkennen, auf welche Weise Gandhi seinem nicht einfachen und sehr dynamischen Horoskop Ausdruck verlieh:

Gandhi, das größte politische Genie unserer Zeit, wies den Weg, den wir nehmen müssen. Er legte davon Zeugnis ab, welche Opfer der Mensch für das, was er als richtig erkannt hat, zu bringen imstande ist. Seine Arbeit für die Befreiung Indiens beweist nachdrücklich, daß der Wille des Menschen, der von einer unbeugsamen Überzeugung gestützt wird, mächtiger ist als jede unbezwingbar scheinende materielle Kraft.

Albert Einstein

Literatur

Arroyo, Stephen: *Astrologie und Partnerschaft.* München 1991 (Heyne)
Arroyo, Stephen: *Astrologie, Karma und Transformation.* München 1996
    (Hugendubel)
Arroyo, Stephen: *Astrologie, Psychologie und die vier Elemente.* Reinbek
    1989 (Rowohlt)
Arroyo, Stephen: *Handbuch der Horoskop-Deutung.* Reinbek 1994
    (Rowohlt)
Aveni, Antony: *Dialog mit den Sternen.* Stuttgart 1995 (Klett-Cotta)
Campbell, Joseph: *Der Heros in tausend Gestalten.* Frankfurt/M. 1977
    (Suhrkamp)
Campbell, Joseph: *Die Masken Gottes.* Basel 1992 (Sphinx)
Carnegie, Dale: *Sorge dich nicht – lebe!* München/Bern 1986 (Scherz)
Carnegie, Dale: *Wie man Freunde gewinnt.* München/Bern 1986 (Scherz)
Carson, Rachel: *Der stumme Frühling.* München 1976 (C.H. Beck)
Carter, Charles: *Some Principles of Horoskopic Delineation.* Seattle 1993
    (Dorothy B. Hughes)
Carter, Charles: *An Encyclopedia of Psychological Astrology.* London 1972
    (The Theosophical Publishing House)
Carter, Charles: *Essays on the Foundations of Astrology.* London 1978
    (The Theosophical Publishing House)
Carter, Charles: *The Astrological Aspects.* London 1967 (N. Foweler & Co)
Carter, Charles: *The Principles of Astrology.* London 1963 (The Theosophical
    Publishing House)
Carter, Charles: *The Zodiac and the Soul.* London 1972 (The Theosophical
    Publishing House)
Cunningham, Donna: *An Astrological Guide to Self-Awareness.* Sebastopol
    1994 (CRCS Publications)
Green, Landis Knight: *The Astrologer's Manual.* Sebastopol 1975
    (CRCS Publications)
Hamblin, David: *Jupiter in the Classroom.* In: The Astrological Journal.
    Hg.: British Astrological Association, Sommer 1978 und Sommer 1981
Hickey, Isabel M.: *Astrologie – eine kosmische Wissenschaft.* Bad Oldesloe
    1995 (Hier & Jetzt)
Hone, Margaret: *Modern Textbook of Astrology.* London 1964
    (L.N. Fowler & Co)
Laotse: *Tao Te King,* München 1996 (Eugen Diederichs Verlag)
Leinbach, Esther: *Sun Ascendent Rulership.* Seattle 1972 (Vulcan Books)
Lewi, Grant: *Your Greatest Strength.* York Beach 1986 (Samuel Weiser)

Mailer, Norman: *Gefangen im Sexus.* München 1995 (Droemer Knaur)

Marks, Tracy: *Astrologie der Selbst-Entdeckung.* München 1997 (Hugendubel)

May, Rollo: *Die Kunst der Beratung.* Mainz 1991 (Grünewald)

Mayo, Jeff: *Teaching Yourself Astrology.* London 1964 (Hoder & Staughton)

Mayo, Jeff: *The Planets and Human Behaviour.* Sebastopol 1985 (CRCS Publications)

Montessori, Maria: *Grundgedanken der Montessori-Pädagogik.* Freiburg 1996 (Herder)

Moore, Marcia und Douglas, Mark: *Astrology, the Divine Science.* York 1981 (Arcane Books)

Myss, Carolyn und Shealy, Norman: *The Creation of Health*

Pagan, Isabelle: *Signs of the Zodiac Analysed.* London 1978 (The Theosophical Publishing House)

Rudhyar, Dane: *An Astrological Study of Psychological Complexes,* Cothen 1969 (Servire)

Rudhyar, Dane: *Der Sonne-/Mond-Zyklus.* Zürich 1988 (Edition Astrodata)

Sasportas, Howard: *Astrologische Häuser und Aszendenten.* München 1987 (Droemer Knaur)

Schlesinger, Arthur: *A Thousand Days: John F. Kennedy in the White House*

Smith, Page: *Killing the Spirit: Higher Education in America.* New York 1990 (Penguin)

Tarnass, Richard: *Prometheus, the Awakener.* Woodstock 1995 (Spring Publications)

Templeton, John: *Secrets of Leading a Fulfilling Life.* In: Bottom Line, 9/1994

Tierney, Bil: *Dynamik der Aspektanalyse,* München 1990 (Hugendubel)

Wilhelm, Richard: *I Ging. Text und Materialien.* München 1995 (Eugen Diederichs Verlag)

Wright, Paul: *Astrology in Action.* Sebastopol 1989 (CRCS Publications)

Wright, Paul: *The A to Z of Jupiter* (Vortrag)

Wright, Paul: *The Literary Zodiac.* Sebastopol 1987 (CRCS Publications)

Literatur zum Anhang

Albert Einstein

Einstein, Albert: *Science and Religion*

Einstein, Albert: *Autobiographical Notes*

Einstein, Albert: *Mein Weltbild.* Berlin 1996 (Ullstein)

Broglie, Louis de (Hilaire Cuny): *Einstein*

Chotjewitz, David: *Das Abenteuer des Denkens. Roman über Albert Einstein.* Frankfurt/M. 1996 (Fischer)

Highfield, Roger und Carter, Paul: *Die geheimen Leben des Albert Einstein.* München 1996 (Deutscher Taschenbuch Verlag)

Pais, Abraham: *Einstein Lived here*
Ryan, Dennis (William Lawhead): *Einstein and the Humanities*

Hermann Hesse
Hesse, Hermann: *Eigensinn. Autobiographische Schriften.* Reinbek 1993
(Rowohlt)
Hesse, Hermann: *Stufen.* Aus: *Das Glasperlenspiel.* Frankfurt/M. 1996
(Suhrkamp)
Freedman, Ralph: *Hermann Hesse – Eine Biographie.* Frankfurt/M. 1991
(Suhrkamp)
Rose, Ernst: *Faith from the Abyss*
Ziolkowski, Theodore: *Der Schriftsteller Hermann Hesse.* Frankfurt/M.
1979 (Suhrkamp)

Gandhi
Gardner, Howard: *Creating Minds*
Choudhuri, Manmohan: *Exploring Gandhi*

Stephen Arroyo lehrte nach dem Psychologiestudium u. a. an der John-F.-Kennedy-University in Kalifornien. Seine Bücher haben ihn weltweit zu einem der erfolgreichsten astrologischen Schriftsteller gemacht. Sie enthüllen den Nutzen der Astrologie als eine praxisbezogene Sprache des Lebens. Besonders bemerkenswert ist seine Fähigkeit, komplexe Gedanken auf eine Art und Weise zum Ausdruck zu bringen, die dem Leser erlaubt, gewonnene Einsichten unmittelbar auf das eigene Leben anzuwenden.

Stephen Arroyo ist Autor der folgenden Titel:

- Astrologie, Karma und Transformation
- Astrologie, Psychologie und die vier Elemente
- Astrologie und Partnerschaft
- Handbuch der Horoskop-Deutung
- Astrologische Psychologie in der Praxis

Weitere Titel
aus dem Kailash-Programm

Erich Bauer

Beruf – Berufung
Ein astrologisches Arbeitsbuch
312 Seiten, Festeinband

Ein systematisches Arbeitsbuch für alle, die noch einen Beruf suchen oder die den »falschen« Beruf haben und jene, die in ihrem Beruf noch besser werden wollen.

– Es bietet auf der Grundlage des Geburtshoroskops ausführliche Hilfen und Tips, um den richtigen Beruf zu finden oder größere berufliche Erfüllung zu erreichen.

– Die astrologischen Grundlagen werden dem Laien auf leicht verständliche Weise nahegebracht.

– Für jede astrologische Kombination werden viele Hinweise zu Neigungen und Talenten, Wünschen und Aufgaben, Stärken und Schwächen, neuen Wegen und Zielen gegeben und mehrere Tätigkeiten und Berufe angeführt.

– Als Nachschlagewerk für Berufs- und Personalberater.

– Mit einem Berufsführungsbogen als praktischer Leitfaden.

KAILASH

Hajo Banzhaf · Anna Haebler

Schlüsselworte zur Astrologie

304 Seiten, Festeinband

In diesem Buch sind alle astrologischen Konstellationen und deren
Bedeutungen beschrieben. Jede Konstellation erhält einen Namen wie
»der Traumtänzer«, »der Taktiker«, »der Schlawiner«, »die Amazone«,
so daß die Bedeutung »namhaft« gemacht wird und dadurch leichter
erinnerbar ist. Alle Konstellationen werden in anschaulicher Weise in
ihrer Licht- und Schattenseite erläutert. Vergleiche verschiedener Konstellationen untereinander sind leicht möglich. Der tabellarische Aufbau
macht dieses Buch zu einem ausgezeichneten Lehr- und Lernbuch für
den Anfänger und ebenso zu einem unentbehrlichen Nachschlagewerk
für den Fortgeschrittenen.

»Schlüsselworte zur Astrologie« ist der gelungene Versuch, alle wesent-
lichen astrologischen Konstellationen ohne Füllwerk und leere Worthülsen
zu beschreiben und ihre Bedeutung in aller Kürze auf den Nenner zu
bringen.
ASTROLOGIE HEUTE

KAILASH